P. B. Rive

Die Unfehlbarkeit des Papstes

P. B. Rive

Die Unfehlbarkeit des Papstes

ISBN/EAN: 9783742898975

Hergestellt in Europa, USA, Kanada, Australien, Japan

Cover: Foto ©Lupo / pixelio.de

Manufactured and distributed by brebook publishing software (www.brebook.com)

P. B. Rive

Die Unfehlbarkeit des Papstes

Die
Unfehlbarkeit des Papstes

mit Rücksicht

auf die neueste Controverse.

Fünf Vorträge

von

P. B. Rive,

Priester der Gesellschaft Jesu.

Mit bischöflicher Approbation.

Paderborn, 1870.

Druck und Verlag der Junfermann'schen Buchhandlung.

(J. C. Pape Wwe.)

Diese Vorträge wurden im October und November vorigen Jahres in der hiesigen Minoritenkirche gehalten. Die darin vorgetragene Lehre, ein Stein des Anstoßes für die heutige Zeit, bot Veranlassung zu einer Anklage bei der kirchlichen Behörde.

Der Vorfall wurde alsbald in einigen Zeitungen veröffentlicht mit der Bemerkung, der Verfasser sei von der kirchlichen Behörde zum Widerrufe verpflichtet worden. Andere Blätter meldeten zwar wahrheitsgetreu die Unrichtigkeit letzterer Thatsache; da dieselbe indessen gleichwohl vielfachen Glauben fand und von mehreren Zeitungen noch hartnäckig wiederholt wurde: so entschloß sich der Verfasser, die Vorträge in etwas erweiterter Darstellung, aber mit Beibehaltung aller incriminirten Stellen, durch den Druck zu veröffentlichen, um so den Leser in den Stand zu setzen, zu beurtheilen, ob etwas zu widerrufen war. Das Manuscript lag zwar schon seit dem Januar dieses Jahres druckfertig vor, verschiedene Umstände aber traten der Veröffentlichung hindernd entgegen.

Da inzwischen auch das vaticanische Concil das unfehlbare Lehramt des Papstes definirte, so wurden einige Abänderungen insofern nothwendig, als dasjenige, was bisher blos Glaubenswahrheit (fidei proximum) war, nun ein entschiedener Glaubenssatz wurde.

Mögen diese Vorträge dazu dienen, die Staubwolken, die auch jetzt noch gegen dieses Dogma aufgewirbelt werden, zu zerstreuen, und in den Herzen die Gesinnungen der Ehrfurcht, des Gehorsams und der Liebe gegen den apostolischen Stuhl zu beleben: denn das ist die Grundbedingung der Einheit, Kraft und Blüthe der Kirche.

Köln, im November 1870.

Inhalt.

————

Erster Vortrag.

Stand der Frage.

Eine der segensreichsten Einrichtungen in der Kirche Christi
sind die allgemeinen Concilien. Sie bilden gleichsam die Ruhe-
punkte der Kirche auf ihrer Wanderung durch die Jahrhunderte,
wo sie sich orientirt über die Richtung, die sie einzuschlagen hat bei
den vielfach sich kreuzenden Irrwegen der Zeit, und wo sie neue
Kräfte sammelt, um wie einst die Israeliten in der einen Hand
das Schwert, siegreicher zu kämpfen gegen ihre Feinde, und in
der anderen die Kelle, um rüstiger am geistigen Tempelbau der
Menschheit fortzuarbeiten. Darum erhob sich auch die gläubige
Christenheit bei der Ankündigung des vaticanischen Concils zu
den schönsten Hoffnungen. Es gab indeß Christen, die diese
Ansichten nicht theilten, die sich vielmehr die traurigsten Folgen
davon versprachen. Den Grund dieser entgegengesetzten An-
schauungsweise bildete die Erwartung, das Concil werde die
Unfehlbarkeit des Papstes zum Glaubenssatz erheben. Daran
knüpften die Einen die glänzendsten Hoffnungen, die Andern die
düstersten Besorgnisse.

1

Die Welt erlebte alsbald ein merkwürdiges Schauspiel. Bischöfe, ausgezeichnet durch Wissenschaft, Heiligkeit und apostolischen Eifer, erhoben ihre Stimme, um feierliches Zeugniß abzulegen von ihrer festen Ueberzeugung von der Unfehlbarkeit des Papstes, von ihren Wünschen der Dogmatisirung derselben durch das bevorstehende Concil und von ihren Erwartungen des Segens, der daraus für die Gläubigen sich ergeben werde durch einen stets engern Anschluß an den apostolischen Stuhl und für die Irrgläubigen, denen dadurch ein helleres Licht aufgehen werde zur Rückkehr in den Hafen des Heils. Eifrige Katholiken gründeten Gebetsvereine, in denen sie das Bekenntniß des Glaubens an die päpstliche Unfehlbarkeit aussprachen und Herz und Hände zum Himmel erhoben, um das Licht des hl. Geistes in vollem Maaße auf das Concil herabzurufen, damit diese Prärogative des Papstthums in ungetrübten Glanze erstrahle. Als Widerpart traten Theologen auf, die größtentheils hinter der Maske der Anonymität versteckt, die Lehre von der Unfehlbarkeit des Papstes als eine Parteisache darstellten, aus allen Gebieten der theologischen Wissenschaften Schwierigkeiten dagegen aufstellten, und die verderblichsten Folgen daraus prophezeiten; Staatsmänner, die als Gespensterseher mittelalterliche Zustände aus dem Grabe wiedererstehen sahen, wie die unfehlbaren Päpste in alle Staatsangelenheiten sich wieder einmischen, nach Willkühr den Fürsten ihre Kronen rauben und wieder verschenken und ihre Unterthanen vom Eide der Treue entbinden; Zeitungsschreiber, die mit gewohnter Virtuosität alle Begriffe verwirrten und Staubwolken von Confusion aufwirbelten, so daß das Zeitungspublikum gar nicht mehr zu unterscheiden vermochte, was denn die Unfehlbarkeit des Papstes eigentlich bedeute; endlich die ganze irr- und ungläubige Welt, der dies eine willkommene Gelegenheit war, ihrem Hasse gegen Rom Luft zu machen, und die in ihrem Unverstand für alle katholischen Wahrheiten sich in den abenteuerlichsten Schmähungen erging.

So war es bereits, ehe noch das Concil zusammentrat: ungleich höher gingen die Wogen, als es wider alles menschliche Erwarten seine Sitzungen begann und die Frage der päpstlichen Unfehlbarkeit auf die Tagesordnung setzte. Da leistete die

Journalistik das Unmögliche, um das Concil in Haupt und Glie=
dern zu discreditiren, sowie Freiheit und Oecumenicität desselben in
Frage zu stellen; die sogenannte Wissenschaft erhob feierlichen Protest
gegen die Definition der päpstlichen Unfehlbarkeit, die sie als ein
Attentat gegen die Vernunft und als eine Revolution in der
Verfassung der Kirche darstellte; die Diplomatie setzte alle ihre
geheimen Fäden in Bewegung, um den Papst einzuschüchtern, damit
er Abstand nehme von der Definition, sie drohte

„und bist Du nicht willig, so brauch’ ich Gewalt,‟
und um das Maaß voll zu machen, so stellte sich im Schooße des
Concils eine Meinungsverschiedenheit in Betreff des neuen Dog=
ma’s heraus, die um so nachtheiliger auf die Außenwelt wirkte,
je unklarer man sich über dieselbe war. So ist gewiß nicht zu
verwundern, daß eine wahre babylonische Sprachenverwirrung über
die Welt hereinbrach, die selbst aufrichtige Geister verwirrte und
schwache Gemüther mit banger Besorgniß erfüllte: am Felsen
Petri sollten wieder einmal die Gedanken vieler Herzen offenbar
werden. Luc. 2, 25.

Inmitten dieser Aufregung erfolgte dann am 18. Juli
dieses Jahres die Entscheidung des Concils: „Im treuen Anschluß
an die Tradition, die von Anfang des Christenthums an uns
überkommen, zur Ehre Gottes unsres Heilandes, zur Erhöhung
der katholischen Religion und zum Heile der christlichen Völker,
unter Beistimmung des h. Concils, l e h r e n u n d e r k l ä r e n
w i r a l s e i n g ö t t l i c h g e o f f e n b a r t e s Dogma: daß der
r ö m i s c h e P a p s t , wenn er e x c a t h e d r a spricht, d. h.
wenn er seines Amtes als Hirt und Lehrer aller
Christen waltet und in Kraft seiner höchsten aposto=
lischen Autorität erklärt, daß eine Glaubens= oder
Sittenlehre von der ganzen Kirche müsse festgehalten
werden, sich durch den im h. Petrus ihm verheißenen
göttlichen Beistand jener Unfehlbarkeit erfreue,
womit der göttliche Heiland seine Kirche in Ent=
scheidung von Glaubens= und Sittenlehren ausge=
rüstet wissen wollte; daß demnach solche Entschei=
dungen des römischen Papstes aus sich, nicht aber

durch die Zustimmung der Kirche unveränderlich
seien. Wenn aber, was Gott verhüte, Jemand sich
vermessen sollte, dieser unserer Entscheidung zu
widersprechen, der sei im Banne. [1])

Damit hat die Kirche ihr letztes Wort gesprochen, und es
ist eine heilige Pflicht jedes Katholiken, diesem Ausspruch sich
gläubig zu unterwerfen. Es ist aber gewiß nicht zu erwarten,
daß auf diese Entscheidung hin die Erregung der Geister wie mit
einem Zauberschlage sich beruhige, die Wogen des Meeres gehen
noch hoch und branden an den Gestaden, auch wenn die Heftigkeit des Sturmes ausgetobt: darum wird es keineswegs unnütz
sein, wenn wir die Unfehlbarkeit des Papstes zum Gegenstande
dieser Vorträge nehmen, um ihren Begriff klar darzulegen, ihre
Begründung in der h. Schrift zu zeigen, ihrer Entwickelung in
der Geschichte zu verfolgen und ihre Bedeutung für die Kirche
auseinander zu setzen. Erwarte also Niemand glänzende Ideen,
neue Beweise, bisher unbekannte Thatsachen, geistreiche Auffassungen:
je älter die Beweise, desto mehr sind die Waffen der Gegner daran
schartig geworden, je bekannter die Thatsachen, desto notorischer
ist ihre Beweiskraft, je allgemeiner die Ideen, Auffassungen, die
wir bringen, desto mehr tragen sie das Gepräge der Katholicität.

Die Unfehlbarkeit des Papstes besteht in jenem Beistande des
hl. Geistes, der ihn vor jedem Irrthum bewahrt, so oft er als Oberhaupt der ganzen Kirche Entscheidungen in Glaubenssachen erläßt.
In diesem Begriffe liegen drei Bestandtheile: der Gegenstand der

---

[1]) Itaque nos traditioni a fidei christianae exordio perceptae
fideliter inhaerendo, ad Dei Salvatoris nostri gloriam, religionis ca-
tholicae axaltationem et christianorum populorum salutem, sacro
approbante Concilio, docemus et divinitus revelatum dogma esse
definimus: Romanum Pontificem, cum ex Cathedra loquitur, id est
cum omnium Christianorum Pastoris et Doctoris munere fungens,
pro suprema sua Apostolica auctoritate doctrinam de fide vel moribus ab universa Ecclesia tenendam definit per assistentiam divinam,
ipsi in beato Petro promissam, ea infallibilitate pollere, qua divinus
Redemptor Ecclesiam suam in definienda doctrina de fide vel moribus instructam esse voluit; ideoque ejusmodi Romani Pontificis
definitiones ex sese, non autem ex consensu Ecclesiae irreformabiles
esse. Si quis autem huic Nostrae definitioni contradicere, quod Deus
avertat, praesumpserit, anathema sit.
Conc. Vat. Const. dogmat. I. de Eccl. cap. 4.

Unfehlbarkeit, nämlich die Wahrheiten der Offenbarung; — der Träger der Unfehlbarkeit, der Papst nämlich, nicht als Privat= person, sondern als Oberhaupt der ganzen Kirche; — endlich die Form, worin die Unfehlbarkeit sich ausspricht, nämlich eine Entscheidung an die ganze Kirche (definitio ex cathedra). Diese drei Elemente bedürfen einer näheren Auseinandersetzung.

I.

1. Beginnen wir mit dem Gegenstande der päpstlichen Un= fehlbarkeit. Was heißt es, der Papst ist unfehlbar? Will das bedeuten, der Papst ist ohne moralische Fehler, ohne Sünde? Sinnloser Gedanke, den Irr= und Ungläubige dem Katholicismus zuschreiben möchten, den aber nie die katholischen Schulen gelehrt, nie ein Katholik geglaubt. Ist denn der Papst nicht ebenso wohl wie jeder Sterbliche ein Sohn Adams? Ist ihm nicht mit dem Blute unsers Stammvaters die gemeinsame Erbschuld überkommen? Seufzt er nicht unter dem gleichen Widerspruche zwischen Geist und Fleisch, zwischen dem Gesetze des Geistes und dem Gesetze des Fleisches, zwischen besserer Erkenntniß und niederen Trieben? Betet er nicht alle Tage das Gebet, das derjenige, dessen Stellvertreter er ist, seine Jünger gelehrt: „Vergib uns unsre Schuld?" Kniet er nicht wie der gewöhnliche Christgläubige zu den Füßen seines Beichtvaters, um die Lossprechung von seinen Sünden zu em= pfangen? So ist der Papst von dem allgemeinen Gesetze der Sünde, worunter die Menschheit beschlossen ist, keineswegs aus= genommen. Es bleibt aber dabei wahr, daß keinen Thron der Welt eine solche Reihe ehrwürdiger Gestalten geziert hat, wie den Stuhl des hl. Petrus; in fast ununterbrochener Reihe folgen sie einander, die einen mit der Palme des Martherthums, die andern mit der Krone der Heiligkeit, noch andere mit der Aureole der Lehrer der Kirche und geziert; wenn bei einzelnen die Schwäche der menschlichen Natur ihre Rechte geltend gemacht, so sind das seltene Ausnahmen, Ausnahmen, die die göttliche Vorsehung zuläßt, um zu zeigen, daß die Kirche nicht auf der Weisheit, der Tugend und Heiligkeit der Menschen gegründet ist, sondern auf einem göttlichen Fundamente. Die Unfehlbarkeit beansprucht also keineswegs Sündenlosigkeit für den Papst.

2. Die Unfehlbarkeit des Papstes ist also nichts anderes als Irrthumslosigkeit in den Wahrheiten der Offenbarung. Die Unfehlbarkeit des Papstes erstreckt sich überhaupt über dieselben Gegenstände, worüber das Lehramt der Kirche Unfehlbarkeit beansprucht. So ist es die ausdrückliche Lehre des Concils: „Der h. Geist ist den Nachfolgern des h. Petrus nicht dazu verheißen, daß er ihnen eine neue Lehre offenbare, damit sie dieselbe verkünden, sondern daß sie unter seinem Beistande die von den Aposteln überlieferte Offenbarung oder die Grundlage des Glaubens, heilig bewahren und treu erklären" . . . „Wir erklären als göttlich geoffenbartes Dogma, daß der römische Papst dieselbe Unfehlbarkeit besitze, womit der göttliche Heiland seine Kirche in Entscheidung von Glaubens= und Sittenlehren ausgerüstet wissen wollte. [1])

Das sind vor allem die Glaubenswahrheiten, d. h. Alles, was Gott im alten und neuen Testamente geoffenbaret hat. Der Gegenstand des Glaubens ist eine feste bereits abgeschlossene Summe von Wahrheiten, die durch keine neue Offenbarungen vermehrt, sondern durch das unfehlbare Lehramt nur rein und unverfälscht bewahrt und vorgestellt wird, einmal durch die fortwährende Predigt der Glaubenslehre; dann aber in außerordentlicher Weise durch die Definition eines Dogmas. Diese Wahrheiten beziehen sich auf die Natur und das Wesen Gottes und des Menschen, auf die Rathschlüsse Gottes zur Erschaffung, Erlösung und Heiligung des Menschen, deren Erkenntniß dem Menschen nothwendig ist, um sein Heil zu wirken.

3. Gegenstand der Unfehlbarkeit ist dann ferner das Sittengesetz, und zwar nicht bloß das christliche, sondern auch das natürliche Sittengesetz, so daß sie nie die Tugend zum Laster, oder das Laster zur Tugend zu stempeln vermag. Ein Verstoß gegen das

---

[1]) Neque enim Petri successoribus Spiritus sanctus promissus est, ut eo revelante novam doctrinam patefacerent, sed ut eo assistente traditam per Aopostolos revelationem seu fidei depositum sancte custodirent et fideliter exponerent . . . Divinitus revelatum dogma definimus: Romanum Pontificem . . ea infallibilitate pollere, qua divinus Redemptor Ecclesiam suam in definienda doctrina de fide vel moribus instructam esse voluit. L. c.

natürliche Sittengesetz würde einen noch grelleren Gegensatz zur Wahrheit und Heiligkeit der Kirche bilden als ein Irrthum im Glauben. Oder stehen nicht auch das christliche Sittengesetz und das Naturgesetz in der innigsten Verbindung mit einander, so daß letzteres nur im Christenthum vollständig enthalten, klar aufgestellt und vollständig ausgeführt werden kann? Ist nicht das Naturgesetz auch ein Gegenstand der göttlichen Offenbarung? Ist nicht der Dekalog, mit Ausnahme des dritten Gebotes der Sabbatheiligung, welches ein positives Gesetz ist, insofern als es den je siebenten Tag für Gott vorbehält, das reine Naturgesetz? Jesus Christus hat keinen neuen Dekalog geschaffen, er hat nur den alten aufrecht erhalten. Ein reicher Jüngling fragte ihn einst: „Meister, was muß ich thun, um das ewige Leben zu erlangen?" Jesus antwortete ihm: „Halte die Gebote." „Welche?" erwiderte der Jüngling. „Die Gebote des Gesetzes sind diese," antwortete der Herr: „Du sollst nicht tödten, du sollst nicht ehebrechen; du sollst Vater und Mutter ehren u. s. w.[1]) Und erst nachdem er ihn an diese wesentlichen Pflichten erinnert, macht er ihn aufmerksam auf die evangelischen Räthe.

Dasselbe lehrt der hl. Paulus: „Die Gnade Jesu Christi unsers Erlösers ist auf Erden erschienen und hat alle Menschen belehrt, daß wir der Gottlosigkeit und den weltlichen Begierden entsagend, lernen nüchtern, gerecht und fromm zu leben in der Welt."[2])

Ohne Zweifel ist Christus erschienen, um uns von unserm Falle zu erheben, und uns zu der hohen Bestimmung zurückzuführen, wozu der Himmel uns von Anfang berufen; aber in einer kurzen Zusammenfassung sagt der Weltapostel, daß Christus gekommen ist, um uns durch sein Wort über unsere natürlichen Pflichten zu unterrichten und uns durch seine Gnade die Kraft zu geben, dieselben zu erfüllen. Die Keuschheit bewahren, die Gerechtigkeit und Frömmigkeit üben: das Alles gehört an und für sich zum Naturgesetz, nun aber ist Christus erschienen, um uns zu lehren, keusch, gerecht und fromm zu leben. Es ist

---

[1]) Matth. 19. 16— 20. Luc. 18, 18—21.
[2]) Titus 2. 11—12.

wahr, derselbe Christus gibt durch seine Gnade diesen Tugenden einen neuen Werth und eine größere Tragweite. Er hat eine Keuschheit geschaffen, welche jene unendlich übertrifft, die die Welt loben konnte; eine Gerechtigkeit, die sich vervollständigt durch den Heldenmuth der Abtödtung und Liebe, die das Heidenthum nicht kannte; eine Frömmigkeit, deren Ent= zückungen einer kalten Vernunft und der einfachen Natur unbe= kannt waren, und er hat diesen so erweiterten Tugenden eine Belohnung aufbewahrt, auf welche die bloße Natur keinen An= spruch hatte. Das Christenthum vervollständigt und vervollkommnet also das Naturgesetz und schließt es keineswegs aus, es enthält wesentlich das ganze Naturgesetz; alle natürlichen Pflichten und Tugenden. Die Unfehlbarkeit muß sich ebenso sehr über das Sittengesetz wie über die Glaubenslehren erstrecken; denn auf dem Wege zum Himmel sind Irrthümer in dem Sittengesetze ebenso verderblich als Irrthümer im Glauben.

4. Gegenstand der Unfehlbarkeit sind ferner außer den Offenbarungswahrheiten jene natürlichen Wahrheiten, die in einem innern, nothwendigen und wesenhaften Zusammenhange mit den Offenbarungswahrheiten stehen, sei es als (motiva credibilitatis) Beweggründe des Glaubens, (praeambula fidei) dem Glauben vorgängige Wahrheiten, oder wie immerhin. Erklären wir uns näher. Es gibt gewisse natürliche Wahrheiten, zu deren Erkennt= niß die menschliche Vernunft in ihrem eigenen Lichte gelangt. Dahin gehören die Existenz Gottes. Gott als Belohner des Guten und Bestrafer des Bösen, der Unterschied zwischen Leib und Seele, die Geistigkeit, Freiheit, Unsterblichkeit der Seele, die Beschränktheit der Vernunft in der Erkenntniß der Wahrheit, und des Willens in der Beobachtung des Naturgesetzes. Die Er= kenntniß dieser Wahrheiten aus Vernunftgründen ist eine Vor= bedingung des Glaubens. Gott hat es in seiner Weisheit also angeordnet, daß wir nicht Opfer jedes Betruges werden, der angebliche Offenbarungen uns aufdrängt. —

Allerdings sind diese natürlichen Wahrheiten auch wieder vielfach ein Gegenstand der Offenbarung, und werden deshalb auch mit dem Glauben erfaßt. Können wir aber nicht aus ver=

schiedenen Gründen etwas für wahr halten? Wenn wir aus Vernunftgründen von jenen Wahrheiten überzeugt sind, können wir dann nicht auch durch die Gnade erleuchtet und gestärkt, absehen von diesen Vernunftgründen, im Acte des Glaubens diese Wahrheiten hinnehmen einzig und allein in Hinblick auf die Weisheit und Wahrhaftigkeit des sich offenbarenden Gottes? So ist jene Vernunfterkenntniß zwar Vorbedingung, aber nicht Princip des Glaubens. Der Glaube selbst ist allein ein Werk der Gnade und des mit der Gnade mitwirkenden Menschen, der von Vernunftgründen absieht und allein auf die Auctorität des offenbarenden Gottes sich stützt. So ist die Existenz Gottes einer= seits durch die Vernunft erkennbar, andererseits bildet sie den ersten Glaubensartikel. Das Lehramt der Kirche beansprucht aber die Unfehlbarkeit auch in diesen natürlichen Wahrheiten, sonst wäre ihm ja sein natürliches Fundament entzogen. Indeß jene natürlichen Wahrheiten, die in keinem solchen wesentlichen, innern und noth= wendigen, sondern nur in einem weitern und zufälligen Zu= sammenhange stehen mit den Offenbarungswahrheiten, fallen an und für sich nicht unter die Unfehlbarkeit des Lehramtes. Von ihnen gilt vielmehr der Ausspruch der hl. Schrift: Er überließ die Welt ihrem Scharfsinn.[1]

5. Gegenstand der Unfehlbarkeit sind auch die sogenannten dogmatischen Thatsachen. Erklären wir das näher. Im Jahre 1653 verdammte Papst Innocenz X. in der Bulle „cum oc= casione" als häretisch fünf Sätze, die aus dem Buche „Augustinus" von Jansenius gezogen waren. Um sich diesem Urtheile zu ent= ziehen, erfanden die Jansenisten die Unterscheidung zwischen Rechtsfrage und Thatsache. Die Kirche sei allerdings unfehlbar in Entscheidung der Rechtsfrage, d. h. in der Aufstellung oder Verdammung von Lehrsätzen, und so sei Jeder verpflichtet, die fünf Sätze als häretisch zu betrachten; aber die Kirche könne irren in Betreff der Thatsachen, ob nämlich jene Sätze wirklich in der Schrift des Jansenius enthalten seien, oder ob Jansenius dieselben in dem Sinne verstanden habe, worin sie verdammt

---

[1] Ekklef. 3. 11.

seien. Rom erkannte diese Unterscheidung nicht an. Alexander VII. und Clemens XI. erklärten, die bloß äußere Unterwerfung unter die kirchliche Entscheidung über die Thatsache genüge nicht, die innere Zustimmung sei nothwendig, und forderten die eidliche Erklärung, daß man die fünf Sätze im Sinne des Jansenius verdamme; im Weigerungsfalle dürften selbst auf dem Sterbebette die Sakramente der Kirche nicht gespendet werden. So ist also unter dogmatischer Thatsache nicht etwa irgendwelche mit einem Dogma überhaupt verbundene Thatsache zu verstehen, sondern sie besteht vielmehr in dem Sinne eines nicht inspirirten Textes, in seiner Beziehung zum Glauben, ob derselbe orthodox oder häretisch sei. Die Kirche ist unfehlbar in Entscheidung von dogmatischen Thatsachen, will also heißen, die Kirche kann nicht irren, wenn sie entscheidet, ob der nicht inspirirte Text einer Schrift rechtgläubig oder häretisch ist. Selbstredend muß die Unfehlbarkeit sich so weit erstrecken; denn wie könnte die Kirche die Heerde Christi auf die Weiden der Wahrheit führen, wenn sie nicht zu unterscheiden wüßte, wo giftige und wo gesunde Nahrung ist. Kamen nicht die Concilien im Laufe der Jahrhunderte den Schriften der Irrlehrer gegenüber oft genug in die Lage über derartige dogmatische Thatsachen entscheiden zu müssen?

In gewöhnlichen, rein historischen Thatsachen, die sich auf rein menschliches Zeugniß stützen, erhebt die Kirche keinen Anspruch auf Unfehlbarkeit.

6. Endlich erstreckt sich die Unfehlbarkeit noch auf den Cultus und die Disciplin der Kirche im Allgemeinen. Der Cultus ist der lebendige Ausdruck und die Blüthe der Glaubenslehren. Er tritt besonders hervor in der Darbringung des Opfers und in der Spendung der Sakramente des neuen Bundes. Sein Wesen ist göttlicher Anordnung, indem Christus das Opfer und die Sakramente eingesetzt hat, aber die Kirche hat diesen göttlichen Kern mit einem Kreis von Ceremonien und hl. Gebräuchen umgeben. Die kirchliche Disciplin ist die Anwendung des christlichen Sittengesetzes auf das Leben der Gläubigen, verschieden für Clerus und Laien; wie einerseits die Gesetzgebung für den Clerus und andererseits die Ehegesetzgebung bezeugen. Cultus

und Disciplin stehen stets in Einklang mit den Wahrheiten des Glaubens und der Sitten; und wenn die Kirche zu verschiedenen Zeiten Veränderungen darin getroffen, je nach den Bedürfnissen der Zeiten und Menschen, so ist dadurch doch nie die geoffenbarte Wahrheit geändert worden. Wie im bürgerlichen Leben und in den Sitten und Gewohnheiten eines Volkes seine Gesetzgebung, sein Bildungsgrad und die es beherrschenden Ideen hervortreten, ebenso treten im äußern Leben der Kirche die Wahrheiten des Glaubens und die Sittengesetze, wie sie auf die verschiedenen Stände sich anwenden, thatsächlich in die Erscheinung. Da nun die Verheißung der Unfehlbarkeit sich keineswegs auf das bloße Wort in Predigt oder Schrift beschränkt, sondern unbeschränkt für das ganze Glaubensleben der Kirche gegeben ist, so versteht sich wohl die Ausdehnung auf Cultus und Disciplin von selbst. Pius VI. verdammte in der Bulle „Auctorem fidei" die An= sicht der jansenistischen Synode von Pistoja, „als ob die vom „Geiste Gottes geleitete Kirche eine Disciplin aufstellen könnte, „die nicht nur unnütz und lästiger, als es die christliche Freiheit er= „trägt, sondern auch gefährlich, schädlich, zum Aberglauben und „Materialismus führend, als falsch, verwegen, verderblich, be= „leidigend für die Kirche und den sie regierenden Geist Gottes, „zum wenigsten als irrig."

7. Diese Unfehlbarkeit des Lehramts und die darauf be= gründete Unveränderlichkeit der Dogmen wird nun allerdings viel= fach als Knechtung des freien Geistes und dogmatische Ver= knöcherung gebrandmarkt und dargestellt als Hemmschuh für den Fortschritt der geistigen Entwickelung der Menschheit. Sonderbare Begriffsverwirrung! Liegt es nicht in dem Charakter und Wesen einer jeden Wissenschaft, daß sie auf gewissen unwandelbaren Principien und Gesetzen beruht, und würde nicht jede Wissenschaft= lichkeit überhaupt aufhören, wenn nur ungezügelte Willkür in ihr herrschte? Trägt die Mathematik nicht gerade darum einen so ausgezeichneten Charakter der Wissenschaft, weil ihre Gesetze die unwandelbarsten sind? und ist diese Unwandelbarkeit nicht eben das Gepräge der Wahrheit, die stets eine und dieselbe ist? Darum verleihen eben jene unveränderlichen Dogmen dem Christenthum

den Charakter der Wahrheit und der Wissenschaftlichkeit. Besteht auch der Unterschied, daß die Gesetze der Mathematik auf der innern oder abgeleiteten Evidenz sich gründen, während die Wahrheiten der Religion auf dem Glauben beruhen, so bietet doch die Auctorität des sich offenbarenden Gottes eine höhere Gewißheit, als die klarste Evidenz es vermag. Das unfehlbare Lehramt aber, indem es solche Dogmen aufstellt und unter seiner schützenden Obhut bewahrt, leistet dem fortschreitenden Geiste die wichtigsten Dienste; denn es stellt für ihn die Herculessäulen auf, die er nicht überschreiten kann, ohne auf jenes grenzenlose Meer der Irrthümer zu gerathen, wo er von den Stürmen der wechselnden Meinungen hin und her gepeitscht wird und zuletzt in den Abgrund des absoluten Zweifels versinkt: es setzt ihm Grenzen, läßt ihm aber zugleich Spielraum und Freiheit, um sich auf dem natürlichen wie dem übernatürlichen Gebiete der Wissenschaften vollkommen zu entwickeln; schärft ihm aber auch zugleich ein, im Bewußtsein seiner Beschränktheit sich zu gedulden, bis im Tode das Erkennen wie im Spiegel und im Räthsel aufhört und er in Gott alle Wahrheit ohne Irrthum erkennen wird. So viel über den Gegenstand der Unfehlbarkeit; er ist für das Lehramt der ganzen Kirche, wie für den Papst als unfehlbaren Lehrer ein und derselbe.

II.

8. Gehen wir nun über zum Träger der Unfehlbarkeit. Da ist es zunächst katholischer Glaubenssatz, daß das ganze kirchliche Lehramt, der Papst und die Bischöfe, sowohl auf einem allgemeinen Concil vereint, als auch auf Erden zerstreut, der Unfehlbarkeit sich erfreuen, wenn sie übereinstimmend in Glaubenssachen eine Entscheidung erlassen. Indeß um den ganzen Lehrkörper als Träger der Unfehlbarkeit handelt es sich hier nicht. Das vatikanische Concil erklärt, daß der Papst, wenn er ex cathedra spricht, d. h. wenn er seines Amtes als Hirt und Lehrer aller Christen waltet und in Kraft seiner höchsten apostolischen Auctorität eine Glaubenslehre entscheidet, dieselbe Unfehlbarkeit besitzt, womit Christus seine Kirche ausgerüstet hat.[1])

---

[1]) Conc. Vat. Sess. IV.

Damit ſanctionirt das Concil die bisher von den Theologen aufgeſtellte Unterſcheidung zwiſchen dem Papſte als Privatmann und als Oberhaupt der Kirche und beanſprucht für ihn nur im letzteren Sinne in gewiſſen Fällen die Unfehlbarkeit. Iſt dieſe Unterſcheidung nicht auch in andern Fällen eine ganz geläufige? Wird nicht derſelbe Unterſchied in Betreff weltlicher Fürſten gemacht? „Was iſt der Papſt? Man ſagt, er iſt nur ein Biſchof. „Ebenſo wie Maria Thereſia nur eine Gräfin von Habsburg, „Ludwig XVI. ein Graf zu Paris, der Held von Roßbach einer „von Zollern iſt."[1])

Wie alſo bei einem weltlichen Fürſten der Unterſchied zwiſchen dem Privatmann und dem Fürſten Geltung hat, wie die Souverainetät und die Prärogative der Krone ſich mit den perſönlichen Eigenſchaften ſehr wohl vertragen, und wie die Ausübung jener Souverainetätsrechte und Prärogative immer vom freien Willen ihres Trägers abhängig iſt: ſo iſt auch beim Papſt der Unterſchied zwiſchen dem Privatmann und dem Oberhaupte der Kirche vollkommen begründet, die von Chriſtus dem ſichtbaren Stellvertreter und Oberhaupte ſeiner Kirche verliehenen Prärogative thun ſeinen Eigenſchaften als Privatmann keinen Eintrag, und die Bethätigung ſeiner Primatialrechte iſt immer von ſeinem freien Willen bedingt. Als Privatmann (Doctor privatus) erhebt der Papſt keinen Anſpruch auf Unfehlbarkeit; er kann als ſolcher ſeine Anſichten über Glaubens- und Sittenlehren ausſprechen, ohne Jemanden zur Annahme derſelben verpflichten zu wollen. Es hat viele gelehrte Päpſte gegeben, die auch als Schriftſteller ſich auszeichneten. Die Werke des hl. Leo des Großen, des hl. Gregor des Großen, Innocenz III. und Benedikt XIV. werden für immer unſterbliche Denkmäler der Gelehrſamkeit der Päpſte ſein; aber den Stempel der Unfehlbarkeit beanſpruchen dieſelben nicht. Gregor XVI. ſchrieb als Camaldulenſermönch ein Werk: „Triumph des hl. Stuhles," in welchem er die Unfehlbarkeit des Papſtes vertheidigt; er ahnte nicht, daß er eines Tages ſelbſt den Stuhl des hl. Petrus beſteigen würde.

---

[1]) Joh. v. Müller, Reiſen der Päpſte, Bd. 8. S. 58.

Als Papst veranstaltete er eine neue Ausgabe dieses Werkes; Niemand aber fällt es ein zu behaupten, er habe damit die Beendigung dieser Controverse beabsichtigt. Es hat nun allerdings einige Theologen gegeben, welche die Unfehlbarkeit des Papstes soweit ausdehnten, daß sie behaupteten, er könne auch als Privatmann kein öffentlicher und hartnäckiger Häretiker werden. Bellarmin[1]) schreibt darüber: „Es ist wahrscheinlich und ein frommer Glaube „(Probabile est pieque creditur), daß der Papst nicht bloß „als Papst nicht irren kann, sondern daß er auch als Privatmann „kein Häretiker sein kann, und hartnäckig in einem Irrthum gegen „den Glauben verharre. Das scheint zunächst die milde Anord= „nung der göttlichen Vorsehung zu fordern; denn der Papst „darf und kann keine Härefie predigen, sondern er muß auch „stets die Wahrheit lehren und wird das ohne Zweifel auch „thun, da der Herr ihm befohlen, seine Brüder zu stärken, und „deshalb hinzufügt: Ich habe für dich gebeten, daß dein Glaube „nicht abnehme, d. h. daß wenigstens auf deinem Stuhle die „Predigt des wahren Glaubens nicht abnehme. Ich frage nun „aber, wie wird ein häretischer Papst seine Brüder im Glauben „befestigen und immer den wahren Glauben lehren? Allerdings „kann Gott auch einem häretischen Herzen das Bekenntniß der „Wahrheit erpressen, wie er einst der Eselin Baleams Worte in „den Mund gelegt: das ist aber etwas Gewaltsames und nicht „nach Art der göttlichen Vorsehung, die Alles milde anordnet." Dann beruft er sich auf die Geschichte, daß bis dahin noch kein Papst erweisbar der Härefie verfallen gewesen. Dagegen erhebt sich nun die Einwendung, daß im kanonischen Rechte der Fall vorgesehen ist, daß der Papst in Ketzerei verfällt.[2])

Darauf antwortet Bellarmin: Erstens alle jene Canones reden von dem Irrthum des Papstes, insofern er Privatmann, aber nicht insofern er Oberhaupt der Kirche ist, in einer Entscheidung ex cathedra. Zweitens, jene Canones wollen nicht sowohl sagen, daß der Papst als Privatperson in Härefie fallen

---

[1]) P. Bellarmin, de Rom. Pont. IV, 6.
[2]) Can. Si Papa in haeresim inciderit, dist. 40. C. Si Papa.

könne, sondern nur, daß der Papst nicht gerichtet werden könne. Weil es aber doch nicht ganz gewiß ist, ob der Papst in Häresie fallen kann oder nicht, so fügen sie zur größeren Vorsicht die Bedingung bei, falls er nicht in Häresie verfällt. Indeß abgesehen von dieser Ansicht einiger Theologen, handelt es sich hier nur um

9. die Unfehlbarkeit des Papstes als Oberhaupt der ganzen Kirche; denn sie ist ihm nur als ein Vorrecht verliehen, das dem jedesmaligen rechtmäßigen Inhaber des apostolischen Stuhles zukommt zum Wohle der ganzen Kirche. Allen Stellen der hl. Schrift, in denen Christus dem Petrus die Unfehlbarkeit beilegt, liegt wesentlich die Idee des Oberhauptes der ganzen Kirche zu Grunde; alle Zeugnisse der Tradition, die sich dafür anführen lassen, beziehen sich wesentlich auf den Papst als Oberhaupt, und endlich alle Thatsachen, in denen die Päpste diese Unfehlbarkeit bethätigten, gehen von ihnen aus als Haupt der Kirche. Gregor XVI.[1]) sagte: „Wenn der Papst die volle Auc-„torität des Oberhauptes annimmt, d. h. wenn er bei der Ent-„scheidung seine Primatial=Jurisdiction auszuüben und folglich „die Gewissen der Gläubigen als wirklicher und lebendiger Re-„präsentant der Kirche zu verpflichten gedenkt, alsdann wird er „von Oben erleuchtet, und diese Erleuchtung ist übernatürlich. „In jedem andern Falle aber wird er von seinem natürlichen Ver-„stande allein geleitet. Hierin liegt kein Widerspruch; denn da „man die Gabe der Unfehlbarkeit als ein untrennbares Privi-„legium seines Primates ansieht, so wird die immer freiwillige „Ausübung desselben für ihn gleichsam eine wesentliche Bedingung, „ohne welche demselben die unfehlbare Erleuchtung nicht zu Theil „wird, oder wenigstens nicht versprochen worden ist, welchen Ver-„nunftschluß er auch machen, welches Urtheil er auch aussprechen „mag. Die Unfehlbarkeit muß eine persönliche, unbedingte Prä-„rogative sein, um sie von allen Bedingungen für unabhängig „zu erkären. So oft also der Papst nicht seine ganze Auctoriät „annimmt und die katholische Kirche nicht als Richter des Glau-

---

[1]) Triumph des hl. Stuhles, K. 24 n. 23.

„bens zu repräsentiren gedenkt, so öffnet er so zu sagen, seinem „Verstande nicht die Thüre, durch welche allein die himmlische „Erleuchtung zu ihm kommt." Dieser Beistand oder diese Er=leuchtung des hl. Geistes, wodurch der Papst vor jedem Irrthum in Entscheidung über den Glauben bewahrt wird, ist dann nicht etwa aufzufassen als eine Art von Inspiration, wie sie den Pro=pheten oder den Verfassern der hl. Schrift zu Theil ward, als ob ein Strahl himmlischen Lichtes ihm bisher unbekannte Dogmen offenbare, oder vergessene ins Gedächtniß zurückrufe oder der heil. Geist ihm die Glaubensartikel oder Anathemata dictire, wie einst der Finger Gottes auf Sinai dem Moses das Gesetz in die zwei steinernen Tafeln eingrub, sondern sie ist nur jenes Walten des hl. Geistes, das ihn, so oft es sich um eine Entscheidung in Glaubenssachen handelt, die natürlichen Hülfsmittel zur Erkennt=niß der Wahrheiten anwenden und in der letzten Entscheidung vor jedem Irrthum bewahrt bleiben läßt. Die Infallibilität be=steht also vielmehr in der Assistenz des hl. Geistes, als in der Inspiration.

10. Da tritt uns nun aber zunächst die Einwendung entgegen, wenn der Papst als Oberhaupt der Kirche allein schon unfehlbar ist, sind dann die allgemeinen Concilien nicht überflüssig?[1)]

Die allgemeinen Concilien sollen überflüssig sein, weil schon der Papst allein unfehlbar ist. Ich antworte darauf mit dem Cardinal Litta.[2)] Was Christus angeordnet hat, was wir schon von den Aposteln ausgeübt sehen, das kann nicht unnütz sein. Wie wohl der Papst die Verheißung hat, sein Glaube werde nicht wanken, so ist er dennoch verpflichtet, bevor er seinen Ausspruch thut, die dahin gehörigen Mittel anzuwenden. Von allen Mitteln aber ist keins geeigneter, als ein allgemeines Concil, dem

---

[1)] Jeder Apostel besaß nach katholischer Lehre das Privilegium der Unfehlbarkeit, konnte also endgültig im Legalienstreit entscheiden, warum halten sie trotzdem in dieser Frage das erste Concil von Jerusalem ab? Wenn die apostolische Unfehlbarkeit das erste Concil nicht überflüssig machte, so werden gewiß in Zukunft auch die allgemeinen Concilien durch die päpstliche Unfehlbarkeit nicht unnütz werden.
[2)] Cardinal Litta, Briefe über die vier Artikel. Brief 29. S. 179.

gleichfalls die Unfehlbarkeit verheißen ist. Die Vorsehung Gottes erreicht unfehlbar ihren Zweck, sie ordnet aber die Mittel mit der höchsten Milde. „Die Weisheit reicht mächtig von einem Ende zum anderen und ordnet Alles milde."[1]) Ich behaupte sogar, ein allgemeines Concil könne bisweilen so nothwendig oder nützlich sein für die Kirche, daß der Papst verbunden ist, sein Möglichstes zu thun, um die Abhaltung desselben zu veranstalten.

Die allgemeinen Concilien sollen überflüssig sein, weil der Papst allein schon die Unfehlbarkeit besitzt. Ich antworte darauf mit dem Karb. Bellarmin:[2]) „Wenn auch der Papst unfehlbar ist, so darf er doch die gewöhnlichen menschlichen Mittel nicht vernachlässigen, um zur Erkenntniß der Wahrheit zu gelangen. Zu den gewöhnlichen Mitteln aber gehört ein größeres oder ein kleineres Concil je nach der Wichtigkeit der Angelegenheit, um die es sich handelt. Gewiß konnten Petrus sowohl als Paulus allein jede Controverse unfehlbar entscheiden und doch beriefen sie ein Concil.[3])

Die allgemeinen Concilien sollen überflüssig sein, weil der Papst allein schon unfehlbar ist. Ich antworte darauf mit demselben Bellarmin: Die Entscheidung über Glaubenswahrheiten hängt vor Allem von den apostolischen Ueberlieferungen und der Uebereinstimmung der Kirchen ab. Um aber in einer Streitfrage zu erfahren, was die Meinung der ganzen Kirche ist, und welche Tradition die verschiedenen Kirchen bewahren, gibt es kein besseres Mittel, als wenn alle Bischöfe der verschiedenen Länder zusammentreten, und jeder über die Gewohnheit seiner Kirche berichtet.

Die allgemeinen Concilien sollen überflüssig sein, wenn der Papst schon allein unfehlbar ist. Ich antworte nochmals mit Bellarmin: Die Concilien sind sehr nützlich, zuweilen sogar nothwendig, um den Streitigkeiten rasch ein Ende zu machen, und Glaubensentscheidungen nicht bloß zu treffen, sondern auch zur Ausführung zu

---

[1]) Weish. 8. 1.
[2]) Bell. de Rom. Pont. IV. c. J.
[3]) Ap.-Gesch. 15.

2

bringen. Wenn nämlich ein allgemeines Concil gehalten wird, so unterschreiben dasselbe alle Bischöfe und versprechen, daß sie in Zukunft dasselbe in ihren Kirchen verkündigen werden. Wenn aber kein allgemeines Concil gehalten wird, so ist die Ausführung der Glaubensdecrete nicht so leicht, indem die Einen Unbekannt= schaft mit jenen Decreten vorschützen, die Andern sich beklagen, daß sie nicht befragt sind, und noch Andere sagen, der Papst sei dem Irrthum unterworfen.

Darum nimmt Bellarmin[1]) keinen Anstand, zu behaupten, daß trotz der Unfehlbarkeit des Papstes einige Concilien einfach nothwendig seien (Concilia Episcoporum aliqua simpliciter esse necessaria) und beruft sich dafür auf den Ausspruch Christi:[2]) „Wo zwei oder drei in meinem Namen versammelt sind, da bin ich mitten unter ihnen;" den das Concil von Chalcedon[3]) und andere Concilien von den Concilien verstanden haben; auf das Beispiel der Apostel, die selbst ein Concil gehalten, und auf die stete Uebung der Kirche, die für alle wichtigen Angelegenheiten Concilien beruft. Was aber immer und von Allen geübt ist, kann und wird gewiß etwas durch die Gewohnheit hergebrachtes heißen. (ordinarium.)

Ein allgemeines Concil bildet gewiß die schönste und mäch= tigste Lebensäußerung der Kirche. Die makellose Braut Christi wird verfolgt in ihren Gliedern, ihres Eigenthums beraubt, in ihrer Wirksamkeit gelähmt, in ihren Lehren und Gebräuchen ver= unglimpft, wie ihr göttl. Meister · ist sie für die ungläubige Welt ein Gegenstand des Gespöttes und der Verachtung, vorlaute Pro= pheten verkündigen ihr baldiges Ende. Da beruft sie plötzlich ein allgemeines Concil und sie steht wieder da in voller Jugend= kraft, wie erstanden aus dem Grabe der Vergessenheit, worin die Welt sie schon wähnte. Gilt da nicht das Wort des weisen Königs: „Schön bist du, meine Freundin, mild und lieblich wie Jerusalem."[4]) Schön bist du, o heil. römische Kirche in dieser

---

[1]) Bellarmin de Conciliis I. c. 11.
[2]) Matth. 18. 28.
[3]) Epist. ad Leonem.
[4]) Hohel. 6. 3.

herrlichen Einheit! Wie die drei Personen der Gottheit in der einen göttlichen Natur die erhabenste Einheit bilden; und wie die Chöre der seligen Geister, in verschiedener Abstufung zu einem himmlischen Reiche sich gliedern; so sehe ich die ganze katholische Kirche aus allen Nationen und Völkern, mit all' ihren Priestern und Bischöfen mit dem einen sichtbaren Oberhaupte zu einem geistigen Leibe vereinigt: schön durch die Wahrheit, die allein in ihr verkündigt wird, schön durch das Recht, das allein in ihr gilt, schön durch die Liebe, die das unzertrennliche Band ist, das Haupt und Glieder umschlingt. Ja schön bist du, meine Freun= din, mild und lieblich wie Jerusalem; — aber auch zugleich — furchtbar wie der Heerschaaren Schlachtreihe."[1] Wie vereint sich jene entzückende Schönheit mit diesem unheilbringenden Schrecken? Was ist prachtvoller als eine Armee, die aufgestellt ist zur Heer= schau auf einer unabsehbaren Ebene, deren Waffen erglänzen in den Strahlen der Sonne? und was ist schrecklicher als dieselbe Armee, wenn der Schlachtruf erschallt, wenn sie mit blitzenden Waffen gegen den Feind heranstürmt, und die Feuerschlünde Tod und Verderben in seinen Reihen verbreiten? So ist die Kirche schön in ihrer Einheit auf den Concilien, und furchtbar zugleich, wenn sie sich erhebt gegen die herrschenden Aergernisse und Irrlehren, wenn sie an ihrer Spitze den Nachfolger des hl. Petrus, in seinem Gefolge unzählige Bischöfe, mit ihren Millionen Gläubigen, angethan mit dem glänzenden Waffenschmuck Gottes, mit dem Schild des Glau= bens, den Helm des Heiles, und dem Schwerte des Geistes[2] ausrückt zum Kampfe gegen den Feind, ihn bedrängt mit der ganzen Macht der Wahrheit, mit dem Gewichte der verflossenen Jahrtausende und ihn preisgibt dem Fluche der Zukunft; und wenn dann Jesus Christus vom Himmel herab mit seiner Allmacht für sie kämpft, mit seiner Weisheit sie erleuchtet, mit seiner Liebe sie beschützt. Da begreifen wir, wie die katholische Kirche so schön, so mächtig, so unüberwindlich ist in dieser ihrer lebendigen Einheit, und warum die allge= meinen Concilen stets neue Triumphe für sie · im Gefolge

---

[1] a. a. O.
[2] Ephes. 6. 16—17.

haben. Es sage also Niemand mehr, daß die Unfehlbarkeit des Papstes die allgemeinen Concilien überflüssig mache.

11) Eine zweite Einwendung erhebt sich noch gegen die Unfehlbarkeit des Papstes. Wenn der Papst allein schon unfehl= bar ist, so frägt man, wird dadurch nicht die Lehrgewalt der Bischöfe verkürzt? Hören die Bischöfe nicht. auf, Richter in Glaubensjachen zu sein? Ein neuer Schriftsteller geht so weit zu behaupten: „Die Bischöfe, (welche die Unfehlbarkeit des Papstes „auf einem Concil definirten) würden eben dadurch sich den „selbstständigen Antheil am Lehramt abdecretiren; sie würden den „einzigen Rechtstitel auslöschen, auf den hin sie als stimmberechtigte „Bischöfe das Concil constituiren; sie würden sich factisch „in die Lage eines Abgeordnetenhauses versetzen, in dem alle „Vertreter zugleich ihr Mandat niederlegen.“[1] — Eine sonderbare Behauptung! Auf einem Concil, das die Unfehlbarkeit des Papstes definirt, sollen die Bischöfe sich selbst eben dadurch den selbstständigen Antheil am Lehramte abdecretiren! Ein Concil besteht bekanntlich aus der Vereinigung der Bischöfe unter Vorsitz des Papstes, es bildet das unfehlbare Lehramt der Kirche. Das ist katholisches Dogma, und bekanntlich sind die kath. Dogmen unveränderlich, auch ein Concil hat keine Gewalt über sie, und so können die Bischöfe auf einem Concil ebenso wenig ihren eigenen Antheil am Lehramte abdecretiren, als sie die Dreifaltig= keit, die Menschwerdung des Sohnes Gottes oder die reale Gegenwart Christi im hochh. Sakramente abdecretiren können. — Oder sollen unter einem Concil etwa die Gesammtheit der Bischöfe, mit Ausschluß und im Gegensatze zum Papste zu verstehen sein, daß also die Bischöfe etwa zu Gunsten des Papstes auf ihren An= theil am Lehramt verzichten? Auch das wäre ebenso unsinnig; denn Christus hat seinen Aposteln mit Ausschluß und im Gegensatz zu Petrus, weder ein Lehramt anvertraut, noch auch Unfehlbarkeit verheißen; alle Verheißungen und Aufträge Christi gehen viel= mehr an das ganze Collegium der Apostel unter Petrus, ihrem

---

[1] Michelis, die Unfehlbarkeit des Papstes. Seite 11—12.

Haupte; und so müßten alsdann die Bischöfe auf etwas ver=
zichten, was sie gar nicht haben. [1]

Wie dem indeß auch sei, die Unfehlbarkeit des Papstes
beeinträchtigt durchaus nicht die Gewalt der Bischöfe als Richter
in Glaubenssachen. Um Richter zu sein in einer Sache, ist es
nicht nothwendig, daß man die Gewalt habe, ein bereits er=
lassenes Urtheil zu ändern oder zu reformiren, man kann immer=
hin Richter bleiben, wenn man auch nur das Recht hat, ein
vorgängiges Urtheil zu bestätigen. Hören vielleicht die Päpste
auf, Richter in Glaubenssachen zu sein, weil sie die Entscheidung
früherer Concilien abzuändern nicht das Recht haben? Auf dem
ersten Concil von Jerusalem begegnet uns gleich ein schlagendes
Beispiel: „Es versammelten sich die Apostel und die Aeltesten,
diese Sache (Legalienstreit) zu untersuchen. Als aber viele ge=
meinschaftliche Untersuchung gepflogen, erhob sich Petrus und
sprach. [2] Er erklärte, es dürfe den Heidenchristen das mosaische
Ceremonialgesetz nicht aufgebürdet werden. Und nachdem Petrus
gesprochen, schwieg die ganze Menge. [3] Darauf hörte man den
Barnabas und Paulus an. Nach ihnen nahm Jacobus das
Wort und sprach gleichfalls sein Urtheil aus. [4]" Es erhellt
daraus, daß auch die Bischöfe Richter in Glaubenssachen sind, jedoch
nicht in dem Sinne, als könnten sie über den Ausspruch Petri
zu Gericht sitzen und denselben umstoßen. Das Urtheil des Ja=
cobus und das Decret des Concils sind ein und dieselbe Ent=
scheidung mit der des hl. Petrus. So können die Bischöfe Richter
in Glaubenssachen sein, ohne darum das Urtheil des Papstes
verändern zu können, und sie sind es, wie Litta [5] sagt, wenn sie:

„Erstens, die, in ihrer Diöcese oder in den ihrer Jurisdiction
unterworfenen Bezirken, sich erhebenden Irrthümer verdammen.
So verdammte Alexander die Irrlehren des Arius in einem von
allen Bischöfen Egyptens gehaltenen Concil. Ein solcher Ausspruch

---

[1] Siehe den folgenden Vortrag.
[2] Ap.-Gesch. 15, 6—7.
[3] Ap.-Gesch. 15, 12.
[4] a. a. O. 15, 19.
[5] Litta, Brief 29.

ist kein definitiver, man kann von ihm an den Papst oder an ein allgemeines Concil appelliren. So sind die Bischöfe Glaubens= richter in der ersten Instanz.

„Zweitens sind wohl die Bischöfe auf dem Concil dem Ausspruche des Papstes zuvorgekommen. Ich habe schon bemerkt, daß eine solche Entscheidung, sobald sie der Papst bestätigt hat, als ein Ausspruch der Kirche sich erhebt und folglich unfehlbar ist. Als Beispiel läßt sich das erste allgemeine Concil anführen, und auch das fünfte, welches vom Papste Vigilius bestätigt wurde. Auch ist es gar nicht nothwendig, daß das Concil ⬤allgemeines sei, um unfehlbar zu sein, es genügt, daß es vom Papste be= stätigt worden, um dieselbe Kraft und Vollgültigkeit zu haben, wie es z. B. zur Zeit des hl. Augustin geschah rücksichtlich ·der beiden afrikanischen Concilien, auf denen die pelegianische Häresie verdammt ward.

„Drittens, wenn auch der Papst, wie das oft der Fall gewesen, dem Ausspruche der Bischöfe zuvorgekommen ist, so hören diese dennoch nicht auf, Richter in Glaubenssachen zu sein, wie= wohl sie den Ausspruch des Papstes nicht abändern können. Denn abändern (reformiren) ist keine wesentliche Function des Richters; wenn z. B. unter vier Richtern drei ihre Stimmen schon ein= müthig abgegeben haben, so hört der vierte nicht auf, Richter zu sein, wenn er ihnen auch noch beistimmt; oder wenn ein That= bestand so klar ist, daß er nur in einem Sinne entschieden werden kann, so bleibt der Richter doch Richter, wenn er in diesem Sinne den Entscheid gibt; es kann ja überdies ein jeder der Bischöfe, auf andere verschiedene Gründe gestützt, seinen Ausspruch thun, darum hört aber der Ausspruch nicht auf,˙ ein einiger und einziger zu sein; denn die Gründe sind nicht der Ausspruch. Der Ausspruch ist nur die endliche Decision.

„Endlich ist es vorgekommen, daß nach der Verdam= mung der Irrlehren die Lehre der Kirche aufgestellt und das Anathema ausgesprochen werden mußte, um auf das Bestimmteste die Punkte zu bezeichnen, wo der Irrthum lag und so die Gläu= bigen vor der Gefahr der Verführung zu bewahren. Ein Beispiel

hiervon haben wir an dem Concil von Trient. Mehrere Irr=
lehren Luthers waren schon durch eine Bulle von Leo X. ver=
dammt; es handelte sich weder um eine Reform dieser Bulle,
noch um eine zu erlassende Declaration, ob die in derselben
verdammten Lehren wirkliche Irrlehren seien. Es mußte aber die
kath. Lehre in den Punkten, wo sie angegriffen war, mit der
größten Genauigkeit aufgestellt und dagegen mit der größten
Bestimmtheit angegeben werden, worin die Irrlehre bestehe.
Beides aber ist von dem Concil von Trient auf eine bewunderungs=·
würdige Weise vollführt worden, besonders in der Lehre und
den Canones über die Rechtfertigung, wo es die Irrlehren zu
treffen gewußt hat; ohne die Meinungen der katholischen Schulen
zu berühren."

III.

12. Der Papst ist unfehlbar nur als Oberhaupt der ganzen
Kirche und in Glaubenswahrheiten. Daraus folgt naturgemäß,
daß nur die Entscheidungen des Papstes in Glaubenssachen, die
an die ganze Kirche gerichtet sind (definitio ex cathedra), und
nicht jene Entscheide, in denen er bloß als Privatgelehrter
auftritt, den Charakter der Unfehlbarkeit tragen. So besagt es
ausdrücklich das vatikanische Concil.

Es hängt selbstredend vom freien Willen des Papstes ab,
wann und wie oft und in welcher Form er von dieser Unfehl=
barkeit als oberster Lehrer der Kirche Gebrauch machen will; aber
schon der Begriff der Unfehlbarkeit schließt es in sich, und das
Walten des hl. Geistes verbürgt es, daß der Papst nie dieselbe miß=
brauchen, sondern nur zu der von der göttl. Vorsehung bestimmten
Stunde zum Heile der Kirche verwenden wird. Selbst wenn der
Papst in zweifelhaften Fällen befragt wird, antwortet er nicht
immer als oberster Lehrer der Kirche (ex cathedra). Es kommt
nicht darauf an, ob der Fragesteller sich an den Papst als obersten
Richter in Glaubenssachen wendet; denn die Ausübung dieser
Primatialgewalt hängt nicht von dem Fragesteller, sondern von
dem Willen des Papstes selbst ab.

Wenn man fragt, warum der Papst auch als oberster Richter in Glaubenssachen befragt, doch nicht als solcher, sondern nur als doctor privatus antwortet, so müssen wir erinnern mit Gregor XVI.,[1] daß der Glaube in einer zu engen Beziehung zur ganzen Kirche steht, weshalb es Umstände geben kann, wo der Papst es nicht für räthlich hält, auf private Fragen eine dogmatische Entscheidung zu erlassen, Umstände, die oft der Papst nur allein kennt.

Allein ist da nicht Gefahr, solche Antworten mit Entscheidungen ex cathedra zu verwechseln? Wir glauben nicht. Die Unterscheidung zwischen dem Papst als Privatmann und als Oberhaupt der Kirche ist sachlich begründet, darum muß sich auch die Thätigkeit des Papstes in beiden Beziehungen unterscheiden lassen. Wie der Privatbrief und die Cabinetsordre eines Königs, die locale Polizeiordnung und ein Staatsgrundgesetz nicht leicht mit einander zu verwechseln sind, so müssen die Rescripte des Papstes als Privatmann und die Definitionen des Oberhauptes der Kirche sich recht wohl von einander unterscheiden lassen. [2]

Es gibt zunächst Unterscheidungszeichen beider in der Vorbereitung. Dogmatische Entscheidungen betreffen immer Gegenstände von hoher Wichtigkeit für die ganze Kirche, und da die päpstliche Unfehlbarkeit nicht in der Inspiration, sondern in der einfachen Assistenz des hl. Geistes besteht, also die Anwendung der natürlichen Kräfte und Hülfsmittel durchaus nicht überflüssig macht, so pflegten die Päpste stets inbrünstige Gebete, Privat- und öffentliche Andachten zu veranstalten, um das Licht des hl. Geistes in einem reicheren Maße auf sich herabzuziehen; sie pflegten auch Vorberathungen nnd Untersuchungen anzustellen, um sich zu vergewissern, was die Kirche bis dahin in Betreff des fraglichen Gegenstandes geglaubt. Nothwendig sind indeß alle

---

[1] Gregor XIV. Triumph des hl. Stuhles Kap. 24, n. 24.
[2] Man findet so viel Schwierigkeiten darin, Entscheidungen ex cathedra von andern päpstlichen Erlassen zu unterscheiden, ist es denn leichter zu unterscheiden, was von den Concilienbeschlüssen dogmatische Entscheidung ist und was nicht? Sind es blos die Canones oder auch die Decrete? und wenn letztere auch, sind sie es denn ganz oder blos theilweise?

diese Veranstaltungen nicht; denn die Unfehlbarkeit beruht nicht auf menschlichen Kräften und Anstrengungen, sondern· auf dem Beistand des hl. Geistes. Aehnlich soll jeder Priester die ihm an= vertraute Gewalt, der Sündenvergebung, die Gewalt, den Leib und das Blut des Herrn zu consecriren, und die Gewalt, die sonstigen Sakramente zu spenden nach einer würdigen Vorbereitung, im Stande der Gnade und ⸗zugleich zu seiner eigenen Heiligung vollziehen; aber die Wirksamkeit der Sakramente hängt nicht ab von seiner persönlichen Würdigkeit; sie bleiben die Quellen der Gnade, ob diese nun durch den Priester als goldenen oder irdenen Kanal auf die Empfänger herabfließt. So können auch jene Vorbe= reitungen nicht als nothwendiges, unterscheidendes Merkmal einer definitio ex cathedra angegeben werden.

Die eigentlichen unterscheidenden Kennzeichen derselben liegen in der Form dieser Entscheidung selbst. Jede Verwal= tungsbehörde beobachtet um der Ordnung willen einen bestimmten Geschäftsstyl, und so halten auch die Päpste den durch fort= während Observanz ihrer Vorgänger stehend gewordenen Brauch ein. Dem entsprechend gibt Gregor XVI. die Kennzeichen einer definitio ex cathedra in folgender Weise an:

„1. Petrus wurde von Christus· zum Oberhaupte seiner „Kirche eingesetzt, um die Einheit des Glaubens zu erhalten; also „muß der Punkt, den der Papst entscheidet, dem Glauben ange= „hören. 2. Der Papst entscheidet den Glaubenspunkt, um den „Gläubigen die unfehlbare Norm ihres Glaubens vorzuzeigen, und „von ihnen jeden Verdacht, jeden Zweifel, jede Ungewißheit zu „entfernen. Die Entscheidung des Papstes muß also bezeugen, „daß bei ihm selbst diese Festigkeit und Standhaftigkeit der Mei= „nung vorhanden sei. 3. Der Papst ist Vorsteher und Oberhaupt „der ganzen Kirche, und der Glaube interessirt die ganze Kirche, „wenn er sonach als Oberhaupt der ganzen Kirche entscheidet, „muß er diese Entscheidung der Kirche bekannt machen. 4. Er „muß also darin zu der Kirche sprechen, und demnach muß die „Entscheidung selbst an die Kirche gerichtet sein. Die Entscheidung „kann allerdings auch an einen Einzelnen adressirt, aber doch an „die ganze Kirche gerichtet sein, wie z. B. der Brief Leo's des

„Großen an Erzbischof Flavian von Constantinopel.[1]) 5. Der
„Papst, wenn er amtlich entscheidet, entscheidet als Richter, der
„den Gegenstand des Glaubens festsetzt, und dem Willen gebietet,
„den Verstand in Gehorsam zu unterwerfen; und nicht als Theo=
„log, dem es nur zusteht, die Vernunft zu überzeugen: die
„Entscheidung, die allgemein als definitio ex cathedra gilt,
„muß also in Ausdrücken abgefaßt sein, welche die Absicht des
„Papstes beweisen, den Glaubensakt über jenen Artikel durch seine
„höchste Autorität durchaus anzubefehlen. Nun hängt die Entscheidung
„als Richter oder die Erklärung als Theolog nicht allein von der Natur
„und der Beschaffenheit des Gegenstandes ab, über welchen geurtheilt
„wird, sondern auch von dem Willen des Papstes selbst. Auch sind
„durch die fortwährende Observanz der Kirche und der Päpste
„gewisse Formeln festgesetzt worden, um ohne Zweideutigkeit der
„ganzen Christenheit das in letzter Instanz gefällte Urtheil und
„die Strafe, welche sogleich die Widerspenstigen treffen soll, be=
„kannt zu machen; wenn also der Papst diese Formeln zu ge=
„brauchen unterläßt, ohne uns hinlänglich anzuzeigen, daß er,
„ungeachtet einer solchen Unterlassung, als oberstes Kirchenhaupt
„und Richter in Glaubenssachen zu entscheiden gedenkt und es
„will, so müssen wir nothwendiger Weise schließen, daß er seinen
„Ausspruch nicht in solcher Eigenschaft gethan habe, indem er sich
„dem allgemeinen Verständniß fügen muß. Unter diesen For=
„malitäten besteht die hauptsächlichste darin, den entgegengesetzten
„Lehrsatz für häretisch zu erklären, oder gegen diejenigen, die
„ihn in der Folge noch bekennen sollten, das Anathem aus=
„zusprechen. Eine päpstliche Entscheidung also, welche diese Formel
„oder einen gleichbedeutenden Ausdruck nicht enthält, kann nicht
„für eine dogmatische angesehen werden, bei deren Erlassung der
„Papst von seiner Primatialauctorität Gebrauch zu machen
„gedachte und wollte.

„Es findet zuweilen auch der Fall statt, daß man bei
„einer und derselben Entscheidung, den obersten Richter vom

---

[1]) Harduin, Act. Conc. tom. II. p. 290. Epist. synodica Leonis
papae urbis Romae, scripta ad Flavianum archiep. Constantinopoli-
tanum, contra Eutychetis haeresim.

„Privattheologen unterscheiden muß, z. B. wenn der Papst die=
„selbe durch theologische Gründe oder Schlußfolgerungen bekräftigt.
„Hier ist er nur ein einfacher, obgleich sehr gewichtiger Theologe,
„wie die Väter eines Conciliums in den Verhandlungen und
„Untersuchungen, welche den Canones vorhergehen, dem zu wider=
„sprechen übrigens eine große Kühnheit wäre. Richter ist er
„hingegen in Hinsicht auf den entscheidenden Punkt, da dieser
„nicht sowohl das Resultat jener theologischen Forschung, sondern
„das Object des göttlichen Beistandes ist. Denn da die Herme=
„neutik lehrt, daß man auf die Hauptabsicht jedes Schriftstellers
„aufmerksam sein muß, um seinen Sinn richtig zu fassen, da der
„formelle Gegenstand einer Entscheidung einzig von dem ent=
„schiedenen Artikel abgenommen werden kann, so würde jener der=
„selben nicht widersprechen, welcher einen anderen Sinn oder
„einen zufälligen Satz, welcher nicht innigst und wesentlich mit
„dem hauptsächlichsten und immediaten Gegenstand der Entschei=
„dung selbst verbunden wäre, nicht annehmen sollte. In diesem
„Falle müßte man sagen, daß der Papst nicht die Absicht ge=
„habt, jenen Sinn, oder jenen Lehrsatz zu entscheiden. [1]"

Dem entsprechend gilt z. B. in der Bulle „Ineffabilis" als
definitio ex cathedra nur der Satz:[2]

„Aus Vollmacht Unseres Herrn Jesus Christus, der seligen
„Apostel Petrus und Paulus, und Unserer eigenen, erklären Wir,
„sprechen aus und setzen fest, die Lehre, welche festhält, daß die

---

[1] Gregor XVI. Triumph des hl. Stuhles K. 24 n. 5 u. 6.
[2] Auctoritate Domini Nostri Jesu Christi, beatorum Aposto-
lorum Petri et Pauli, ac Nostra declaramus, pronunciamus et definimus, doctrinam, quae tenet, beatissiman Virginem Mariam in
primo instanti suae Conceptionis fuisse singulari omnipotentis Dei
gratia et privilegio, intuitu meriti Christi Jesu Salvatoris hu-
mani generis, ab omni originalis culpae labe praeservatam immunem,
esse a Deo revelatam, atque idcirco ab omnibus fidelibus firmiter
constanterque credendam. Quapropter si qui secus ac a Nobis de-
finitum est, quod Deus avertat, praesumpserint corde sentire, ii nove-
rint, ac porro sciant, se proprio judicio condemnatos, naufragium
circa fidem passos esse, et ab unitate Ecclesiae defecisse, ac prae-
terea facto ipso suo semet poenis a jure statutis subjicere si quod
corde sentiunt, verbo aut scripto, vel alio quovis externo modo
significare ausi fuerint.

„seligste Jungfrau Maria im ersten Augenblick ihrer Empfängniß
„vermöge einer besonderen Gnade und Bevorzugung von Seiten
„des allmächtigen Gottes, in Rücksicht auf die Verdienste Jesu
„Christi, des Erlösers der Menschheit, von jeglichem Makel der
„Erbschuld frei bewahrt worden, sei von Gott geoffenbaret und
„eben deshalb von allen Gläubigen fest und standhaft zu glauben.
„Sollten also Einige, was Gott verhüte, sich unterstehen, anders
„gesinnt zu sein, als Wir festgesetzt haben, so mögen sie erkennen
„und fortan wissen, daß sie durch ihr eigenes Urtheil gerichtet,
„im Glauben Schiffbruch gelitten haben und von der Einheit der
„Kirche abtrünnig geworden sind, außerdem durch ihre That selbst
„den vom Rechte bestimmten Strafen verfallen sind, wenn sie
„das, was sie im Herzen sinnen, mündlich oder schriftlich oder
„auf was immer für eine äußerliche Weise zu erkennen zu geben
„wagen.“

Was die Bulle sonst noch enthält an Beweisen aus der
Schrift und Ueberlieferung ist nicht ein Ausspruch ex cathedra,
sondern wird nur vom Papste als doctor privatus vorgebracht.

Das also ist die Bedeutung der päpstlichen Unfehlbarkeit:
Der Papst ist unfehlbar als Oberhaupt der Kirche, in seinen
an die gesammte Kirche gerichteten Entscheidungen in Glau=
benssachen.

Diese Unfehlbarkeit des Papstes, die nach dem Aus=
spruche Bellarmins[1]) bis dahin die allgemeinste Ansicht fast aller
Katholiken war, ist durch das vaticanische Concil als Dogma
aufgestellt und damit über jeden Zweifel erhoben. Wir sollten
dem Himmel danken, daß er ein solches Licht über diesen Gegen=
stand verbreitet. Eine Entdeckung im Reiche der Natur, die
Aufstellung eines Naturgesetzes, das der Schöpfer am Schöpfungs=
tage in sie hineingesenkt, das aber bis dahin sich allen Beobach=
tungen und Berechnungen entzogen, das sind Erscheinungen, die
die gebildete Welt mit Begeisterung begrüßt. Wenn es nach
einer Reihe von unhaltbaren Hypothesen gelingt, auf Thatsachen

---

[1]) Bell. de Rom. Pontif. IV. 2. Haec est communissima
opinio fere omnium catholicorum.

gestützt .sich über die Formation des Erdballes und die dabei
obwaltenden Gesetze zu orientiren, wenn es gelingt, die in der
verborgenen Werkstätte der Natur arbeitenden Kräfte zu be=
lauschen, ihre Gesetze zu erforschen und dienstbar zu machen: so
gilt das für eine glänzende Errungenschaft des menschlichen Geistes,
für einen Fortschritt der ganzen Menschheit auf dem Gebiete der
Erkenntniß und der Name dessen, der zuerst diesen Tiefblick ge=
than, ist unsterblich in den Annalen der Wissenschaften. Ist aber
eine Wahrheit darum weniger interessant, weil sie zum Bereich
der Religion und der Offenbarung gehört, und genügt das, da=
mit die Begeisterung des Menschen für die Wahrheit sich plötzlich
in eisige Kälte und Widerwillen verwandle? Gewiß, wenn die
sichtbare Schöpfung ein Meisterwek der göttlichen Allmacht und
Weisheit ist, und der menschliche Geist sich von einem unwider=
stehlichen Drange ergriffen fühlt, dieselbe von den Atomen bis
zu den Himmelskörpern seinen Forschungen zu unterziehen: so
ist die Kirche ein nicht weniger erhabenes Werk Gottes, in dem
seine Allmacht, Weisheit und Liebe noch unendlich glänzender
hervortreten, deren göttliche Organisation für uns von viel
größerer Wichtigkeit ist, weil unser zeitliches und ewiges Wohl
davon abhängt. Die Unfehlbarkeit des Papstes aber bildet eines
der wesentlichsten Momente im Organismus der Kirche, eines
der erhabensten Charismen, womit Christus dieselbe ausgerüstet
hat, um ihre göttliche Mission auf Erden zu vollziehen; darum
sollte die gläubige Menschheit mit Freuden den Tag begrüßen,
an dem das vaticanische Concil den Nebel zerstreut, worin Galli=
canismus, Febranianismus und Josephinismus dieselbe ver=
hüllten, und es ermöglicht hat, in ihrem vollen und ungetrübten
Lichte die Pfade der Wahrheit und des Heils zu wandeln.

Zweiter Vortrag.

Stellung der päpstlichen Unfehlbarkeit im Organismus des Lehramts der Kirche Christi; ihre biblische Begründung.

Die katholischen Glaubenswahrheiten müssen vor Allem in ihrem wahren Sinne erklärt und in ihrer richtigen Stellung zu einander aufgefaßt werden, wenn sie Zutritt zu dem unbefangenen Geiste haben sollen. Das gilt auch von der Unfehlbarkeit des Papstes. Ihre Begriffserklärung haben wir aufgestellt und wir hoffen, daß dadurch manches Vorurtheil beseitigt ist. Es ist aber auch von Wichtigkeit, die Stellung zu zeichnen, die Christus ihr im Organismus des Lehramts seiner Kirche angewiesen hat. Dadurch wird von selbst eine Reihe anderer Vorurtheile gehoben. Um über den Werth eines Meisterwerkes der bildenden Kunst zu urtheilen, darf man dasselbe nicht zertrümmern; ein Torso kann allerdings auch noch schön sein; aber erst dann wenn das Kunstwerk als Ganzes überblickt und dann in seinen einzelnen Theilen an sich und in deren Verhältniß zu einander und zum Ganzen betrachtet wird, offenbart es seinen vollen Kunstwerth. Ein solches

Meisterwerk göttlicher Kunst ist der Organismus des unfehlbaren Lehramts der Kirche Christi. Die Unfehlbarkeit des Papstes isolirt und als Gegensatz zum Lehramte und zur Kirche betrachten wollen, wäre ebenso viel als eine Enthauptung des von Christus harmonisch gegliederten Organismus des Lehramts.[1] Das ist aber eine sehr irrige Auffassung. Ihr gegenüber zeigen wir zuerst die Stellung der Unfehlbarkeit des Papstes im Organismus des unfehlbaren Lehramts der Kirche; dann erst gehen wir über zu ihrer biblischen Begründung.

I.

1. Die göttliche Weisheit, die das sichtbare Weltall nach Maaß und Zahl und Gewicht geordnet,[2] so daß alle scheinbar sich widerstrebenden Kräfte in jene Naturordnung sich fügen, die schon seit Jahrtausenden dauert, hat auch die übernatürliche Welt der Kirche so harmonisch gegliedert, daß daraus der geistige Leib Christi in voller Einheit des Glaubens und der Liebe sich erbaut.

---

[1] In diesen Fehler verfällt Drey, Apolog. III. 310 wenn er sagt: „Nach der von Christus getroffenen Organisation ist, wie Petrus nicht der einzige Apostel, so auch der Papst nicht der einzige Lehrer, nicht der einzige Priester, nicht der einzige Hirt der Kirche, sondern der Mittelpunkt und das Haupt von vielen anderen, mit dem gleichen Amte betrauten; die Hypothese von der alleinigen Unfehlbarkeit trennt aber den Papst von dem Körper der Bischöfe und der ganzen Kirche und setzt ihn als den allein infallibelen der Kirche als der fallibelen gegenüber, wodurch der Lehrsatz von der Unfehlbarkeit der Kirche an sich aufgehoben würde." — In denselben Fehler verfällt der Verfasser der Erwägungen für die Bischöfe des Concils n. 6. „Die alte Lehre sagt: „Die göttliche Leitung und Bewahrung der Kirche erwies sich daran, daß sie als Ganzes nicht vom Glauben abfallen kann, daß sie die ihr anvertraute Lehre nicht verfälschen, nicht verloren gehen läßt; der ganzen Kirche und nur ihr, sei es in ihrem gewöhnlichen Zustande, sei es in dem der Repräsentation durch ein Concilium, komme also jener göttliche Schutz und jene Erleuchtung zu, ohne welche die Verheißung Christi nicht in Erfüllung gehen werde, und welche wir als Unfehlbarkeit der Entscheidung und des Bekenntnisses bezeichnen. Das Gegentheil hiervon behauptet die neue Meinung, nämlich dieses: Nicht der Kirche, sondern einer einzigen Person, dem Papste, ist die Unfehlbarkeit verliehen, ohne ihn würde sie dem Irrthum preisgegeben sein; er nur empfängt, so oft er über Glaubenssachen lehrend sich ausspricht, eine besondere göttliche Erleuchtung, welche ihn vor jedem Irrthum bewahrt, und von ihm erst erhält die Kirche so viel Licht und Wahrheit, als er ihr mittheilt." —

[2] Weish. 11, 21.

Christus wollte seine Kirche gründen als eine Lehranstalt, welche die Hinterlage der von ihm geoffenbarten Wahrheiten rein und unverkürzt bewahre und sie allen Nationen der Erde bis an's Ende der Zeiten übermittle. Ein solches Lehramt übersteigt selbstredend alle natürlichen Kräfte des Menschen; darum gestalten sich die Worte Christi, mit denen er dieses Lehramt einsetzt, zugleich zu Verheißungen seines göttlichen Beistandes, der leisten wird, was menschliche Kräfte nicht vermögen, und der fortdauern wird bis an's Ende der Zeiten. Dem entsprechend hat Christus bei Einsetzung des Lehramts und Gründung der Kirche drei Arten von Verheißungen gegeben, die wir fest im Auge behalten, und die für alle Zeiten in Erfüllung gegangen sein müssen; denn Himmel und Erde werden vergehen; aber meine Worte werden nicht vergehen. [1]) Diese drei Arten von Verheißungen bilden den Prüfstein für das wahre von Christus gestiftete Lehramt; denn ein Lehramt, an dem nicht alle bis auf das letzte Jota in Erfüllung gegangen sind, kann nicht das von Christus gestiftete sein; dasjenige aber, das ihre Erfüllung an sich bewahrheitet, trägt eben darin das Siegel seines göttlichen Ursprungs.

Diese drei Arten von Verheißungen sind nun diejenigen, die Christus dem Petrus allein und zwar mit Ausschluß der anderen Apostel gegeben, dann die, welche an das ganze Collegium der Apostel gerichtet sind, und endlich diejenigen, welche sich auf die ganze Kirche, auf ihre Einheit und stete Fortdauer beziehen.

Die erste Art der Verheißungen Christi ist an Petrus allein gerichtet, mit Ausschluß der anderen Apostel. Selig bist du Simon, des Jonas Sohn ..., und ich sage dir: Du bist Petrus, und auf diesen Felsen will ich meine Kirche bauen, und die Pforten der Hölle werden sie nicht überwältigen. [2]) Simon, Simon, siehe der Satan hat verlangt, euch sieben zu dürfen wie Waizen; ich aber habe für dich gebetet, daß dein Glaube nicht abnehme; und du, wende dich dereinst deinen Brüdern

---

[1]) Luc. 21, 33.
[2]) Matth. 16, 17—18.

 zu und stärke sie.[1] Endlich gibt der Herr dem Petrus, nachdem er ihn dreimal gefragt: „Simon, Sohn des Johannes, liebst du mich?" den Auftrag und die Verheißung zugleich: Weide meine Lämmer ... Weide meine Schaafe.[2] Die zweite Art der Verheißung gibt Christus dem ganzem Collegium der Apostel, mit Einschluß des Petrus, der das Haupt und der Hirt der Apostel ist. Mir ist alle Gewalt übergeben im Himmel und auf Erden; darum gehet hin und lehret alle Völker ... und lehret sie Alles halten, was ich euch befohlen habe: und siehe, ich bin bei euch alle Tage bis an's Ende der Welt.[3] Wenn aber der Tröster kommen wird, den ich euch vom Vater senden werde, der Geist der Wahrheit, der vom Vater ausgeht, derselbe wird von mir Zeugniß geben.[4]

Um aber aus diesen dem Collegium der Apostel gemachten Verheißungen den ganzen Plan Christi zu entnehmen, dürfen wir zwei Dinge nicht vergessen. Zunächst, daß dieselben dem Petrus, der auch zum Collegium der Apostel gehörte, nicht nur gemeinschaftlich sind, sondern auch diesem Collegium nur insofern gegeben sind, als es mit Petrus, seinem Oberhaupte vereinigt ist; und dann, daß durch diese dem Collegium der Apostel gegebenen Verheißungen, die ersteren dem Petrus allein gegebenen nicht aufgehoben werden, sondern vielmehr mit ihnen in Uebereinstimmung stehen müssen.

Die dritte Art der Verheißungen Christi bezieht sich auf die ganze Kirche, ihre Einheit und stete Fortdauer. Sie liegen theilweise schon in den eben angeführten. Auf diesen Felsen will ich meine Kirche bauen, und die Pforten der Hölle sollen sie nicht überwältigen... Siehe, ich bin bei euch alle Tage bis an's Ende der Welt. Heiliger Vater, erhalte sie in deinem Namen, die du mir gegeben hast, damit sie eins seien, wie wir es sind... Aber ich bitte dich nicht für sie allein, sondern auch für diejenigen, welche durch ihr Wort an mich glauben werden,

---

[1] Luk. 22, 31—32.
[2] Joh. 21, 15—17.
[3] Matth. 28, 18—20.
[4] Joh. 15, 26.

damit Alle ein s seien, wie du Vater, in mir bist, und ich in dir bin; damit auch sie in uns ein s seien.[1] Und ich habe noch andere Schaafe, die nicht aus diesem Schaafstalle sind; auch diese muß ich herbeiführen, und sie werden meine Stimme hören, und es wird ein Schaafstall und ein Hirt werden.[2] Der vorzüglichste Gegenstand dieser Einheit ist die Einheit des Glaubens: Ein Herr, ein Glaube, eine Taufe.[3]

2. Aus diesen von Christo gemachten drei Arten von Verheißungen ziehen wir eine Reihe von Sätzen, die uns die Unfehlbarkeit des Papstes in ihrem Verhältniß zum Lehramt und zur ganzen Kirche zeigen werden.

Erster Satz: Die dem Petrus allein gegebenen Verheißungen verbürgen ihm und seinen Nachfolgern, den Päpsten, die Unfehlbarkeit. Den Beweis liefern wir weiter unten in der Erklärung jener Texte. Die dem Collegium der Apostel mit Einschluß des Petrus, als ihres Oberhauptes, gegebenen Verheißungen verbürgen dem Papst in Verbindung mit den Bischöfen die Unfehlbarkeit; das ist ein unzweifelhafter katholischer Glaubenssatz. Ist die eine Unfehlbarkeit vielleicht sicherer als die andere? erzeugt die eine größere Gewißheit als die andere? Es wäre absurd das zu denken. Kann es eine größere Gewißheit geben, als die, welche sich auf das Wort Gottes gründet? Oder gewährt eine einzige Verheißung Gottes nicht eine ebenso hohe Gewißheit als tausend Verheißungen? Eine Verheißung Gottes an eine einzelne Person gerichtet, hat dieselbe Gewißheit wie eine göttliche Verheißung, die an ein Collegium von Menschen oder an eine ganze Nation gerichtet ist. Wenn Gott dem Abraham seine Verheißungen wiederholt, so bequemt er sich nur der menschlichen Schwäche an, ohne dadurch die Gewißheit zu erhöhen. Uebrigens folgt aus der dem Petrus und in ihm den Päpsten verheißenen Unfehlbarkeit nicht, daß die Verheißungen an das Collegium der Apostel unnütz seien: sie dienen nicht bloß zur

---

[1] Joh. 17, 11. 20. 21.
[2] Joh. 10, 16.
[3] Ephes. 4, 5.

Stärkung unserer Schwäche, sie haben noch einen besonderen Zweck, wie sich später zeigen wird.[1]) — Die Unfehlbarkeit Petri und folglich des Papstes einerseits, und die Unfehlbarkeit des Collegiums der Apostel und folglich des Papstes mit der Gesammtheit der Bischöfe andererseits haben dasselbe Fundament der Gewißheit der göttlichen Verheißungen, und erzeugen darum auch die gleiche Gewißheit in den Geistern. Das ist der erste Satz. —

3. **Zweiter Satz.** Die Unfehlbarkeit des heil. Petrus und seiner Nachfolger, der Päpste einerseits, und die Unfehlbarkeit des Collegiums der Apostel mit Einschluß des Petrus und des Papstes mit der Gesammtheit der Bischöfe andererseits, bilden ihrem Wesen nach ein und dieselbe Unfehlbarkeit, die niemals in Widerspruch zu sich selbst treten kann. Hat denn nicht ein und derselbe Christus beide Reihen von Verheißungen an Petrus und an das Collegium der Apostel gegeben? Kann dieser eine Christus in beiden sich widersprechen? Ist es nicht ein und derselbe heilige Geist, der Geist der Wahrheit, der im Lehramt der Kirche waltet? Sollte er sich selbst widersprechen können?[2])

Aber, wird man einwenden, kann denn die Entscheidung des Petrus nicht verschieden sein von der des Collegiums der Apostel? kann die Stimme Petri nicht der Stimme des Collegiums der Apostel widersprechen?

Unmöglich! Zum Collegium der Apostel gehört stets Petrus als Haupt. Sobald Petrus von ihm getrennt ist, hört es auf das Collegium der Apostel zu sein. In diesem Falle gäbe es zwei Stimmen, die eine des Petrus, der das Oberhaupt der Apostel ist; die andere die der Apostel, die zwar Glieder jenes Collegiums sind, aber ohne Petrus nicht das apostolische Collegium bilden, deren Stimme nicht die Stimme des Collegiums der Apostel genannt werden kann.

---

[1]) Litta, Brief 19.
[2]) Das vatikanische Concil sagt ausdrücklich: „Wenn der römische Papst ex cathedra spricht ... so erfreut er sich derselben Unfehlbarkeit, womit Christus seine Kirche in Entscheidung von Glaubens- und Sittenlehren ausgerüstet wissen wollte. L. c.

Man wird der Schwierigkeit vielleicht eine andere Wendung geben und fragen: Ist es nicht möglich, daß die Stimme des Petrus allein steht, und die Stimmen aller anderen Apostel gegen sich hat? Auch das kann nicht sein; denn es widerspricht allen drei oben genannten Arten von Verheißungen Christi.

Diese Annahme widerspricht den Verheißungen Christi an Petrus, der alsdann nicht mehr Fundament wäre; denn ein ver= einzelter Stein kann nicht Fundament heißen; der auch seine Brüder nicht mehr im Glauben befestigen könnte, weil sich alle von ihm abgewandt; der auch nicht mehr Hirt sein würde, denn der Hirt setzt eine Heerde voraus.

Diese Annahme widerstreitet ferner den Verheißungen, die Christus dem Collegium der Apostel gegeben. In der That einerseits vernehme ich die Verheißungen an Petrus, er werde das Fundament sein, das die Pforten der Hölle nicht überwäl= tigen werden; er werde seine Brüder im Glauben bestärken; und andererseits höre ich die Verheißungen Christi an alle Apostel — Petrus mit einbegriffen — er werde mit ihnen sein bis an's Ende der Welt, und der hl. Geist werde sie alle Wahrheit lehren. Gott ist es, der all diese Verheißungen gegeben; Gott, der den Glauben befestigt und verbürgt; Gott, der seine stete Gegenwart und den Beistand des hl. Geistes den Aposteln verspricht: Gott aber kann nie in Widerspruch treten mit sich selbst. Der hl. Geist ist der Geist der Wahrheit, und die Wahrheit ist nur eine, wie nur ein Gott und ein Glaube. Es können da also nie zwei sich widersprechende Stimmen vorkommen, sondern nur eine ein= zige, — die Stimme der Wahrheit und des Glaubens, die Stimme Gottes.

Diese Annahme widerstreitet endlich den Verheißungen, die Christus seiner ganzen Kirche gegeben, und worin er ihr die Einheit und stete Fortdauer verbürgt; denn in obigem Falle wäre die Kirche getrennt von ihrem Fundament; die Pforten der Hölle hätten sie überwältigt; Jesus Christus hätte seine Kirche verlassen, die Schaafe würden auf die Stimme ihres Hirten nicht mehr hören und ihm nicht mehr folgen, und jene erhabene Einheit, um die Christus am Vorabende seines Leidens den Vater gebeten, wäre nicht mehr vorhanden.[1])

Wie in der sichtbaren Natur jene Gesetze, die Gott am Schöpfungsmorgen in ihr grundgelegt, fortdauern und die Welt= ordnung erhalten; wie in Kraft jenes schöpferischen Wortes: es werde Licht, die Quellen des Lichtes im Laufe der Zeiten nicht versiegen, wie das andere Gebot: es bringe die Erde Pflanzen und Bäume hervor, das Gewand des Erdballs fortwährend er= neuert, und wie der Befehl, der Sonne und Mond am Firma= mente befestigte, sie fortwährend in ihrer richtigen Stellung in dem großen Weltmechanismus erhält, und es für eine Unmög= lichkeit gilt, daß diese Weltordnung je gestört werde, ebenso un= möglich ist es, daß die Verheißung, welche die Einheit und ewige Dauer der Kirche, die Verbindung des Fundamentes mit dem Baue, des Hirten mit der Heerde jemals gelös't, und dieses gött= liche Grundgesetz der Kirche aufgehoben werde.

Daraus ergibt sich also nothwendig der Satz: „Die Unfehl= barkeit des Petrus und damit des Papstes einerseits, und die Unfehlbarkeit des Collegiums der Apostel, einschließlich Petrus und damit des Papstes und der Gesammtheit der Bischöfe andererseits, kann sich nicht widersprechen, sie ist ein und dieselbe, durch Christus und den hl. Geist gewährleistet.

4. **Dritter Satz.** **Die dogmatische Entscheidung des Papstes empfängt ihre Unfehlbarkeit nicht erst durch die Zustimmung der Bischöfe, sie hat dieselbe vielmehr schon vor und unabhängig von dieser Zu= stimmung.** So lehrt das vatikanische Concil ausdrücklich, „daß die Entscheidungen des römischen Papstes aus sich selbst (ex sese), aber nicht durch die Zustimmung der Kirche (non ex consensu Ecclesiae) irreformabel sind."

Das ist nur eine Folgerung aus dem bisher Gesagten. Die Sache ist sehr einfach. Die Verheißungen Christi gehen entweder nur an Petrus allein, oder an das Collegium der Apostel, mit Petrus als Oberhaupt; **den Aposteln ohne**

---

[1]) Litta, Brief 19.

Petrus und getrennt von Petrus hat Christus weder Aufträge gegeben, noch Verheißungen ertheilt; somit ist der Gesammtheit der Bischöfe, im Gegensatze und getrennt vom Papste keine Unfehlbarkeit verheißen: sie können folglich auch den päpstlichen Entscheidungen die Unfehlbarkeit nicht mittheilen, weil sie eine solche selbst nicht haben.

Gehen wir etwas näher auf die Sache ein. Nach den Verheißungen Christi ist eine Isolirung des Papstes und ein Gegensatz zwischen ihm und der Gesammtheit des Episcopates gar nicht zu befürchten, eine größere oder geringere Zahl von Bischöfen wird stets zum Papste stehen. Setzen wir aber einmal den unmöglichen Fall: auf der einen Seite stehe der Papst ganz allein mit seinem Ausspruche, auf der andern aber die Gesammtheit der Bischöfe mit einer verschiedenen Entscheidung. Wer von beiden Theilen, der Papst oder die Bischöfe hätte wohl das größte Recht, den andern zu seiner Entscheidung herüberzuziehen?[1)]

Wenn ihr behauptet, den Bischöfen stehe dieses Recht zu, weil nämlich die Kirche unfehlbar, und der Beistand des heil. Geistes ihr verheißen ist; so bitte ich zu bedenken, daß diese Bischöfe gar nicht die Kirche bilden, falls sie nicht mit dem Oberhaupte der Kirche vereint sind, und daß ihr Ausspruch, falls er nicht mit dem Ausspruche des Papstes übereinstimmt, gar nicht der Ausspruch der Kirche ist; — zu bedenken ferner, daß diese Bischöfe weder auf Unfehlbarkeit noch auf den Beistand des hl. Geistes mit einigem Grunde Anspruch erheben können; denn die desfallsigen Verheißungen Christi sind dem mit Petrus vereinigten Collegium der Apostel gegeben; — zu bedenken endlich, daß durch dieselben die dem Petrus allein gemachten Verheißungen nicht aufgehoben werden.

Dagegen könnte ich in jener Annahme vielmehr die Rechte des Papstes geltend machen, die Bischöfe zur Annahme seiner Entscheidung zu nöthigen; denn es ist in der Ordnung, daß das Haupt die Glieder und der Hirt die Heerde leitet; auch würde der Papst stets noch die dem Petrus gegebenen Verheißungen für

---

[1)] Litta, Brief 20.

sich haben. — Indessen wir bleiben bei unsere Behauptung, daß, es unmöglich ist, daß der Papst mit seinem Entscheid allein stehe; er wird immer eine größere oder geringere Zahl von Bischöfen für sich haben; denn die Verheißungen Christi müssen noth= wendig in Erfüllung gehen. In dieser mit dem Papste vereinig= ten Zahl von Bischöfen erkenne ich aber die Kirche Jesu Christi; ihnen ist der Beistand des hl. Geistes verliehen, und sie sind in die Rechte des Collegiums der Apostel eingetreten.

Warum, so wird man noch fragen, hört ein Ausspruch der Kirche nicht auf, dieses zu sein, wenn auch eine Anzahl von Bischöfen entgegengesetzter Meinung ist, warum aber würde er sofort aufhören Ausspruch der Kirche zu sein und seine Gültigkeit verlieren, wenn der Ausspruch des Papstes verschieden. wäre? Diese Frage unterstellt, wie schon gesagt, einen unmöglichen Fall; indeß wir wollen sie beantworten. Man fragt, warum ist ein Ausspruch der Bischöfe ohne Zustimmung des Papstes kein Aus=. spruch der Kirche? — Darum, weil Jesus Christus seiner Kirche ein Oberhaupt gegeben; weil er seine Verheißungen einer Kirche gegeben, die ein Oberhaupt hat; weil also, wenn man dieses Oberhaupt derselben nimmt, die Kirche Christi nicht mehr existirt.

Warum aber bleibt ein Ausspruch der Kirche immer noch ein solcher, wenn nur eine gewisse Zahl von Bischöfen dem Papste beistimmt und selbst sehr viele widersprechen? Darum, weil ihr von einem Körper wohl einzelne Glieder, aber nicht das Haupt trennen könnet, ohne ihn zu vernichten; weil ihr von einem Ge= bäude wohl einzelne Steine, aber nicht das Fundament losreißen könnt, ohne es zu zerstören; weil ihr von einer Heerde wohl einzelne Schaafe, nie aber die Hirten trennen dürfet.

Das ist die Antwort. Indeß wir bleiben dabei, dieser Fall ist eine Unmöglichkeit. Einzig der Fall ist möglich und wirklich vorgekommen, auf der einen Seite der Papst mit einer gewissen Anzahl von Bischöfen, und auf der anderen Seite eine größere oder geringere Anzahl von Bischöfen ohne Papst. Wo ist in diesem Fall die Kirche Christi? Wo Petrus, da ist die Kirche. Ubi Petrus, ibi Ecclesia. So der hl. Ambrosius.[1]

---

[1] S. Ambr. in Pf. 40 zum Vers Etenim homo pacis meae. Edit Paris, 1593. tom. I. p. 792, Litta, Brief 20.

Wiederholen wir die aufgestellten Sätze.

1. Die Unfehlbarkeit des Papstes und die Unfehlbarkeit der Kirche beruhen auf gleich festem Fundamente der göttlichen Verheißungen.

2. Die Unfehlbarkeit des Papstes und die Unfehlbarkeit der Kirche ist **ein** und dieselbe, weil von **einem** und demselben Christus und dem **einen** hl. Geist verbürgt.

3. Die Entscheidung des Papstes empfängt ihre Unfehlbarkeit nicht erst von der Zustimmung der Bischöfe, sondern besitzt dieselbe schon vor und unabhängig von dieser Zustimmung.

Daraus ergibt sich aber, wie schief und unrichtig die Behauptung der Gegner ist: „Die Hypothese von der alleinigen Unfehlbarkeit des Papstes trennt den Papst von dem Körper der Bischöfe und der ganzen Kirche, und setzt ihn als den allein infallibeln der Kirche als fallibeln gegenüber," wodurch der Lehrsatz von der Unfehlbarkeit der Kirche aufgehoben würde; ebenso wie falsch die Behauptung des Verfassers der Erwägungen für die Bischöfe des Concils ist; die eine Meinung behauptet: „Nicht der Kirche, sondern einer einzigen Person, dem Papste, ist die Unfehlbarkeit verliehen." Nein, nicht der infallibele Papst steht der fallibeln Kirche gegenüber, der infallibele Papst und die infallibele Kirche sind ewig untrennbar. Denn was Gott verbunden, der Satz gilt auch hier, das soll der Mensch nicht trennen.[1] Wohl aber kann der infallibele Papst einer größeren oder geringern Zahl fallibeler Bischöfe gegenüberstehen, niemals aber der Gesammtheit der Bischöfe, denn immer wird eine gewisse Zahl Bischöfe zu ihm stehen. Das ist die Stellung, welche die Unfehlbarkeit des Papstes im Organismus des Lehramts und der Kirche, dem Plane des Sohnes Gottes gemäß einnimmt. Die Kirchengeschichte macht die Probe darauf, in ihr finden wir ihn vollständig verwirklicht, alle Verheißungen Christi erfüllt.

---

[1] Matth. 19, 6.

5. Bei Lesung der Kirchengeschichte, insbesondere jener Ab=
schnitte, welche über die Concilien und Ketzereien handeln, sieht
man mit Vergnügen, wie dieser Plan Christi buchstäblich in Er=
füllung geht. Wohl treten da Fälle ein, wo Bischöfe in größerer
oder geringerer Zahl nicht einverstanden sind mit dem Ausspruch
Petri und der übrigen Gesammtheit der Bischöfe, die zusammen
nur einen Ausspruch, nur ein Lehramt bilden; aber dieser
Uebelstand, der vorkommen kann, und von Christus vorhergesagt
ist, verletzt und verändert nicht im Geringsten den Plan und die
Verheißung Christi; denn der Ausspruch und die Entscheidung
des Papstes bleibt niemals allein und isolirt, sondern es gibt stets
eine Anzahl von Bischöfen, die ihm beistimmen. Dieser mit dem
Nachfolger Petri vereinigte Theil bildet dann die wahre Körper=
schaft der Bischöfe der kath. Kirche; eben jene nämlich, die
in die Rechte des Collegiums der Apostel eintritt und in die
demselben gegebenen Verheißungen. Die übrigen nicht beistim=
menden Bischöfe aber unterwerfen sich entweder dem geschehenen
Ausspruch und alsdann gehören sie demselben Körper an; oder
sie unterwerfen sich nicht, und bleiben so ausgeschieden. Jeden=
falls aber bleibt der Ausspruch Christi wahr, daß nur ein Schaaf=
stall sein wird und nur ein Hirt.[1])

6. Nach dem bisher Gesagten ließe sich der Beweis für die
Unfehlbarkeit des Papstes sehr kurz und bündig abmachen. Man
höre: Der Ausspruch der Kirche und des Papstes sind ein und
derselbe Ausspruch. Der Ausspruch der Kirche aber ist unfehlbar;
folglich ist in gleicher Weise auch der Ausspruch des Papstes
unfehlbar. Das einmal festgestellt, kann man an die Unfehlbar=
keit der Kirche nicht glauben, ohne zugleich an die Unfehlbarkeit
des Papstes zu glauben.

Ich sage ferner: Ist die Entscheidung des Papstes noch der
Verbesserung bedürftig, so muß man nothwendig eine andere un=
fehlbare Autorität suchen, welche den Glauben regelt; denn falls
auch diese Autorität nicht unfehlbar wäre, könnte auch deren
Ausspruch wieder einer Verbesserung bedürfen, und so würden

---

[1]) Litta, Brief 19.

wir nie zur Gewißheit des Glaubens gelangen. Wo ist nun die unfehlbare Autorität zu finden, die den Ausspruch des Papstes zu verbessern berufen ist? Die Antwort ist sofort zur Hand. Diese unfehlbare Autorität ist die Kirche. Da fällt man aber stets in denselben Irrthum; man stellt den Ausspruch des Papstes dem Ausspruche der Glieder der Kirche gegenüber, und nennt letzteren den Ausspruch der Kirche. Um nicht Gesagtes zu wiederholen, erinnere ich nur an die Lehre aller Katholiken: daß auch das zahlreichste Concil dem Irrthum ausgesetzt bleibt, wenn die Beschlüsse desselben nicht vom Papste bestätigt sind, und zwar aus dem Grunde, weil die Bischöfe ohne den Papst weder die Kirche Christi darstellen, noch auch die Verheißung der Unfehlbarkeit empfangen haben. — Es gibt also gar keine Autorität auf Erden, die das Urtheil des Papstes verbessern könnte, — darum muß er wohl unfehlbar sein, wenn nicht die ganze Kirche dem Irrthume verfallen soll.[1]

Das also ist der Plan Gottes in der Anordnung des Organismus des unfehlbaren Lehramtes in der Kirche. Das Fundament bildet Petrus, der unerschütterliche Felsen, mit der activen Unfehlbarkeit; auf ihn stützen sich die Bischöfe, die fest an das Fundament gekettet, Theil haben an derselben activen Unfehlbarkeit des Lehramtes; an sie endlich schließen sich als lebendige Bausteine alle Christgläubigen, die mit demüthigem Herzen das Lehramt hören und dadurch die passive Unfehlbarkeit erlangen: und diesen von Gott gefügten Bau werden die Pforten der Hölle nicht überwältigen. Aehnlich verfuhr die göttliche Weisheit beim Aufbau des sichtbaren Weltalls; sie befestigte den Erdkreis, daß er nicht wanken wird. Pf. 92, 1. Als Fundament legte sie gleichsam jene Felsen, die anfangs in flüssigen feurigen Massen bestanden, die nun zu Granit sich abgekühlt und verhärtet, dessen Festigkeit allen Anstrengungen trotzt. Ueber diese Felsmassen lagert sich ein anderes Gestein als Niederschlag aus den Gewässern, die einst die Erde bedeckten; und über denen der Geist Gottes im Anbeginn schwebte, Gen. 1, 2, und bilden mit erstern den festen Unterbau. Darauf

---

[1] Litta, Brief 22.

endlich reihen sich die verschiedenen Schichten des Erdballs, wie sie im Laufe der Jahrtausende sich gebildet in den verschiedenen Katastrophen, denen der Erdball unterworfen. Was aber die Vorsehung einmal so gebaut, das wird dauern bis am Ende der Zeiten, die Weltgeschichte ihren Lauf vollendet, der sichtbare Erdball umgestaltet, und ein neuer Himmel und eine neue Erde sein wird; so lange wird auch der Felsen Petri mit dem Bau der Kirche stehen, und erst dann wird die ganze streitende Kirche zur triumphirenden werden, und Gott wird sein Alles in Allem. Doch genug von der Stellung der päpstlichen Unfehlbarkeit und ihren Verhältnissen zum Organismus des Lehramts der Kirche. Wenden wir uns zu ihrer biblischen Begründung.

II.

7. Der Katholik ist verpflichtet, in der Erklärung der hl. Schrift der übereinstimmenden Auslegung der hl. Väter zu folgen. Dem entsprechend werden wir zu den Aussprüchen Christi, worin er dem Petrus die Unfehlbarkeit verheißt, eine Reihe von Zeugnissen der hl. Väter hinzufügen. Wenn nun diese Aussprüche der hl. Väter nicht immer so ausführlich, so scharf und so genau bestimmt sind, wie wir es vielleicht wünschen möchten, so wiederholen wir hier eine Bemerkung, die Bossuet nach dem hl. Augustin gemacht. Er unterscheidet zwischen Glauben und Erkenntniß oder Wissenschaft des Glaubens. Der Glaube, welcher sich auf die göttl. Offenbarung stützt, bleibt in der Kirche immer ein und derselbe und nimmt keine neue Elemente in sich auf. Die Erkenntniß des Glaubens jedoch, welche Einsicht gibt in die Ursachen und Fundamente desselben, und die man den hl. Lehrern verdankt, welche durch eine gründliche Untersuchung der Erkenntniße der Dogmen Bahn gebrochen, kann in der Kirche bald größer bald geringer sein, ohne daß der Glaube davon berührt werde, wie sie auch zum rechten Glauben nicht nothwendig ist. Die Lehrer und Schriftausleger begnügten sich, wenn keine Irrlehren auftauchten, mit dem Glauben an gewisse Dogmen auf die göttliche Offenbarungsautorität hin, und ließen sich auf eine tiefere Begründung gar nicht ein. Wenn aber dann Irrlehren

entstanden, die das Dogma angriffen, dann boten sie ihren ganzen Scharfsinn auf, um die Verwegenheit der Neuerer zu bekämpfen und den angegriffenen Glauben sicher zu stellen, und so bewirkten sie jene Wissenschaft des Glaubens, die noch fehlte. „Wenn ihr nicht glaubet, so werdet ihr nicht erkennen,[1]) sagt der Prophet nach der Uebersetzung der 70 Dollmetscher: Nisi credideritis, non intelligetis. Daraus zieht der hl. Augustin den an sich klaren Schluß: „Der Anfang der Wissenschaft ist der Glaube, und die Frucht des Glaubens ist die Wissenschaft." Initium sapientiae fides, fidei fructus intellectus. Das ist die ganze Glaubensökonomie in der Kirche: man glaubt auf die Autorität der Kirche hin; man gelangt zur Einsicht durch die tiefere Erklärung der hl. Lehrer. Hören wir den hl. Augustin:[2]) „Viele Dinge waren in der hl. Schrift verborgen, bis die von der Kirche getrennten Häretiker sie durch Fragen an den Tag brachten. Was verborgen war, wurde da offenbar, und die Wahrheit Gottes kam ans Licht .... Denn die, welche am besten die hl. Schrift zu erklären vermocht hätten, gaben keine Lösung auf die schwierigsten Fragen, weil sich kein Verläumber erhob, der sie dazu drängte. Hat man vollkommen über die hhl. Dreifaltigkeit gehandelt, bevor sich Arius dagegen erhob? Hat man vollständig die Buße behandelt, bevor sich die Novatianer widersetzten? So hat man auch nicht vollständig über die Taufe gehandelt, bevor draußen die Wiedertäufer widersprachen. Man hat selbst das, was sich auf die Einheit des Leibes Christi bezog, nicht mit der äußersten Genauigkeit behandelt, bevor die Spaltung die Sprache in Gefahr brachte, und jene, die diese Wahrheiten kannten, nöthigte, sie gründlich zu behandeln und alle Dunkelheiten der hl. Schrift völlig zu heben. So waren die Irrthümer weit entfernt, der kath. Kirche zu schaden; die Häretiker haben sie befestigt und die Uebelgesinnten brachten die Gutgesinnten an den Tag. Man kam zum tiefern Verständniß dessen, was früher nur frommer Glaube war."[3])

---

[1]) Is. 7, 9.
[2]) S. Aug. in Ps. 54 n. 22.
[3]) Bossuet I. Instruct. past. sur les promesses de l'Eglise n. 34.35.

Wollte man diese Unterscheidung zwischen Glauben und
tieferer Wissenschaft des Glaubens auch in Betreff der
päpstlichen Unfehlbarkeit festhalten, so würde man sich nicht zu
Declamationen versteigen, wie die folgende ist: „Diese (Unfehl=
barkeit) ist während vieler Jahrhunderte in der Kirche ganz un=
bekannt gewesen ... In der morgenländische Kirche ist niemals
eine Stimme laut geworden, welche dem Papst dogmatische Un=
trüglichkeit beigelegt hätte ... aber auch in der abendländischen
Kirche lassen sich keine Zeugen auffinden ... von keinem einzigen
der alten Häretiker wird bemerkt, daß er damit angefangen habe,
oder dahin geführt worden sei, die Autorität der Päpste in Glau=
benssachen zu verwerfen, was nur dadurch erklärlich, daß eben
eine solche höhere Autorität der Päpste nicht vorhanden war, und
von Niemand geglaubt oder angerufen wurde.[1])

In der alten Kirche gab es wohl einen Glauben an die
Unfehlbarkeit des Papstes; aber dieser Glaube ermangelte noch
seiner tieferen Begründung, eben weil die Häretiker nicht gegen ihn
auftraten. Wäre das geschehen, so würden die Zeugnisse zahl=
reicher, und die Begründung tiefer und ausführlicher sein, wie
sie es in den Zeiten der späteren Controverse geworden; aber
auch so sind der Zeugnisse genug, um den Glauben der alten
Kirche an die päpstliche Unfehlbarkeit über allen vernünftigen
Zweifel zu erheben.

8. Gehen wir nun über zur biblischen Begründung der
päpstlichen Unfehlbarkeit. Der Sohn Gottes gab gleich beim Be=
ginn seines öffentlichen Lehramts Andeutung über das künftige
Oberhirtenamt in seiner Kirche. Er kennzeichnete den dazu be=
rufenen Jünger durch die Beilegung eines neuen Namens und
symbolisirte darin die Natur seiner künftigen Aufgabe. Als
Jesus den Simon sah, sprach er: Du bist Simon, des Jonas
Sohn, von nun an sollst du Kephas, d. h. Petrus (Fels) heißen.[2])
Der tiefere Sinn dieser Worte blieb ohne Zweifel dem Petrus
noch verborgen; Christus selbst erklärte sich vorläufig nicht näher,
aber die Evangelisten stellen von da an bei Aufzählung der

---

[1]) Erwägungen für die Bischöfe, u. 1, 2.
[2]) Joh. I, 42.

Apostel den Petrus immer an die Spitze, „der erste Simon, der Petrus genannt wird." Indeß wie Christus seine Jünger stufenweise in die Erkenntniß der Geheimnisse seines Reiches einführte, so wollte er allmählig auch die Bestimmung des Petrus offenbaren. Er that das in jenen drei bekannten klassischen Stellen, worin er dem Petrus sein Privilegium als Oberhaupt der Kirche zuerst verheißt, dann von seinem himmlischen Vater erbittet, und endlich ihm factisch überträgt.

In jeder dieser Stellen finden sich die drei Elemente, die zum Erweis der päpstlichen Unfehlbarkeit nothwendig sind; in ihnen ist Rede von Petrus, als Oberhaupt der Kirche; als solchem wird ihm die Unfehlbarkeit verheißen; und zwar vor und unabhängig von der Zustimmung der Bischöfe.

9. Christus verheißt dem Petrus die Unfehlbarkeit:[1]) Selig bist du Simon, des Jonas Sohn . . . und ich sage dir: du bist Petrus und auf diesem Felsen will ich meine Kirche bauen, und die Pforten der Hölle werden sie nicht überwältigen.

Christus ernennt hier zunächst den Petrus mit Ausschluß der übrigen Apostel zum Oberhaupte der Kirche. Ein Notar könnte sich keiner präciseren Ausdrücke bedienen. Er nennt ihn zuerst mit seinem Eigennamen. Selig bist du Simon; — heißen etwa alle Apostel Simon? — Dann bezeichnet er ihn mit dem Namen seines Vaters: Selig bist du Simon des Jonas Sohn, — sind etwa sämmtliche 12 Apostel Söhne des Jonas? Darauf nennt er ihn mit dem Namen, den er selbst ihm schon früher beigelegt: „und ich sage dir, du bist Petrus!" — hat er etwa sämmtlichen 12 Aposteln den Namen Petrus beigelegt? Endlich fügt er bei: und auf **diesen** Felsen will ich meine Kirche bauen, — auf welchen? Offenbar auf den oben genannten Simon Petrus, des Simons Sohn; denn in diesem ganzen 16. Kapitel des Matthäus, sowie in allen vier Evangelien ist von keinem andern Simon Petrus, des Jonas Sohn die Rede. —

---

[1]) Matth. 16, 18.

Du bift Petrus, und auf diesen Felsen will ich meine Kirche
bauen. Damit ernennt Christus den Petrus zum Oberhaupte
seiner Kirche. Denn was bedeutet dies Bild anders, als daß
das ganze Gebäude auf dem Fundamente sich in Einheit erhebt,
als daß alle Theile desselben durch Einsenkung in dasselbe und
durch Verbindung mit demselben Halt und Festigkeit erlangen?
Was aber bei einem materiellen Bau durch das Gewicht und die
Schwere der Theile, durch ihre enge Verbindung unter einander
bewirkt wird, das kann in einem moralischen Körper, in einem
geistigen Baue nur durch eine zusammenhaltende Kraft, oder durch
Ausübung einer Autorität oder Obergewalt zu Stande gebracht
werden. Wie deshalb in dem hier von Christus gebrauchten Bilde
das Fundament alle Theile des ganzen Gebäudes trägt und zur
Einheit verbindet, so ist es im menschlichen Körper das Haupt,
welches die Einheit des Organismus zu Stande bringt, sie auf=
recht hält und regiert, so ist es in der Familie der Vater, dessen
Ansehen und Gewalt alle Glieder zur Einheit verbindet, so ist es
in einem Staate der Fürst, dessen Gewalt den Staatskörper als
moralisches Ganzes abschließt. Ist nun die Kirche Christi der
Tempel Gottes, in dem er angebetet wird im Geiste und in der
Wahrheit, so ist Petrus sein sichtbares Fundament; ist die Kirche
ein in sich abgeschlossener sichtbarer Leib, so ist Petrus das Haupt;
ist die Kirche das Reich Christi auf Erden, so ist Petrus der
König in diesem Reiche; ist die Kirche die große Familie Gottes,
so ist Petrus der Vater über dieselbe. Somit ernennt Christus
den Petrus hier zum Oberhaupte der Kirche; das bezweifelt
übrigens auch kein Katholik. Anders aber ist es mit der Unfehl=
barkeit, die wir ebenfalls in diesem Text finden.

Christus verheißt ferner in diesen Worten dem Petrus die
Unfehlbarkeit. — Schon die Benennung Simons mit dem
Namen Petrus, Petra, Fels, deutet an, daß er ihm eine besondere
Festigkeit verleihe. Was ist fester als der Fels, der nicht wankt?
Dieser Petrus also, der Fels, ist bestimmt, eine ewige Kirche zu
tragen, die unerschütterlich sein wird, weil das Fundament, auf
welchem sie ruht, Petrus, unerschütterlich ist. Um diese Festigkeit
schärfer zu betonen, fügt Christus hinzu: Auf diesen Felsen will

ich meine Kirche bauen und die Pforten der Hölle werden ihn nicht überwältigen. Von vielen älteren Schriftauslegern sind nämlich diese Worte auf den Felsen bezogen worden, was weder dem griechischen Urtext, noch der lateinischen Vulgata wider= streitet; und in diesem Falle ist die Unfehlbarkeit des Papstes unmittelbar ausgesprochen.

Da jedoch diese unmittelbare Beziehung auf den Fels unserm Zwecke gar zu günstig ist, so brauchen die Gegner die ebenfalls gerechtfertigte, ja sogar empfehlenswerthere Uebersetzung: „Die Pforten der Hölle werden sie nicht überwältigen,“ wonach die Worte auf die Kirche bezogen werden. Aber auch bei dieser Erklärung bleibt die Festigkeit des Felsen oder des Petrus immer noch bestehen. Denn wodurch bleibt die Kirche fest, weßhalb wer= den die Pforten der Hölle sie nicht überwältigen? Weil sie auf einem festen Felsen, auf Petrus, steht. Christus selbst gibt uns diesen Schluß an die Hand, wenn er von einem weisen Mann redet, der sein Haus auf einen Felsen gebaut hat: da fiel ein Platzregen, es kamen Wassergüsse, es bliesen die Winde und stießen an jenes Haus, aber es fiel nicht zusammen, denn es war auf einen Fel= sen gegründet. Der Thor aber baute sein Haus auf Sand . . . es stürzte ein und der Fall war groß.[1]) — Wenn das Haus steht gegen Wind und Wetter, so ist die Grundlage, der Fels die Ursache, und wenn es stürzt, so ist wieder das Fundament, der Sand, Grund hiervon. Christus ist der weise Mann, der sein Haus, die Kirche, auf einen Felsen gebaut hat, und wenn die Stürme, die Pforten der Hölle nichts gegen die Kirche ver= mögen, so ist die Grundlage, der Felsen, Petrus die Ursache.

Diese Unbeweglichkeit, diese Festigkeit der Kirche besteht aber vorzüglich im Glauben, in der Irrthumslosigkeit. Der hl. Geist selbst sagt uns durch den Mund des Apostels, daß die Kirche „die Säule und Grundfeste der Wahrheit,[2])“ also die Säule des Glaubens, daß sie irrthumslos sei. Deßwegen muß aber auch Petrus oder der Papst im Glauben fest und irrthumslos sein, weil das

---

[1]) Matth. VII. 24—27.
[2]) I. Timoth. III. 15.

Gebäude, welches die Kirche ist, nicht fester sein kann, als das Fun=
dament Petrus. Wenn demnach die Pforten der Hölle, die Mächte
des Irrthums und der Lüge, nichts gegen die Kirche vermögen, so
vermögen sie ebenso wenig gegen Petrus oder gegen den Papst.

Daraus ergibt sich der einfache Schluß: Wäre der Aus=
spruch des Papstes in Glaubenssachen dem Irrthum unterworfen,
so hätte Christus kein festes Fundament für das Gebäude seiner
Kirche erwählt; durchaus nichtig wären alsdann seine Ver=
heißungen, daß die Pforten der Hölle sie nicht überwältigen wür=
den, und seine auf einem solchen Felsen gebaute Kirche wäre
dem sicheren Untergange geweiht. Das aber wäre eine Gottes=
lästerung. Darum darf der Ausspruch des Papstes in Glaubens=
sachen dem Irrthum nicht unterworfen sein. Die Unfehlbarkeit des
Papstes ist demgemäß in diesem Texte klar genug ausgesprochen.

Endlich ist diese Unfehlbarkeit eine solche vor und unab=
hängig von der Zustimmung der Bischöfe. Auch das behauptet
unser Text. Das Fundament und seine Festigkeit ist immer das
Erste; das Gebäude das Zweite; und die Unerschütterlichkeit
des Gebäudes verhält sich zur Unerschütterlichkeit des Funda=
mentes, wie die Wirkung zur Ursache, denn nicht das Gebäude
verleiht dem Fundamente seine Festigkeit, sondern umgekehrt das
Fundament dem Gebäude; ebenso empfängt auch Petrus das
concrete Fundament der Kirche seine Unfehlbarkeit in Glaubens=
sachen nicht etwa von der Zustimmung der Bischöfe, sondern diese
gewinnen ihre Festigkeit und Unfehlbarkeit von Petrus, indem sie
dessen Lehrentscheidungen zustimmen. Wären die pästlichen Lehr=
entscheidungen nur unfehlbar durch die Zustimmung der Kirche,
dann müßte man nicht sagen: „Die Kirche ist auf Petrus ge=
baut," sondern umgekehrt: „Petrus ist auf die Kirche gebaut." [1]

10. Vernehmen wir nun die Stimmen der hh. Väter, welche
diesen Text in demselben Sinne auslegen.

Der Verfasser der Erwägungen für die Bischöfe[2] nennt
Perrone unredlich in seiner Berufung auf Cyrillus von Alexan=

---

[1] Liguori de Rom. Pont. n. 115.
[2] Erwägungen für die Bischöfe n. 1.

drien, deſſen Worte er nicht mitzutheilen für gut finde. Setzen wir alſo die Stelle her: „Unter der Benennung „Fels“ verſteht er, wie ich meine, nichts anders, als den unerſchütterlichen und feſten Glauben des Jüngers, worauf die Kirche ſo gegründet und befeſtigt ſein ſollte, daß ſie nicht wanke und ewig uneinnehmbar bleibe für die Pforten der Hölle.[1])“

„Auch in der abendländiſchen Kirche“, fährt er fort, „laſſen ſich keine Zeugen auffinden: unter den Stellen, welche Perrone, Schrader und andere Jeſuiten anführen, iſt keine einzige, welche auch nur mit einiger Klarheit und Beſtimmtheit den Päpſten dieſes hohe und göttl. Vorrecht beilegte.“[2]) Das Gegentheil iſt die Wahrheit.

Der hl. Ambroſius[3]) ſagt: „Der Glaube iſt alſo das Fun=dament der Kirche, denn nicht vom Leibe des Petrus, ſondern von ſeinem Glauben iſt geſagt, die Pforten der Hölle ſollen ihn nicht überwältigen; aber das Bekenntniß überwindet die Hölle. Und dieſes Bekenntniß ſchließt nicht etwa blos eine Häreſie aus; denn da die Kirche als gutes Schiff oft von vielen Wellen umherge=ſchleudert wird, ſo muß das Fundament der Kirche Stand halten gegen alle Häreſie (adversus omnes hae-reses debet valere Ecclesiae fundamentum). Der Tag ginge mir eher zu Ende, als ich die Namen der Häretiker und der verſchiedenen Secten aufgezählt hätte.“ — Was iſt aber die Feſtigkeit des Fundamentes gegen alle Häreſien anders als die Unfehlbarkeit des Papſtes?

Der hl. Leo.[4]) Nach Anführung der Stelle: Du biſt Pe=trus ꝛc., fährt der Heilige fort: „Die Solidität des Glaubens, die am Apoſtelfürſten gelobt wird, iſt ewig. Und wie das fort=dauert, was Petrus von Chriſtus geglaubt, ſo dauert auch fort, was Chriſtus in Petrus eingeſetzt. Dann führt der hl. Papſt das Glaubensbekenntniß Petri an und die Verheißungen Chriſti, und fährt fort: „Es bleibt alſo bei der Anordnung der Wahr=heit, und der hl. Petrus, der in der empfangenen Feſtigkeit des

---

[1]) Cyrill. de Trinitate lib. 4. Migne P. gr. T. 75 pag. 866.
[2]) Erwägungen für die Biſchöfe n. 1.
[3]) Ambros. De Jncarnat. Dom. 5.
[4]) Serm. 3. (al. 2) de natali ipsius III. c. 2. Migne T. 54 p. 145.

Felsen verharrt, hat das einmal empfangene Steuerruder der
Kirche nicht mehr verlassen. Denn so ist er vor allen Uebrigen
bestimmt, daß, wo er als Fels genannt, wo er als Fundament
erklärt, wo er als Schlüsselträger des Himmels aufgestellt, wo er
als Schiedsrichter mit einer solchen Binde= und Lösegewalt be=
traut wird, daß seine Entscheidungen auch im Himmel Gültigkeit
haben werden, wir aus den Geheimnissen seiner Benennung sehen
sollten, in welcher Gemeinschaft er stehe mit Christus. Jetzt voll=
zieht er vollständiger und mächtiger, was ihm aufgetragen ist,
und erfüllt alle Theile seines Amtes und seiner Sorgen in dem,
mit dem, durch den er verherrlicht ist. Wenn also etwas von
uns richtig behandelt und richtig entschieden wird, wenn von der
göttl. Barmherzigkeit durch tägliches Flehen etwas erwirkt wird,
so gebührt das den Werken und Verdiensten desjenigen, dessen
Gewalt fortlebt und dessen Autorität hervorleuchtet auf seinem
Stuhle. Das, Geliebte, erwirkte jenes Bekenntniß, das von Gott
dem Vater dem Herzen des Apostels eingeflößt, alle Ungewißheit
menschlicher Meinung überstieg, und die Festigkeit des Felsens
empfing, der von keinem Angriff erschüttert wird. Denn in der
ganzen Kirche sagt Petrus täglich: „Du bist Christus, der Sohn
des lebendigen Gottes, und jede Zunge, die den Herrn bekennt,
wird von diesem Lehramt unterrichtet. Der Glaube überwindet den
Teufel und lös't die Banden der Gefangenen. Dieser Glaube leitet die
aus der Welt Geretteten in den Himmel, und die Pforten der
Hölle vermögen ihn nicht zu überwältigen. Denn er ist von
Gott mit einer solchen Festigkeit begabt, daß ihn
weder häretische Bosheit verderben, noch heidnischer
Unglaube überwinden konnte. So also Geliebte feiern
wir in vernünftigem Dienste das heutige Fest, daß in meiner
unwürdigen Person derjenige erkannt, derjenige geehrt werde,
in dem die Sorgfalt aller Hirten mit der Obhut der ihnen
anvertrauten Schaafe fortdauert und dessen Würde auch in dem
unwürdigen Erben nicht abnimmt.“

11. In der zweiten Stelle erbittet Christus dem Petrus die
Unfehlbarkeit. Simon, Simon! Siehe Satan hat verlangt, euch
wie Weizen zu sichten; ich aber habe für dich gebetet, daß dein

4*

Glaube nicht abnehme, und du, wende dich dereinst deinen Brü=
dern zu und befestige sie.[1]) Auch in dieser Stelle ist die Rede von
Petrus als Oberhaupt, auch hier ist ihm die Unfehlbarkeit ver=
heißen, und zwar vor und unabhängig von seinen Brüdern.
Diese Stelle liefert einen sehr directen Beweis für die päpstliche
Unfehlbarkeit, wird darum auch auf's heftigste angefochten.[2])

Dieser Ausspruch Christi bezieht sich zunächst auf Petrus
als Oberhaupt seiner Kirche. Die göttliche Offenbarung ist eine
stufenweise Erziehung der Menschheit, und so hat auch Christus
seine Jünger allmählig in die Geheimnisse seines Reiches einge=
weiht. Er beobachtete dieses Verfahren vorzugsweise gegen Petrus,
dem er die erste Stelle in seinem Reiche zugedacht. Wo Petrus
dem Zuge der Gnade folgt und zuerst zum Heilande kommt,
legt er ihm den Namen Fels bei,[3]) eine dunkle Andeutung jener
künftigen Bestimmung. Bei Matth.[4]) erklärt sich Christus schon
näher, daß der Felsen als Fundament dienen soll, um seine künf=
tige Kirche darauf zu bauen. An dieser Stelle erläutert dann Christus
diesen künftigen Bau näher, du der einst befestige deine
Brüder. Wann aber soll das geschehen? Später, wann Christus
nach seiner Auferstehung ihm sagen wird: „Weide meine Lämmer
. . . weide meine Schaafe,“ und die ihm bis dahin verheißene
Gewalt wirklich übertragen wird. Selbstredend wird dieser Primat
Petri dauern bis ans Ende der Zeiten; denn Christus gründete seine
Kirche für alle heilsbegierigen Seelen. So bilden alle Aus=
sprüche Christi an Petrus über den Primat ein harmonisch in
sich abgeschlossenes Ganze.

Luc. 22, 31. 32 bildet eine Erläuterung zu Matth. 16, 18
und eine Vorbereitung zu Joan. 21. 15.

An der ersten Stelle sagt Christus, daß die Pforten der
Hölle gegen die Kirche anstürmen werden; am Vorabende seines
Todes sagt er klar, worin dieser Sturm der Pforten der Hölle
bestehe: „Satan will euch wie Weizen sichten.“

---

[1]) Luc. 22, 31. 32.
[2]) Das vaticanische Concil, Sess. IV. cap. 4, bezieht diese Stelle
ausdrücklich auf die Unfehlbarkeit des Papstes.
[3]) Joan. 1. 42.
[4]) Matth. 16. 18.

An der erften Stelle gibt Chriftus dem Petrus die Ver=
heißung des Primats, wegen feines Glaubens an ihn und wegen
feines Bekenntniffes diefes Glaubens; hier betet er für ihn, daß
er diefen Glauben nicht bloß niemals verliere, fondern noch feine
Brüder darin ftärke.

An der erften Stelle gibt Chriftus durch den Beinamen
„Felfen" zu verftehen, daß er dem Petrus Unerfchütterlichkeit ver=
leihe; hier erklärt er, daß diefe Unerfchütterlichkeit fich auf den
Glauben beziehe: „Dein Glaube foll nicht abnehmen."

An der erften Stelle macht Chriftus den Petrus zum Fun=
dament feiner Kirche, hier kündigt er ihm an, was er als Fun=
dament zu thun habe, „befeftige deine Brüder."

Endlich bevorzugt Chriftus den Petrus vor allen anderen
Apofteln, wie er ihn im Laufe feines Lehramts in Rückficht auf
feinen Primat zu wiederholten Malen bevorzugt hatte; er be=
zeichnet die allen Apofteln gemeinfame Gefahr: „Satan hat be=
gehrt, **euch** wie Weizen zu fichten, er betet aber allein für
den Petrus: ich aber habe für **dich** gebeten, daß **dein**
Glaube nicht abnehme."

Gründe genug, diefe Stellen auf den Primat Petri zu
beziehen.[1)]

[1)] So verfteht auch Boffuet, einer der Vorkämpfer gegen
die päpftliche Unfehlbarkeit, diefen Text. Meditations sur
l'Evang. 1 partie, 70. jour. Wir fetzen diefe Stelle her: „Simon, Simon,
Satan hat begehrt, euch wie Weizen zu fichten, aber ich habe für dich ge=
beten . . . Bewundern wir die Tiefe feiner Weisheit! Indem der Hei=
land den Apofteln ihren Ehrgeiz verwiefen, hatte er in einer Weife ge=
fprochen, wodurch er zu dem Glauben hätte veranlaffen können,
als habe er keinen Primat in feiner Kirche hinterlaffen und als habe
er den dem Petrus verliehenen Primat in feiner Bedeutung gefchwächt.
Darum fpricht er nun auf eine Art, die gerade das Gegentheil zeigt. Satan,
fagt er, hat begehrt, euch wie Weizen zu fichten; aber Petrus, ich habe
gebetet für dich, für dich befonders, für dich vorzugsweife; er hatte die
andern nicht vergeffen, fondern, wie die hl. Väter erklären, er wollte, indem
er das Haupt befeftigte, die Glieder vor dem Wanken bewahren. Darum
fagt er: Ich habe gebetet für dich, und nicht, ich habe für euch gebeten.
Daß der Zweck diefes Gebetes für den hl. Petrus fich auch auf die andern
Apoftel bezog, zeigt die Folge: „Und du, wenn du wirft bekehret fein, be=
feftige deine Brüder . . ."

„Wenn Jefus Chriftus, der da fagt: „Ich weiß, mein Vater, daß du
mich immer erhöreft." Joh. 11, 42. für den Petrus betet, wer kann da

Auch die Unfehlbarkeit liegt in unserm Texte ausge=
sprochen. „Satan hat begehrt, euch wie Weizen zu sichten." Was
ist das für eine Versuchung? Offenbar gegen den Glauben;
denn Christus fügt sofort hinzu: „ich habe für dich gebetet, daß
dein Glaube nicht abnehme." Der Satan ist der Lügner von
Anbeginn, der Vater der Lüge, der den Lehrstuhl der Pestilenz
auf Erden aufschlägt, die einzelnen Menschen und ganze Nationen
im Weine der Irrthümer berauscht, daß sie wanken wie ein Be=
trunkener und in den Abgrund des Verderbens hineintaumeln;
der, wie er die ersten Menschen im Paradiese belogen: „Ihr wer=
det sein wie die Götter, daß Gute und das Böse erkennen," so
noch fortwährend die Menschen bethört mit dem Wahne der
falschen Wissenschaft, daß sie darüber die Wahrheiten der
Offenbarung und der gesunden Vernunft verlieren; daß sie sind
wie Wolken ohne Wasser, die von den Winden der herrschenden
Tagesmeinungen umhergetrieben werden, Bäume des Herbstes,
unfruchtbar, zweimal erstorben, todt im Glauben und todt in der
Liebe, ausgewurzelt, wilde Wellen des Meeres, die ihre eigene

zweifeln, daß der Apostelfürst durch dieses Gebet einen beständigen, un=
überwindlichen, unerschütterlichen und so überfließenden Glauben erhalten
hat, daß derselbe hinreiche, nicht allein die gewöhnlichen Gläubigen zu be=
festigen, sondern auch seine Brüder, die Apostel und Hirten der Heerde,
indem er den Satan abhält, sie zu sichten. — Und diese Worte stehen in
offenbarer Uebereinstimmung mit jenen andern „du bist Petrus;" ich habe
deinen Namen Simon in den Namen Petrus verwandelt, zum Zeichen der
Festigkeit, die ich dir ertheilen werde, nicht allein für dich, sondern auch
für meine ganze Kirche; denn ich will sie bauen auf diesen Felsen. In dir
will ich auf eine vorzügliche, besondere Weise die Verkündigung des Glau=
bens niederlegen, in dir, dem Fundamente der Kirche: „und die Pforten
der Hölle sollen sie nicht überwältigen," d. h. sie soll gegen alle An=
strengungen des Satans befestigt sein, soll unerschütterlich sein. Was ist
das anders, als was hier Jesus Christus wiederholt: „Simon, der Satan
hat begehrt, euch zu sichten; aber ich habe für dich gebetet, dein Glaube
soll nicht abnehmen; und du befestige deine Brüder?" Dem hl. Petrus ist
also von neuem die ganze Kirche anvertraut, alle seine Brüder sind ihm
anvertraut, da Jesus Christus ihm befiehlt, sie zu befestigen im Glauben,
den er eben durch sein Gebet unüberwindlich gemacht . . . . Darum
sagt auch Christus dem Petrus, und nicht dem Johannes oder den andern,
bei Gelgenheit des wunderbaren Fischfanges: „Weide meine Lämmer,
weide meine Schaafe. Joh. 21, 15. 17, weide die Mütter und die Jungen."
Dies stimmt überein mit dem Befehle, die Brüder im Glauben zu be=
festigen; denn sie weiden, sie regieren, heißt ja eben den Geist des Glau=
bens in ihnen befestigen und sie weiden durch das Wort. So weit Bossuet.

Schande ausschäumen; Irrsterne, welchen der Sturm der Finster=
niß für ewig aufbehalten ist.¹) Das ist der Plan Satans. Aber
Christus hat das Heilmittel dagegen; er wendet sich an Petrus
und gibt ihm die Versicherung: „Ich aber habe für dich gebeten,
daß dein Glaube nicht abnehme." Wir sehen also die Kirche in
großer Gefahr durch die Bemühungen Satans in Irrthümer zu
gerathen, und zugleich das Schutzmittel, daß ihr Christus ver=
liehen durch sein Gebet, damit der Glaube des Petrus nicht
abnehme. Daraus aber ergibt sich der Schluß: entweder ist das
Gebet Christi ohne Wirkung geblieben, und sein Wort täuscht
uns, oder der Ausspruch des Petrus und seines Nachfolgers,
des Papstes, ist in Glaubenssachen dem Irrthum nicht unter=
worfen. Das erstere ist Gotteslästerung, also das letztere Wahrheit.

Endlich spricht Christus klar aus, daß dies eine Unfehlbar=
keit vor und unabhängig von der Zustimmung der Bischöfe sei.²)

---

¹) Jud. 12. 13.

²) Gewöhnlich wird dieser Text, Luc. 22, 32, so übersetzt: „Und der=
einst, wenn du dich bekehrt hast, befestige deine Brüder." Tu aliquando
conversus confirma fratres tuos. Die syrische, arabische und persische
Uebersetzung aber geben den Text im selben Sinne wie wir; ebenso Papst
Gelasius epist. 14, Migne Tom. 59 p. 89. In seiner ersten Bedeutung heißt
ἐπιστρέψας hinneigend, zuwendend; ebenso wird auch converti gebraucht
und kommt in dem Sinne eines mit Wohlwollen verbundenen Hinneigens oft=
mals in der hl. Schrift vor, z. B. Ps 6, 5; 70, 20, 21; 79, 15; 84, 7. Vergl.
Passaglia de Petri praerogativis S. 561. Man könnte also unsern Text
ganz gut auf folgende Weise übersetzen: „Und du, wende dich dereinst mit
liebevoller Sorgfalt deinen Brüdern zu, um sie zu stärken" —
Bemerken wir noch, daß, da Christus den Sündenfall des Petrus erst
nachher, V. 34, angekündigt hat, und dieser sich noch in derselben Nacht
bekehrte, die gebrauchte Uebersetzung wohl die richtigere ist; denn es läßt sich
nicht gut annehmen, daß er ihm die Bekehrung eher geweissagt, bevor Pe=
trus durch sein Selbstvertrauen Anlaß zur Vorhersagung seines Falles
geboten hatte; auch hat Christus die sofortige Bekehrung des Petrus
schwerlich mit den Worten ausgedrückt: „wenn du dich dereinst bekehrt
haben wirst." Der Sinn bleibt übrigens derselbe und unsere Erklärung
wird dadurch nicht beeinträchtigt; denn die Stelle bezieht sich auf die Zeit
nach der Auferstehung und Himmelfahrt Christi; so lange der Herr bei
seinen Jüngern war, brauchte Petrus dieselben nicht zu befestigen; da fer=
ner jeder Apostel persönlich unfehlbar war, so waren nicht sowohl diese,
als vielmehr deren Nachfolger und die gewöhnlichen Gläubigen von Petrus
und seinen Nachfolgern zu befestigen im Glauben; endlich betrifft diese
Stelle die Unfehlbarkeit des Oberhauptes der Kirche in dogmatischen
Entscheidungen, wogegen die Schwäche des Petrus keine Einwendung
abgibt.

„Und du wende dich dereinst deinen Brüdern zu und stärke sie."
Das ist die dem Petrus auferlegte Pflicht, er soll seine Brüder im
Glauben befestigen. Wären nun aber die Entscheidungen des
Papstes in Glaubensjachen dem Irrthume unterworfen, wie wür=
den alsdann seine Brüder durch ihn im Glauben befestigt? wäre
alsdann nicht die Kirche schutzlos den Anfällen Satans preisge=
geben? Und wenn die Unfehlbarkeit der päpstlichen Entscheidung
abhängig wäre von der Zustimmung der Bischöfe, dann würde
nicht mehr Petrus seine Brüder befestigen, sondern umgekehrt, die
Brüder würden den Petrus befestigen. Die Unfehlbarkeit des
Papstes vor und unabhängig von der Zustimmung der Bischöfe
liegt also gleichfalls in diesem Text.

12. Fügen wir einige Aussprüche der Väter hinzu, um zu
beweisen, daß auch die Tradition diesen Text von der Unfehlbar=
keit des Papstes verstanden. Der heilige Papst Leo I., der
Große, führt [1]) den Text des heil. Lucas an und fährt fort:
„Gemeinsam erwuchs allen Aposteln Gefahr aus der Versuchung,
und sie bedurften in gleicher Weise der Hülfe des göttlichen
Schutzes, weil der Teufel alle zu sichten, alle zu stürzen begehrte.
Gleichwohl nimmt sich der Herr aus besonderer Sorgfalt des
hl. Petrus an, und betet besonders für den Glauben des Pe=
tru's, gleich als wäre die Lage der Andern gesichert,
wenn der Geist des Hauptes nicht besiegt würde.
In Petrus wird also die Stärke Aller geschützt, und die
Hülfe der göttlichen Gnade wird in der Weise gespendet, daß
die Festigkeit, die dem Petrus geworden, durch
Petrus den Aposteln mitgetheilt werde. Da wir also
sehen, Geliebteste, daß uns ein solcher Schatz vom Himmel ge=
währt ist, so freuen wir uns mit Grund und Recht wegen der
Verdienste und der Würde unseres Führers, dankend dem Könige
der Ewigkeit, unserem Erlöser, Jesus Christus, welcher demjenigen,
den er zum Haupte der Gesammtheit gemacht hat, ein so großes
Vorrecht verliehen, daß auch Alles, was in unsern Zeiten
der Wahrheit gemäß entschieden und angeordnet

---

[1]) Serm. 4 (al. 3) de natali ipsius IV. c. 3. Migne t. 54.
p. 151.

wird, der Obergewalt jenes Mannes beizumessen ist, zu dem zuerst gesagt ward: „Und du wende dich dereinst deinen Brüdern zu und befestige sie." Ebenso erklärt diese Stelle Papst Agatho in seinem Briefe an das sechste allgemeine Concil:[1]) „Das ist der wahre Glaube, den im Glück und Un- glück die apost. Kirche Jesu Christi, die geistige Mutter eures ruhigen Reiches lebenskräftig festhielt und vertheidigte; eben die Kirche, welche durch die Gnade des allmächtigen Gottes niemals von der apostolischen Tradition abwich, nie von ketzerischen Neuerungen verunstaltet, ihnen unterlag, sondern denselben Glau- ben, den sie beim Beginn des christl. Glaubens von ihren Grün- dern, den Apostelfürsten erhielt, bis zum Ende unverletzt bewahrte, laut der Verheißung des Heilandes, die er im hl. Evangelium dem Haupte seiner Jünger machte: „Petrus, Petrus, siehe, der Satan verlangt euch, um euch wie Weizen zu sichten; ich aber habe für dich gebeten, daß dein Glaube nicht abnehme, und du hinwiederum stärke dereinst deine Brüder." Im Hinblicke auf die Worte des Herrn und Heilandes, welcher dem Petrus versprochen, sein Glaube solle nicht abnehmen, und ihn beauftragt hat, seine Brüder zu stärken, möge eure Liebe wohl erwägen, daß die Vorgänger meiner Niedrigkeit, die apostolischen Hirten, dasselbe, wie Jedermann weiß, immerdar muthig gethan haben. Ihnen nun will ich, so gering und unwürdig ich bin, gemäß dem mir durch Gottes Gnade übertragenen Amte getreu nachfolgen."[2])

---

[1]) Jahr 680, Harduin III. 1082 c.

[2]) Erwägungen für die Bischöfe des Concils n. 10 heißt es: „Der erste, welcher diese Stelle (Luc. 22, 31. 32) für die Annahme eines be- sonderen dem römischen Stuhle verliehenen Vorrechtes zu verwerthen suchte, war der Papst Agatho 680 . . . . Da sie aber erst so spät ersonnen wor- den, und das eidlich beschworene Bekenntniß Pius IV., sich stützend auf den bekannten Kanon des tridentinischen Concils, den katholischen Christen auf die Bibelauslegung der Kirchenväter, also der ersten 6 Jahrhunderte, verweiset, so begeht jeder, der die Stelle zur Begründung der Meinung vom infallibelen Papst gebraucht, streng genommen einen Eidbruch." — Diese Forderung, die Bibelauslegung nur aus den Vätern der ersten 6 Jahrhunderte zu entnehmen, ist eine ganz willkürliche Beschränkung. Denn der Eid, der auf das Glaubensbekenntniß Pius IV. abgelegt wird, verspricht ganz allgemein eine Auslegung ›juxta unanimem consensum

13. Die dritte und letzte Stelle, in der Christus dem
Petrus die Unfehlbarkeit verheißt, ist Joan. 21, 15—17. Nach=
dem Petrus dem Herrn dreimal seine Liebe betheuert, gibt ihm
der Herr den Auftrag: „Weide meine Lämmer . . . weide meine
Schaafe." Halten wir auch hier unseren gewöhnlichen Gang ein.
Petrus wird hier zum Oberhaupte der Kirche ernannt. Es ist
eine bekannte Sache, daß Ausdrücke „Hirt und weiden", sowohl
in der hl. Schrift als bei profanen Schriftstellern für die Aus=
drücke Fürst, König, Herrscher, sowie für die Ausdrücke regieren,
beherrschen gebraucht werden. Einer der ältesten griechischen
Dichter, Homer, nennt den König Agamemnon den Hirten der
Völker. Im alten Testamente findet sich dieser Ausdruck allent=
halben, besonders wenn von David die Rede ist, und seine Be=
schäftigung, die Heerden seines Vaters zu hüten, seiner späteren

---

Patrum.‹ Wenn man nun auch die Väter im strengsten Sinne, also mit
Ausschluß der bloßen Kirchenlehrer, verstehen wollte, so bilden diese doch
nicht einen so abgeschlossenen Begriff, daß sich gerade eine Zeitmarke an=
geben ließe, wann sie aufhören, daher bestehen darüber verschiedene Schul=
meinungen. Während einige Rigoristen die Reihe schon mit dem vierten
Jahrhunderte schließen, wollen sie allerdings viele mit dem sechsten in
Gregor d. Gr., oder mit dem achten in Johann Damaskus enden; andere
aber dehnen sie viel weiter aus (Bonaventura de Arragonia de optimo
legend. eccl. Patrum methodo c. 1.) ohne einen bestimmten Zeitpunkt anzu=
geben; wieder andere (Devoti Inst. juris can. Prol. §. 45) gehen bis ins
zwölfte Jahrhundert, ja sogar bis ins Jahr 1274, dem Todesjahre der beiden
großen Kirchenlehrer Thomas v. Aquin und Bonaventura. Mögen nun
auch die letzteren zu weit gehen, so kann doch die Ueberschreitung einer
ganz willkürlich gezogenen Grenze nicht einen Eidbruch begründen.
     Eine Eidverletzung wäre eine Schriftauslegung, die das Gegentheil
von dem behauptete, was die Kirchenväter in voller Uebereinstimmung auf
positive Weise gelehrt haben, nicht aber eine solche, die eine Meinung
aufstellt über einen Text, welchen die Väter entweder nicht übereinstimmend,
oder doch nicht so ausgelegt haben, daß jene Meinung der positiven Väter=
erklärung widerspräche. Wo nun haben die Väter positiv und über=
einstimmend das Gegentheil der gegebenen Erklärung der Stelle Luc.
22, 32. gelehrt? Dagegen könnte man einen Eidbruch in Beziehung auf
Schriftauslegung dem Verfasser des Buches „Christenthum und Kirche.
Regensb. 1860." vorwerfen, wenn er S. 263 gegen alle Väter behauptet,
die abgeschiedene Seele werde vor der Auferstehung statt des abgelegten
Leibes eine Hülle zur Bekleidung haben, welche „der Keim sein werde,
aus welchem sich bei der Auferstehung der neue unsterbliche Leib ent=
wickle." Da P. Leo d. Gr. mehr als zwei Jahrhunderte vor P. Agatho
lebte, so ist es auch falsch, daß Agatho zuerst diesen Text des Lucas von
der Unfehlbarkeit erklärt.

königlichen Würde über ganz Israel entgegen gesetzt wird. [1] Es kamen die Aeltesten des Volkes nach Hebron zum David und sprachen: „Der Herr sprach zu dir: „Du sollst mein Volk Israel weiden und du sollst König über Israel sein." Desselben Bildes vom Hirten und Weiden bedienten sich die Propheten mit großer Vorliebe, um die Herrschaft Gottes und des Messias über sein auserwähltes Volk darzustellen. Jesus Christus selbst gebraucht dieses Bild vom guten Hirten und vom Weiden, um sein Ver=hältniß zu seinen Jüngern zu erklären. 1. Petr. 5, 4 nennt Petrus Christum den obersten Hirten, und der hl. Paulus erinnert die in Ephesus um ihn versammelten Bischöfe, sie seien vom hl. Geiste über ihre Heerden gesetzt, die Kirche Gottes zu regieren. — Wird demnach Petrus allein beauftragt, die Heerde Christi zu weiden, so wird er damit zum Oberhaupte der ganzen Kirche ernannt; denn wer sind die Lämmer und die Schaafe? Meine Lämmer sind die gewöhnlichen Gläubigen, meine Schaafe sind die Bischöfe, die geistigen Urheber der ersteren; denn den Gläu=bigen gegenüber sind sie Schaafe, dem Petrus gegenüber Lämmer; also alle Glieder der gesammten Heerde, die zu dem einen Schaafstall Christi gehören, sind der Hut Petri als Oberhirten anvertraut.

Auch die Unfehlbarkeit liegt in diesem Ausspruche. Was heißt weiden? Weiden heißt die Heerde auf Triften führen, wo sie eine gesunde Nahrung findet, und sie behüten vor jenen Fluren, auf die ein schädlicher Mehlthau sich herabgesenkt hat; so muß der oberste Hirt der Kirche seine Lämmer und Schaafe weiden mit den Lehren der göttlichen Offenbarung und sie be=schützen vor dem Gifte der Irrlehren.

Die Heerde weiden heißt auch, dieselbe zusammenhalten, damit kein Glied derselben sich trenne vom Ganzen und sich in Wüsteneien verirre, und wenn unglücklicher Weise eines sich ver=loren hat, demselben nacheilen und es wieder zur Heerde zurück=führen.

---

[1] 2. Kön. 5, 2.

Die Heerde weiden heißt endlich sie beschirmen gegen Mieth=
linge, die nur sich selbst suchen, und gegen reißende Thiere,
mögen sie nun ihre Wolfsnatur offen an den Tag legen oder in
Schaafskleidern sich verhüllen, d. h. ihre Irrthümer offen predi=
gen oder deren Gift in Phrasen und Schlagwörter verstecken.

Wie aber wird der Oberhirt dieses Alles leisten, wenn
ihm nicht Unfehlbarkeit verliehen, daß er die Wahrheit vom
Irrthume unterscheiden, und Lüge und Irrthum da aufdecken
kann, wo sie sich finden. Petrus ist der Oberhirt der ganzen
Kirche, und alle Gläubigen sind verpflichtet, seine Stimme zu
hören und ihr zu folgen. Die Schaafe hören seine Stimme . . .
seine Schaafe folgen ihm, weil sie seine Stimme kennen. [1] Wenn
dem so ist, dann hätte Jesus Christus, wenn der Ausspruch Petri
in Glaubenssachen nicht unfehlbar ist, uns einen Hirten gegeben,
der uns in's Verderben führen könnte, was der göttlichen Weis=
heit widerspricht. Darum muß der Ausspruch Petri in Glaubens=
sachen unfehlbar sein.

Daraus ergibt sich also wiederum, was wir beweisen wollten.
Petrus wird zum Oberhirten der Kirche ernannt; die Unfehlbar=
keit wird ihm verbürgt, und zwar eine Unfehlbarkeit vor und
unabhängig von der Zustimmung der Kirche; denn sonst würde
nicht der Hirt die Lämmer und die Schaafe weiden, sondern
umgekehrt die Heerde würde den Hirten leiten und zurechtführen.

Das ist die biblische Begründung der Unfehlbarkeit. Mit
der Einrichtung des Primates in seiner Kirche verheißt, erbittet
und verleiht Christus dem Petrus die Unfehlbarkeit in Glaubens=
sachen.

14. Was der Prophet Isaias wunderbarer Weise von
Christus vorausgesehen hat, das kann auch im angewandten
Sinne auf Petrus bezogen werden: Siehe, spricht der Herr, ich
lege in den Fundamenten Sion's einen Stein, einen erprobten
Stein, einen Eckstein, einen Edelstein, einen Stein gegründet und
befestigt auf dem Fundamente. [2] Dieser Text ist voll Lehren,

---

[1] Johan. 10, 14.
[2] Isaias 28. 16.

hören wir darüber Bellarmin. [1]) Was sind das für Fundamente
Sions? Der Lieblingsjünger des Herrn hat uns darüber keinen
Zweifel gelassen. Die Mauer der Stadt hat zwölf Fundamente,
und auf ihnen stehen geschrieben die Namen der zwölf Apostel
des Lammes. [2]) Die Fundamente Sion's, das darf man in
Wahrheit sagen, sind die Apostel.

Aber unter diesen Fundamenten ist ein Stein, der vor=
zugsweise von der Hand des Herrn gelegt ist, ein Stein, der
seinen ganz besonderen Charakter hat. Und ich ersehe aus dem
Evangelium, daß Christus aus den Zwölfen den Simon erwählte,
ihm den Namen Petrus d. h. Fels gab und die Verheißung hin=
zufügte, auf diesen Felsen will ich meine Kirche bauen. Siehe,
ich lege in den Fundamenten Sion's einen Stein, und zwar
einen erprobten Stein. Ja er hat alle Proben ausgehalten.
Kein Angriff ward gegen das Christenthum unternommen, der
nicht vorzugsweise gegen ihn gerichtet war; aber an ihm prallte
Alles ab, die Verfolgung des Judenthums und Heidenthums, die
sich mit Feuer und Schwert gegen ihn waffneten, die spitz=
findigsten und ausgebreitetsten Ketzereien, die Spaltungen des Mor=
genlandes, die blutigen Kriege des Islam, die Eingriffe der
Fürsten, die Anmaßung der Gegenpäpste, die Sünden und Laster
einiger unwürdiger Päpste, der Abfall des halben Europa's, die
Philosophie des Unglaubens, der Vandalismus der modernen
Revolutionen, und der Judaskuß so vieler falscher Freunde und
Heuchler.

Siehe, ich lege in Sion einen Eckstein. Von den
anderen Steinen des Fundamentes hat jeder seinen besonderen
Platz; jeder trägt eine Säule, einen Theil des Gebäudes; dieser
aber ruht in der Ecke des Gebäudes und trägt seine ganze Last.
Er verbindet Alles, das alte mit dem neuen Testamente, die
Juden mit den Heiden, die Sclaven mit den Freien, die Griechen
und Römer mit den Barbaren, das Morgenland mit dem Abend=
land, die alte Welt mit der neuen, er verbindet alle auf dem

---

[1]) De Rom. Pont. Praefat.
[2]) Geh. Off. 21, 14.

weiten Erdenrund zerstreuten Kirchen, er ist das Centrum der Einheit und der Stützpunkt, worauf die ganze Weltkirche unbeweglich ruht.

Siehe, ich lege in Sion einen Edelstein. Von ihm gingen die Strahlen des Lichtes aus in die Heidenwelt, um die Nationen, die in der Finsterniß und im Schatten des Todes saßen, zu erhellen, daß sie die Bahnen der wahren Civilisation einschlugen, und eine neue Aera über die Welt aufging; aus ihm entsprang die Quelle der Gnade, aus der die bekehrten Völker wiedergeboren wurden und das Erbrecht auf den Himmel erlangten. Darum wird Alles, was wahr und gut und schön und heilig und erhaben ist, mit magnetischer Kraft von ihm angezogen; und Alles, was Lug und Trug, was Bosheit und Gewalt, was Niedrigkeit und Gemeinheit ist, wird von ihm abgestoßen, und ist mit dem ganzen Hasse der Hölle gegen ihn erfüllt, so daß er ihnen ein Stein des Anstoßes und des Aergernisses ist.

Siehe, ich lege in Sion einen Stein, gegründet und befestigt auf dem Fundament. Das eigentliche Fundament ist Jesus Christus; denn ein anderes Fundament kann Niemand legen, als was gelegt ist, und das ist Jesus Christus. Aber von der Hand Christi selbst ist an das erste Fundament ein secundäres Fundament, an den unsichtbaren Stein ein sichtbarer Stein gekittet; aber ein zweites Fundament, das nach dem Plane des Baumeisters ebenso nothwendig ist als das erste, daß man auf Petrus sich stützen muß, um zu Christus zu gelangen.

Dritter Vortrag.

Die Unfehlbarkeit des Papstes in der Geschichte: Traditionsbeweis. Einwendungen.

1. Der Heiland vergleicht sich mit dem Säemann, der ausgeht, seinen Saamen zu streuen. Unscheinbar wie ein Senf=körnlein hat er die einzelnen Wahrheiten gesäet, aber jede barg eine göttliche, unverwüstliche Lebenskraft in sich, daß sie heran=wuchs zu einem gewaltigen Baume, um mit ihrem Schatten und ihren Früchten der ganzen Menschheit Zuflucht und Kräftigung zu bieten. Als solches Saamenkorn gilt vor Allem der Primat mit seinem Privilegium der Unfehlbarkeit in Glaubenssachen. Je mehr die Kirche ihre Wanderung über den Erdkreis durch die Jahrhunderte fortsetzte, je näher sie in Berührung trat mit der Weisheit des Morgen= und Abendlandes, und in die Schulen Rom's, Athen's und Alexandrien's eindrang, je mehr dann der menschliche Geist sich auf den verschiedenen Gebieten des Wissens auf die Erforschung der Wahrheit verlegte und je mehr Geister des Irrthums und der Lüge die Hölle auf die Erde hinaufsandte, um die Kirche zu bekämpfen; desto mehr mußte sich das Gebiet, auf dem die Unfehlbarkeit des Papstes sich zu bethätigen hatte,

erweitern, und desto glänzender mußte sich dieses göttl. Vorrecht zeigen. Was ist natürlicher, als daß die Erfahrung und die Gewandtheit eines Steuermannes um so glänzender sich erprobt durch je mehr Stürme und klippenreiche Meere er sein Schiff glücklich hindurchlenkt; was natürlicher, als daß die Kunde eines Führers um so mehr Vertrauen erweckt, durch je unwegsamere Gegenden er an das sichere Ziel hinführt? So erprobt sich die Unfehlbarkeit des Papstes auf's glänzendste in der Geschichte; mit ihren Zeugnissen und Thatsachen liefert sie uns den Traditions= beweis.

2. Was ist Tradition? Bevor noch die Apostel und Evan= gelisten die einzelnen Bücher des neuen Testamentes verfaßt, bevor die Kirche dieselben als neues Testament zu einem Ganzen ver= einigt; existirte die Lehre Jesu Christi nur in den mündlichen Vorträgen der Apostel und in der lebendigen Ueberzeugung der Gläubigen. Es gab eine Kirche Christi vor den Schriften des neuen Testamentes. Mit der Abfassung der hl. Schrift hörte aber diese Tradition nicht auf; sie lebte fort in den Katechesen, Pre= digten, im Gottesdienst, im Glauben und im practischen Leben der ganzen Christenheit. So ist die Tradition gleichsam ein lebendiger Strom, der im Abendmahlsaal von Jerusalem ent= sprungen, durch die Jahrhunderte sich ergießt, immer weiter sich ausbreitet, indem er stets neue Generationen in sich aufnimmt, bis er einst in der Ewigkeit ausmündet. Das ist die Tradition als das lebendige Glaubensbewußtsein der Kirche. Aber dieses Glaubensbewußtsein der Kirche hat sich auch so zu sagen krystalli= sirt. Was die Kirche in den verschiedenen Jahrhunderten von ihrer Wiege bis jetzt geglaubt hat, das liegt ausgesprochen vor in den Werken der ältesten Kirchenväter und Kirchenschriftsteller, in den Thatsachen der Kirchengeschichte, in den Liturgien, deren die Kirche sich beim Gottesdienste bediente, in den Acten der Concilien und den Decreten der Päpste, in den Denkmälern der christlichen Kunst, wie z. B. in den römischen Katakomben sich Zeugnisse für fast alle christliche Glaubenswahrheiten vorfinden.

3. Nun aber erhebt sich die Frage, wie ist aus diesen Zeugnissen der Tradition eine christliche Glaubenswahrheit zu

ermitteln? Dafür gibt man in der Regel das allbekannte Criterium des Vincenz von Lerin an: „Was immer, was überall und von Allen geglaubt ist, das ist christliche Glaubenslehre und aus der göttlichen Offenbarung entsprungen." Das ist vollkommen richtig; aber wenn man damit glaubt, es könne nichts als katholisches Dogma aufgestellt werden, als was immer, überall und von Allen geglaubt sei, so ist das eine ungenaue Auffassung. Die Theologen geben eine ganze Reihe von Criterien, vermittelst deren die in der Tradition enthaltenen Glaubenslehren erkennbar sind. Melch. Canus de locis theol.[1]) zählt die folgenden Criterien oder Kennzeichen auf.

Erstes Criterium nach dem hl. Augustin: „Was die ganze Kirche glaubt, und nicht von den Concilien eingeführt, sondern immer beibehalten ist, daß kann nur auf die Autorität der apostolischen Tradition sich stützen.[2]) Dies gilt z. B. von den vier niederen Weihen, vom Fastengebot u. s. w.

Zweites Criterium: Wenn die hl. Väter im Verlaufe der Zeit immer ein bestimmtes Dogma gelehrt, und das Gegentheil als Ketzerei gebrandmarkt haben, obgleich dasselbe nicht in der hl. Schrift enthalten war, so muß es nothwendig auf apostolischer Tradition beruhen. Das gilt von der beständigen Jungfrauschaft Maria's, von dem Herabsteigen Christi in die Vorhölle, von der bestimmten Zahl der Evangelien u. s. w.

Drittes Criterium: Wenn jetzt nach allgemeiner Uebereinstimmung in der Kirche etwas in Uebung ist, was menschliche Macht nicht zu bewirken vermochte, so stammt das aus der apostolischen Tradition. Die Lösung von Gott gemachten Gelübben, und die Auflösung einer zwar kirchlich abgeschlossenen, aber noch nicht vollzogenen Ehe (matrimonium ratum, sed non consummatum) durch Ablegung der Ordensgelübde sind diesem Criterium entsprechend auf apostolischer Ueberlieferung begründet.

Viertes Criterium: Wenn die Theologen (viri ecclesiastici) von irgend einem Dogma oder irgend einer Gewohnheit einstimmig

---

[1]) De locis theol. III. c. 4.
[2]) Aug. de baptismo coat. Donatistas IV. 31.

bezeugen, daß sie von den Aposteln herrühren, so ist das zweifels=
ohne ein Beweis, daß dem so ist. Wenn z. B. die Väter des
siebten allgemeinen Concils in der sechsten Sitzung einstimmig
sagen, die Bilderverehrung stamme von den Aposteln her, und
wenn das apostolische Glaubensbekenntniß allgemein als von den
Aposteln herrührend gilt, so ist diese Ueberzeugung ein vollgültiger
Beweis.

Ein fünftes Criterium fügt noch Bellarmin [1]) hinzu: Das=
jenige stammt aus der apostolischen Tradition, was in den von
den Aposteln gegründeten Kirchen, die eine vollkommene und un=
unterbrochene Succession bewahrt haben, für apostolisch gehalten
wird. Der Grund dafür ist der, daß die Apostel ihren Nach=
folgern mit dem Amte, das sie ihnen übertrugen, auch ihre Lehre
überlieferten. —

Schon Tertullian [2]) gibt dieses Criterium an. Wenn man,
so lehrt derselbe a. a. O., in irgend einer Kirche in ununter=
brochener Reihenfolge der Bischöfe bis zu den Aposteln hinauf=
steigen, und es nicht erweisen kann, daß in dieser Kirche eine
neue Lehre eingeführt ist, so sind wir gewiß, daß dort die aposto=
lischen Traditionen erhalten sind. In früheren Zeiten gab es
eine solche ununterbrochene Reihenfolge nicht bloß in Rom, son=
dern auch in Ephesus, Corinth, Antiochia, Alexandria, Jerusalem
und anderswo: und deßhalb verweis't Tertullian [3]) auf jede be=
liebige apostolische Kirche, um dort die apostolischen Traditionen
zu finden.

Heut zu Tage hat jedoch die sichere Reihenfolge in allen
apostolischen Kirchen, mit Ausnahme derjenigen von Rom auf=
gehört, und deßhalb haben wir im Zeugnisse dieser Kirche allein
einen sicheren Beweis für die apostolischen Traditionen, und das
vorzüglich dann, wenn die Lehren oder die Gebräuche anderer
Kirchen von den Lehren und Gebräuchen der römischen Kirche
verschieden sind.

---

[1]) De verbo Dei lib. 4. c. 9.
[2]) De praescr. 21.
[3]) De praescr. 36.

Daſſelbe Criterium gibt der hl. Jrenäus an[1]): Mit dieſer (der römiſchen) Kirche müſſen wegen deren größerer Gewalt alle Kirchen d. h. alle Gläubigen aller Orten übereinſtimmen; in welcher die Gläubigen aller Orten von jeher die apoſtoliſche Ueberlieferung bewahrt haben.

Daraus erhellt, daß ſchon jede apoſtoliſche Tradition der römiſchen Kirche den Charakter der Glaubenslehre an ſich trägt, und als ſolche dogmatiſch definirt werden kann.

Es gibt alſo fünf verſchiedene Wege, um einen Traditions= beweis herzuſtellen: und dürfte es kaum eine Glaubenslehre geben, für welche ihrer Natur nach dieſer Beweis leichter zu erbringen wäre, als für die Unfehlbarkeit des Primates. Jſt ſie doch eins der vorzüglichſten Privilegien des Papſtes, alſo läßt ſich erwarten, daß die römiſche Kirche darüber eine ſehr klare und lebhafte Tradition bewahre. Waren die Päpſte ferner genöthigt gegen alle im Laufe der Zeit in den verſchiedenen Ländern auf= tauchenden Jrrlehren einzuſchreiten, ſo muß es offenbar ganze Reihen glänzender Thatſachen geben, die ihre Unfehlbarkeit in's hellſte Licht ſetzen. Wir theilen der klaren Ueberſicht wegen die Zeugniſſe für die päpſtliche Unfehlbarkeit in verſchiedene Klaſſen, die wir einzeln beſprechen.[2])

I.

4. Die erſte Klaſſe von Zeugniſſen für die päpſt= liche Unfehlbarkeit bilden die Ausſprüche der Kirchenväter, welche in den Ausſprüchen des Heilandes, mit denen er den päpſtlichen Primat einſetzte, zugleich die Verheißung der Unfehlbarkeit finden.

Wir haben in dem letzten Vortrage bereits mehrere ange= führt, um zu zeigen, daß unſere Schrifterklärung mit der des kirchlichen Alterthums übereinſtimme. Wir dürfen alſo hier deſto

---

[1]) Adv. haeres. 3, 3.
[2]) Erwägungen für die Biſchöfe des Concils u. 1. behaupten, der Traditionsbeweis für die päpſtliche Unfehlbarkeit ſei nicht zu erbringen. Man beweiſe einmal, daß der fünffache Weg den Traditionsbeweis herzu= ſtellen, nicht auf die Unfehlbarkeit des Papſtes anwendbar ſei. Was iſt leichter zu beweiſen, als daß die Jnfallibilität eine apoſtoliſche Tradition der römiſchen Kirche iſt?

kürzer sein. Wir führen hier wieder den hl. Papst Leo an; denn Niemand hat das Papstthum mit seinen göttlichen Privilegien und in seiner Weltstellung großartiger aufgefaßt als dieser Papst in den Reden, die er an den Jahrestagen seiner Thronbesteigung und am Feste der Apostelfürsten Petrus und Paulus gehalten.

Nach Anführung der Worte: Du bist Petrus u. s. w. fährt er fort: „Und ich sage dir, d. h., wie mein himmlischer Vater dir meine Gottheit offenbaret hat, so will ich dir deine Gewalt offenbaren, daß du Petrus bist: d. h., da ich der unverwüstliche Felsen bin, ich der Eckstein, der beides verbindet, ich das Funda= ment, außer dem Niemand ein anderes legen kann; so bist doch auch du ein Felsen, weil du durch meine Kraft gefestigt wirst, damit was mir an Macht eigen ist, dir durch Mittheilung mit mir gemeinsam sei. Und auf diesen Felsen will ich meine Kirche bauen, und die Pforten der Hölle werden sie nicht überwältigen. Auf diese Stärke, sagt er, will ich einen ewigen Tempel bauen, und die Erhabenheit meiner Kirche, die sich zum Himmel erheben wird, wird in der Festigkeit dieses Glaubens hinaufsteigen. Dieses Bekenntniß werden die Pforten der Hölle nicht gefangen halten, und die Banden des Todes werden es nicht fesseln; denn diese Stimme ist die Stimme des Lebens. Und wie sie ihre Bekenner in den Himmel einführt, so stürzt sie ihre Leugner in die Hölle." [1]

Der hl. Chrysostomus [2] nennt den hl. Petrus „das Licht der ganzen Welt, die keuscheste Taube, den Lehrer der Apostel, den festen Felsen des Glaubens, die ergraute Weisheit der Kirche."

Derselbe sagt [3]): „Der Vater verlieh ihm (Petrus) die Offenbarung seines Sohnes; der Sohn verlieh ihm einerseits, daß er die Offenbarung des Vaters und Sohnes auf der ganzen Erde verbreiten konnte, andererseits, daß er, obgleich ein sterblicher Mensch, eine himmlische Gewalt ausübte und die Schlüssel des Himmels besitze. So zeigt Petrus, daß die auf der ganzen Erde verbreitete Kirche fester ist als der Himmel selbst; denn Himmel

---

[1] S. Leo. sermo. III. in anniv. ejusd. assumpt.
[2] S. Chrys. serm. I. de debit. dec. mill. tal.
[3] S. Chrys. hom. 55 in Matth.

und Erde werden vergehen; aber meine Worte werden nicht ver=
gehen." Wankt aber der Glaube Petri, so würden damit auch
die Worte Christi wanken. Der hl. Gregor von Nazianz [1]) sagt:
„Du siehst, wie vor allen Jüngern Christi, die gewiß alle groß,
erhaben und der Wahl würdig waren, nur dieser Fels genannt
wird, und die Fundamente der Kirche in seinem Glauben empfängt."
Diese hl. Väter, deren Zeugnisse sich sehr vervielfältigen
ließen, reden in Ausdrücken über das Privilegium des Petrus,
die sich ohne die Unfehlbarkeit nur in sehr gezwungener Weise
erklären lassen.

5. Eine zweite Reihe von Zeugnissen für die päpstliche
Unfehlbarkeit ergibt sich aus der Ueberzeugung des christlichen
Alterthums, daß Rom im Glauben nicht irren könne, daß Petrus
auf dem bischöflichen Stuhle von Rom fortlebe und in seinen
Nachfolgern Entscheidung in Glaubenssachen gebe, daß darum
Rom endgültig über Orthodoxie und Heterodoxie entscheide. Daher
die Bestrebungen der Häretiker den Papst auf ihre Seite zu
ziehen, die selbst aus den fernsten Gegenden nach Rom kommen,
überzeugt, daß der Ausbreitung ihrer Irrlehre kein Hinderniß
mehr im Wege stehen werde, wenn sie mit dem Papste in Ge=
meinschaft ständen.

Nachdem der hl. Irenäus gesagt, er könne gegen die gnosti=
schen Irrlehren sich auf die apostolische Tradition berufen, welche
in der katholischen Kirche durch die ununterbrochene Aufeinander=
folge der Bischöfe bewahrt werde, fährt er fort [2]): „Aber weil es

---

[1]) Or. 26.
[2]) Adv. haeres. III. 3. — Ad hanc enim (Romanam) ecclesiam
propter potentiorem principalitatem necesse est, omnem
convenire ecclesiam, hoc est, eos, qui sunt undique fideles, in
qua semper ab iis, qui sunt undique, conservata est ea, quae est ab
Apostolis, traditio. — Um dieses herrliche Zeugniß des grauen Alter=
thums für den Primat und die Lehrautorität des Papstes abzuschwächen,
hat die Kritik eine unendliche, aber unfruchtbare Mühe sich gegeben. —
1. Man will zunächst das convenire nicht durch übereinstimmen, sondern
durch zusammenkommen, durch einen, vermittelst Reisen, Wallfahrten,
Handelsverbindungen in Rom der heidnischen Kaiserstadt bewerkstelligten
Menschen=Zusammenfluß übersetzen. So hat es noch jüngst Döllinger
in den Erwägungen n. 11, gethan: „Die Lehre oder Ueberlieferung der
römischen Kirche ist darum zur Widerlegung der Häretiker geeignet, weil
die in diesem Mittelpunkte der civilisirten Welt allerwärts her zusammen=

zu weitläufig wäre, die Aufeinanderfolge (der Bischöfe) von allen
Kirchen aufzuzählen, erwähnen wir (hier nur) die von den Apo=
steln herrührende Ueberlieferung der größten, vorzüglichsten und
allbekannten, durch die beiden Apostel Petrus und Paulus zu
Rom gegründeten Kirche und den von ihr den Menschen verkün=
deten Glauben, wie er durch die Aufeinanderfolge ihrer Bischöfe

---

strömenden Christen, die alle ihren heimischen Glauben mitbringen, durch
dieses fortdauernde Zeugniß, durch den stets vergleichenden Zusammenhalt
ihrer asiatischen, ägyptischen, paläftinischen Ueberlieferung mit der römischen,
diese von jeder Abweichung bewahren." Also Rom wird durch die übrige
Welt in der gesunden Lehre erhalten, nicht umgekehrt. Dadurch läßt man
aber den hl. Irenäus gegen die Gnostiker, gegen welche er schreibt, folgen=
den Blödsinn vorbringen: „Euren vorgeblichen geheimen Ueberlieferungen
„halte ich die ächte Tradition der Apostel entgegen, wie sie in den aposto=
„lischen Kirchen enthalten ist; da es aber zu weitläufig wäre, die Reihen=
„folge aller Bischöfe dieser Kirchen aufzuzählen, so verweise ich insbesondere
„auf die römische Kirche, denn dieses genügt, weil man Geschäfte halber
„von allen Seiten in der Hauptstadt zusammenströmt." Eine solche Argu=
mentation ist aber des hl. Irenäus unwürdig. — 2. Andere (Thiersch)
halten das Wort „müssen", necesse est für eine logische Nothwen=
digkeit und lassen den Irenäus gegen die Gnostiker also sprechen: „Ich
„halte euch die Tradition der apostolischen Kirchen entgegen; da aber die
„Aufzählung aller einzelnen zu weit führen würde, so nenne ich wegen
„ihrer Vorzüglichkeit nur die römische Kirche; denn da diese die apostolische
„Tradition bewahrt hat, so folgt daraus, daß mit ihr alle einzelnen
„Kirchen übereinstimmen, welche diese Tradition auch bewahrt haben."
Der Beweis des hl. Irenäus wird dadurch wo möglich noch blöder, als
im vorigen Fall. Die ächte, allein vernünftige Erklärung sieht daher in
dem necesse est eine moralische Verpflichtung. — 3. Endlich sucht
man das Wort principalitas in der verschiedensten Weise zu Ungunsten
der römischen Kirche zu deuten. Die Einen sehen darin die staatliche
Gewalt des römischen Kaiserreiches; aber Irenäus spricht nicht vom
Staate, sondern von der Kirche. Andere (Gieseler) übersetzen „Ursprüng=
lichkeit", nicht bedenkend, daß, wenn es sich bloß um diese handelt, die
Kirchen von Jerusalem und Antiochia eine vorzüglichere, weil ältere Ur=
sprünglichkeit haben, als die Kirche von Rom; diese beiden Kirchen hätte
also Irenäus voranstellen müssen, besonders da er selbst Orientale war
und zunächst für Orientalen und gegen orientalische Irrlehren schrieb.
Wieder Andere halten diese principalitas für einen bloßen Vorrang
der Ehre, da doch Irenäus von einer Verpflichtung der übrigen Kirchen
mit Rom übereinzustimmen redet, was in Rom nicht einen bloßen Ehren=
vorrang erfordert, sondern einen mit Autorität, mit höherer Gewalt
bekleideten Vorrang. Zudem kommt das Wort principalitas, principatus
bei Irenäus noch 21 mal vor, immer mit der Bedeutung von Autorität,
höherer Gewalt, weßhalb soll der 22. Fall eine Ausnahme machen?" —
So bleibt denn nur die altkatholische Erklärung dieser Stelle des hl. Ire=
näus die richtige, daß alle Kirchen eine Verpflichtung haben, mit der
römischen übereinzustimmen, weil diese eine höhere Gewalt, eine zwingende
Autorität besitzt. (s. Schneemann im Katholik 1867. I. S. 419—451.)

bis auf uns gekommen ist und beschämen auf diese Weise alle (Irrlehrer), welche wie immer auch verkehrt denken. Denn mit dieser Kirche müssen wegen (deren) größerer Gewalt alle Kirchen, d. h. die Gläubigen aller Orte, übereinstimmen, und in ihr haben die Gläubigen aller Orten von jeher die apostolische Ueberlieferung bewahrt."

Hören wir nun eine Reihe von Thatsachen, welche darthun, wie einerseits die Irrlehrer sich bemühen, den Papst für sich zu gewinnen und wie andererseits die rechtgläubigen·Katholiken über= zeugt sind, dieses sei ein vergebliches Bemühen, und der Glaube Rom's werde stets makellos dastehen.

Es ist eine unleugbare Thatsache der Kirchengeschichte der ersten Jahrhunderte, daß viele Irrlehrer sich nach Rom begaben, um den Papst für ihre Neuerung zu gewinnen, von ihm zur Gemeinschaft der Kirche gezählt zu werden, und so ihre Irrthümer desto leichter verbreiten zu können. In dieser Absicht kamen die Gnostiker Valentin, Cerdo und Marcion nach Rom. Interessant ist in dieser Beziehung die Geschichte des Montanus und Praxeas. Montanus gab eine neue Herabkunft des hl. Geistes vor, die in ihm und den zwei Weibern Maximilla und Priscilla sich ver= wirklicht habe. In Phrygien, seiner Heimath, abgewiesen, durch= reis'te er die Welt, gewann in Carthago den berühmten Apologeten Tertullian für seine Meinung, und ging dann nach Rom, wo er vom Papste Eleutherius (od. Victor?) hoffte in die Kirchenge= meinschaft aufgenommen zu werden. Aus Afrika eilte ihm aber der Confessor Praxeas nach, um den Papst einerseits vor den Schlingen dieses Irrlehrers zu warnen, und andererseits, freilich erfolglos, den Papst für sich zu gewinnen, indem er der Meinung war, es gebe in Gott nur eine Person, die nach ihren verschie= denen Offenbarungen nach Außen Vater, Sohn und hl. Geist genannt werde, daß der Vater aus Maria geboren und am Kreuze gelitten. Dieser Vorgang veranlaßte den Tertullian zu der Aeußerung: „Praxeas hat in Rom zwei Teufelsgeschäfte betrieben: er hat den hl. Geist verscheucht und den Vater ge= kreuzigt."[1]

---

[1] Adv. Prax. n. 1.

Hatten diese Bestrebungen der Irrlehrer ihren Grund in der Ueberzeugung, daß nach der Gewinnung des Papstes die ganze Kirche ihnen zustimmen werde, so waren doch die Recht= gläubigen überzeugt, daß dieses ein eitles Bemühen sei, und der Glaube Rom's nie irre geführt werden könne. „Die Häretiker erwählen sich einen falschen Bischof und wagen es dann nach Rom zu schiffen zum obersten Stuhle des hl. Petrus, von dem die priesterliche Einheit ihren Ursprung hat, und überbringen Briefe von Schismatikern und Profanen; und sie denken nicht daran, daß das Römer sind, deren Glaube nach dem Worte des Apostels gelobt wird, und zu denen die Irrlehrer keinen Zutritt haben können." [1]

In zweifelhaften Fällen wandte man sich von allen Seiten an den Papst; sein Urtheil galt als irrthumslose Wahrheit. In der Mitte des dritten Jahrhunderts verbreitete sich der Sabellia= nismus in der Pentapolis in Cyrene: die drei Personen in der Gottheit seien nur verschiedene Erscheinungsweisen des einen Gottes, und es bestehe kein persönlicher Unterschied in der Gott= heit; wird durch Gott die Welt erschaffen, so ist er Vater; wird er Mensch aus Maria, so heißt er Sohn; wirkt er heiligend ein auf die Menschheit, so ist er hl. Geist. Gegen diese Irrlehre erhob sich Dionysius der Große von Alexandrien. Indeß in einem Lehrbriefe drückte er sich ungenau aus, und man legte seine Worte so aus, als ob er Wesensungleichheit zwischen dem Vater und Sohne annehme, und den letzteren in die Reihe der Geschöpfe versetze. Als ihn Papst Dionysius darüber zur Rechen= schaft zog, gab er eine rechtgläubige Erklärung, der Sohn sei mit dem Vater gleicher Wesenheit, und als Abglanz des ewigen Lichtes gleich ewig mit dem Vater, er erweitere die untheilbare Einheit in eine Dreiheit und fasse die Dreiheit wieder unverändert in eine Einheit zusammen. Daraufhin sprach ihn der Papst frei von der Anklage, und er galt als vollkommen gerechtfertigt in den Augen der ganzen Kirche.

---

[1] Cypr. ep. 55. Edit. Wirceb. 1762 tom. I. p. 153.

In Antiochien war ein Schisma ausgebrochen; drei Bischöfe Meletius, Vitalis und Paulinus machten sich den bischöflichen Stuhl streitig. Es handelte sich zugleich um eine Glaubensfrage, ob nämlich in Gott drei Hypostasen anzunehmen seien. Man war nicht einig über den Sinn des Wortes „Hypostase." Die Einen nahmen es für gleichbedeutend mit „Person," die Andern mit „Substanz oder Wesen." In dieser Zeit kam der hl. Hieronimus nach Antiochien. Jede der drei Parteien bemühte sich ihn zu gewinnen. Seine erste Antwort war: „Ich rufe aus, wer mit dem Stuhle des hl. Petrus in Gemeinschaft steht, mit dem halte ich es."

Da nun jede Partei behauptete, in dieser Gemeinschaft sich zu befinden, so hatte der Heilige allen Grund dieses Vorgeben zu bezweifeln, und wandte sich deßhalb brieflich an den Papst Damasus: „Meletius, Paulinus und Vitalis behaupten alle drei, mit dir in Gemeinschaft zu stehen. Ich könnte das glauben, wenn Einer es sagte; aber so lügen entweder zwei oder alle drei." Dann bittet er den Damasus auch um Entscheid, ob er den Ausdruck „drei Hypostasen" gebrauchen dürfe oder nicht. „Den Hohenpriester bitte ich um das Opfer des Heiles, den Hirten um Schutz für das Glied seiner Heerde. Ich rede zum Nachfolger des Fischers und zum Jünger des Kreuzes. Ich folge als Führer nur Christo, und stehe in Gemeinschaft mit deiner Heiligkeit d. h. mit dem Stuhle des Petrus. Darauf, weiß ich, ist die Kirche erbaut. Wer außerhalb dieses Hauses das Osterlamm isset, ist ein Unheiliger. Wer in der Arche Noe nicht ist, wenn die Sündfluth hereinbricht, der geht zu Grunde. Ich kenne den Vitalis nicht, ich verschmähe den Meletius, ich ignorire den Paulinus. Wer nicht mit dir sammelt, der zerstreut, d. h. wer Christo nicht angehört, der ist des Antichrists. Daher beschwöre ich deine Heiligkeit, bei dem Gekreuzigten, dem Heiland der Welt, der gleichwesentlichen Dreifaltigkeit, daß du mir in deinem Briefe angibst, ob es erlaubt sei, den Ausdruck „Hypostasen" zu gebrauchen oder nicht."[1]

[1] Fleury, hist. eccl. IV., 509—512.

Als im fünften Jahrhundert der Irrlehrer Eutyches, der die Vermischung beider Naturen in Christo, zur Bildung der einen Person Christi lehrte, sich beim hl. Petrus Chrysologus über seine Verdammung durch den Papst Leo I. beklagte, ermahnte ihn dieser zur Unterwerfung unter jenen Ausspruch: „weil der hl. Petrus, der auf seinem Stuhle fortlebt und herrscht, denen, die ihn befragen, die Wahrheit des Glaubens darbietet." [1]

Im siebten Jahrhundert sandte der Patriarch Sophronius von Jerusalem den Bischof Stephan von Dora als Legaten nach Rom an Papst Martin I., um von ihm ein Verdammungsurtheil der Monotheleten zu holen; die nur einen Willen in Christo anerkannten. Stephan erzählte in Rom, wie ihn der Patriarch Sophronius vor seiner Abreise auf den Kalvarienberg geführt, ihn dort habe feierlich schwören lassen bei dem an dieser Stätte vergossenen kostbaren Blute Jesu Christi, daß er nach Rom reisen wolle, um von dem Nachfolger des hl. Petrus Befestigung des Glaubens gegen die Irrlehre des Monotheletismus zu erlangen. An der Stelle, wo das Kreuz Jesu Christi gestanden, nahm der Patriarch von ihm Abschied mit den feierlichen Worten: „Du wirst einst Rechenschaft geben dem, der hier gekreuzigt ist und der kommen wird, zu richten die Lebendigen und die Todten, wenn du es unterläſſest für den gefährdeten Glauben zu wirken... So reise denn hin nach Rom zu dem apostolischen Stuhle, wo die Fundamente des wahren Glaubens feststehen; unterlaß es nicht, den hl. Männern daselbst der Wahrheit gemäß bekannt zu machen, was hier angeregt wird; bitte inständig, daß durch die apostolische Autorität die neue Lehre vernichtet werde." [2]

Da steht also in der Ueberzeugung der ersten Jahrhunderte Rom als der Leuchtthurm, von dem die Strahlen der Wahrheit ausgehen, bei dem Alle die Lösung ihrer Zweifel suchen und dessen Entscheid in Glaubenssachen endgültig ist. — Wenn das nicht die Unfehlbarkeit des Papstes ist, was ist es denn?

6. Eine dritte Reihe von Zeugnissen, welche die Unfehlbarkeit des Papstes ausspricht, liegt in dem Verhältnisse des

---

[1] Harduin I., p. 1776. c.
[2] Harduin III. 714. c. d.

Papstes zu den allgemeinen Concilien, die er als oberster Richter in Glaubenssachen auctoritativ zusammenberuft, denen er in glei= cher Weise präsidirt und die er ebenso bestätigt.

Wer die Geschichte der Häresien durchgeht und der Con= cilien, welche über die Häresien zu Gerichte saßen, der wird sich überzeugen, daß der Ausspruch des Papstes stets als der Ent= scheid betrachtet wurde, der allen übrigen Aussprüchen das Siegel der Unfehlbarkeit aufdrückte, und gegen den, wenn er einmal gethan war, noch Zweifel zu erheben oder den zu verbessern, Nie= mand in den Sinn kam. Nach dem Diacon Ferrandus müssen unerschütterlich festgehalten werden die Decrete, die zuerst von den Bischöfen gefaßt, und dann mit neuem Fleiße vom Stuhle des hl. Petrus untersucht und bestätigt sind.[1])

Nach Hincmar von Rheims steht es in der Befugniß des apostolischen Stuhls, die Beschlüsse, sowohl der Provincial= als der allgemeinen Concilien aufzuheben, einer neuen Prüfung zu unterbreiten oder zu bestätigen.[2])

„Wohin kann ich mich besser wenden, um von der Unwissen= heit in Glaubenssachen befreit zu werden als nach Rom? . . . dort leuchten die höchsten Lehrer des Erdkreises; dort glänzten die vorzüglichsten Fürsten der ganzen Kirche; dort wurden die allgemeinen Concilien von den Päpsten beschlossen; dort wurden die Canones untersucht, und bestätigt oder verworfen, je nachdem sie Bestätigung oder Verwerfung verdienten.[3])

Der Papst hat also das Recht, die Decrete der Concilien zu untersuchen, zu bestätigen oder zu verwerfen, und zwar in Betreff aller Decrete der Concilien. — Dieser Grundsatz wurde in den ersten Jahrhunderten der Kirche durch einen Canon sancti= onirt: ein Canon, der vom Papste Julius I. an die orientali= schen Bischöfe erwähnt, von den Vätern des Concils von Chalce= don gegen Dioskorus angeführt, und von Socrates und Sozomenus in ihrer Kirchengeschichte unter dem Namen „Regel" oder Gesetz

---

[1]) Ferr. Epist. ad Pelagium et Anatolium.
[2]) Hincm. de divort. Loth. et Theutbergae.
[3]) Ratherius in Itinerario.

mitgetheilt wird, in Kraft dessen es den Kirchen verboten war, irgend einen Canon gegen die Meinung des römischen Bischofs aufzustellen, unter Strafe, daß derselbe null und nichtig sei.[1]

Die Gültigkeit der Decrete eines Conciliums hängt also ganz von der Bestätigung des Papstes ab. So zeigt es die Ge= schichte. Papst Gelasius sagt ganz klar: „Alles, Bestätigung wie Verwerfung, liegt in der Macht des apostolischen Stuhles: wird ein Decret bestätigt, so hat es Gesetzeskraft, wird es ver= worfen, so ist es ungültig."[2]

Das war eine so allgemein anerkannte Wahrheit, daß Papst Nicolaus I. sich in seinem Briefe an den Kaiser Michael darauf berief, als auf eine offenkundige Thatsache der Ge= schichte.[3] —

Auch der Patriarch Nicephorus von Constantinopel be= zeugt dieses Gesetz, wenn er sagt: „Kein Decret und kein Dogma wurde jemals in der Kirche verhandelt und später sanctionirt von der Gewohnheit oder durch ein bischöfl. Decret, ohne die Dazwi= schenkunft des alten Roms.[4]

Daraus ergibt sich die Folgerung, daß die päpstliche Bestä= tigung eines auf einem Concil gefaßten dogmatischen Decretes das Siegel der Unfehlbarkeit ist, und das charakteristische Kennzeichen bildet, woran die Gläubigen sehen, ob es Geltung hat oder nicht. Die Arianer verbreiteten nach der Synode von Rimini im ganzen Orient die falsche Glaubensformel derselben, die vom Kaiser be= stätigt war, mit dem Vorgeben, das sei die Formel jener Synode, sie müsse stets in Geltung bleiben, und Niemand dürfe davon abweichen. Dieses Vorgehen richtete viel Unheil an, und der hl. Basilius wußte kein anderes Mittel dagegen, als den Papst Da=

---

[1] Sozom. hist. eccl. III., 10.
[2] Totum in sedis apostolicae positum est posestate. Ita quod firmavit in Synodo sedes apostolica, hoc robur obtinuit; quod refutavit, habere non potuit firmitatem. De Anathem.
[3] A quibus (Patribus) deliberatum ac observatum existit, qualiter absque Romanae sedis, Romanique Pontificis consensu, nullius insurgentis deliberationis terminus daretur. Nicl. I. epist. 4. ad Imp. Michaelem.
[4] Antirr. I. contra Leonem 25 (bei Orsi de Rom. Pont. autoritate II., 2).

masus zu bitten, zuverläſſige Männer in den Orient zu ſenden, die mit dem Verdammungsdecret des Papſtes Liberius gegen die Synode von Rimini in der Hand, die Städte durchwanderten, um durch dieſen päpſtlichen Act das Volk aus ſeinem Irrthum herauszureißen.

Wir könnten noch fortfahren mit der Aufzählung ähnlicher Thatſachen: man erſieht aber daraus, daß dieſe Beſtätigung nicht als eine bloße Beiſtimmung, — ſondern als Act betrachtet wurde, der den Ausſprüchen der Concilien den Charakter von Entſcheidungen der Kirche und folglich die Unfehlbarkeit aufdrückte.

Es geben freilich auch die Gegner der päpſtlichen Unfehl= barkeit zu, daß die Concilien ohne die Beſtätigung des Papſtes nicht unfehlbar ſeien. Nach ihnen erhalten die Concilien dieſe Eigenſchaft durch die Beſtätigung des Papſtes zufolge der Juris= dictionsgewalt, die er als Oberhaupt der ganzen Kirche beſitzt, weil im Papſte die Primatialgewalt über die ganze Kirche ruhe. Wir hätten gegen dieſe Annahme nichts einzuwenden, wenn dieſe Primatialgewalt in ihrer ganzen Fülle anerkannt würde, d. h. mit der Eigenſchaft einer unfehlbaren Autorität; da aber jene unter dem Primat nur den Vorrang des Papſtes über die Bi= ſchöfe mit der Jurisdiction über die ganze Kirche verſtehen, ſo können wir in der päpſtlichen Beſtätigung der Concilien nicht einen bloßen Act der Primatialgewalt erblicken. — Wenn nämlich die Concilien eine dogmatiſche Entſcheidung geben, ſo liegt in denſelben ein doppeltes Element: die Verbindlichkeit für alle Chriſten, dieſen Entſcheid anzunehmen und der Character objectiver Wahrheit, oder die Unfehlbarkeit der Entſcheidung. — Die Ver= bindlichkeit folgt aus der Jurisdiction, ſie iſt eine Folge der dem Papſte zuſtehenden Primatialrechte über die ganze Kirche. Durch die päpſtliche Beſtätigung der Concilien wird aber mehr gethan, als bloß die Pflicht der Unterwerfung allen Chriſten auferlegt; der Papſt verleiht ihnen zugleich den Character der Unfehlbarkeit. Dazu reicht aber die bloße Jurisdictionsgewalt nicht aus; es iſt nothwendig, daß noch eine andere Eigenſchaft in dem Papſte vor= handen ſei, die ihn verhindere in Glaubensſachen anders, als für objectiv Wahres die Jurisdictionsgewalt anzuwenden, das iſt aber gerade die Unfehlbarkeit. — Anders verhält sich die Sache mit einem conſtitutionellen König, der auch die Geſetze der Kammern beſtätigen muß, damit ſie rechtsgültig werden, denn alsdann iſt eben die ganze Verfaſſung conſtitutionell, in der Kirche aber gilt dieſes Syſtem nicht, hier heißt es: ubi Petrus ibi ecclesia, während man umgekehrt nicht ſagen könnte: wo der König, da iſt auch der Staat. — Man kann auch nicht erwiedern, dieſe nothwendige Beſtätigung des Papſtes beweiſe deßwegen nichts, weil Chriſtus nur dem Geſammtkörper, nämlich dem Papſt und Concil die Infallibilität verheißen habe. Das hätte Chriſtus allerdings gekonnt; aber hätte er dieſes gethan, ſo würde die Beſtätigung der Concilien, von welcher wir reden, einen andern Character an ſich tragen, als ſie gegenwärtig hat. In jenem Falle wäre das Beſtätigungs= und Verwerfungsrecht für den Papſt und die Biſchöfe ein gegenſeitiges; thatſächlich hat aber nur der Papſt das Recht die Beſchlüſſe des Concils zu genehmi= gen oder zu verwerfen; das Concil dagegen muß eine Entſchei= dung des Papſtes beſtätigen, es darf ſie nicht verwerfen; wir haben dafür einen ſprechenden Beleg in den Verhandlungen des Concils von Chalcedon. Wäre alſo der Papſt fehlbar, ſo könnte er dem Concil eine falſche dogmatiſche Entſcheidung octroiren und damit würde die ganze Kirche in den Irrthum verfallen. Es iſt demnach eigentlich der Papſt, der durch ſeine Beſtätigung den Ausſprüchen der Concilien die Infallibilität zutheilt.[1]

Der Ausſpruch des Papſtes hat ſogar Concilien, die keine allgemeine waren, ſondern nur Particularſynoden den Character der Unfehlbarkeit aufgedrückt. So wurde die Irrlehre der Pela= gianer auf zwei Synoden in Afrika verdammt, die Decrete der= ſelben gingen nach Rom und erhielten die päpſtliche Beſtätigung. Daraufhin ſagte der hl. Auguſtin[2]: Schon ſind zwei Concilien über dieſe Angelegenheit gehalten, ihre Beſchlüſſe ſind an den apoſtoliſchen Stuhl geſchickt, und die Beſtätigung derſelben · iſt

---

[1] Petitdidier, de auctor. et infallib. Sm. Pont. c. 16. — Orsi, de irreform. Rom. Pont. judicio l. II. c. 1—10. (gegen Bosſuet défense de la declar. l. VIII. c. 1—10). — Litta, Brief 26.
[2] Serm. 131, ed. Migne tom. VII. p. 645.

eingelaufen. Die Sache ist zu Ende, möchte auch der Irrthum ein Ende nehmen." (Causa finita est, utinam finiatur et error.) Ebenso wurden auch die Irrlehren der Priscillianisten, des Jovinian, der Semipelagianer ꝛc. nur auf Provincialsynoden verdammt, welche die päpstliche Bestätigung erhielten; und Niemand wagt die Infallibilität dieser Entscheidungen in Zweifel zu ziehen. — Es gibt kaum ein allgemeines Concil, das so wichtige dogmatische Decrete über die Gnadenlehre erlassen, als die Particularsynode von Orange, (Arausicanum II.) die 529 gegen die Semipelagianer gehalten und von Bonifacius II. bestätigt ward. Ihre Canones gelten wie die der öcumenischen Concilien.

Wenn so die Unfehlbarkeit des Papstes hervorleuchtet aus dem Rechte, das er ausübt, indem er die Concilien bestätigt, so tritt uns dieselbe Wahrheit entgegen aus der Thatsache, daß er als oberster Glaubensrichter den Concilien vorsitzt, die versammelten Väter oft ohne weitere Prüfung seinen Beschlüssen zustimmen, daß der Papst sogar trotz des Widerspruchs vieler Bischöfe bei seinen Entscheidungen beharrt und dieselben schließlich durchsetzt. Die Geschichte der Concilien liefert Beispiele dafür.

Das erste Beispiel bietet das Concil der Apostel in Jerusalem.[1] Es versammelten sich die Apostel und die Aeltesten, um diese Sache zu untersuchen. Als aber viele Untersuchungen gepflogen waren, erhob sich Petrus und sprach seine Meinung dahin aus, daß den Heidenchristen das jüdische Ritualgesetz nicht aufgelegt werden dürfe.[2] Da schwieg die ganze Menge . . . Man vernahm den Bericht des Paulus und Barnabas über die zahlreichen Heidenbekehrungen. Dann erhob sich Jacobus und sprach auch sein Urtheil:[3] „Darum urtheile ich, daß man die aus den Heiden, welche sich zu Gott bekehren, nicht beunruhige." Daraus erhellet, daß die Bischöfe zwar auch Richter in Glaubenssachen sind, jedoch nicht in dem Sinne, als könnten sie über den Spruch des Petrus zu Gericht sitzen und ihn umstoßen. Es ist in der

---

[1] Ap.-Gesch. 15, 6. 7.
[2] a. a. O. 12.
[3] a. a. O. 19.

That das Urtheil des Jacobus und der Beschluß des Concils: [1) „Es hat dem hl. Geiste und uns gefallen," eine und dieselbe Entscheidung mit der des Petrus, wie es auch nicht anders sein konnte. Derselbe Gott hatte dem Petrus und auch dem Collegium der Apostel, das hier als Collegium versammelt ist, seine Ver= heißungen gegeben und so konnte der Urtheilsspruch nur e i n und derselbe sein.[2)

Auf dem dritten allgemeinen Concil, dem von Ephesus, schrieb der hl. Cyrillus von Alexandrien, der vom Papste Cölestin mit der Verdammung des Nestorius beauftragt war, im Namen des Concils an den Papst, bevor es das Anathem aussprach: „Wir wollen die Gemeinschaft mit ihm nicht eher offen und feierlich abbrechen, bis wir es deiner Heiligkeit angezeigt. Geruhe also, deine Meinung uns mitzutheilen, damit wir genau wissen, ob wir noch mit ihm in Gemeinschaft stehen, oder dieselbe ab= brechen sollen.[3)" Das war ein Urtheil in Glaubenssachen, und

---

[1) a. a. O. 19.

[2) Erwägungen für die Bischöfe des Concils n. T. sagt das Gegen= theil: „Die Frage über die Verbindlichkeit des mosaischen Gesetzes für die Heidenchristen wurde nicht etwa durch einen Machtspruch des Petrus ent= schieden, sondern die Apostel und Presbyter zu Jerusalem stellten eine längere Berathung in Gegenwart aller Gläubigen an und dann gab zwar Petrus zuerst seine Stimme ab; aber das Decret der Synode wurde nicht gemäß seiner Abstimmung, sondern nach dem Urtheile des Jacobus for= mulirt und im Namen Aller erlassen."

Eine sonderbare Theologie! Jedermann weiß, daß nicht nur Petrus, sondern auch jeder Apostel unfehlbar war, also konnte jeder allein einen Machtspruch thun, und war das Concil an und für sich gar nicht noth= wendig: — sie halten es aber, um der Entscheidung in den Augen der Gläubigen einen größeren Nachdruck zu geben, und für die kommenden Zeiten ein Beispiel aufzustellen, wie es nach dem Plane Christi in der Kirche gehalten werden soll. Das Decret ward ganz nach dem Urtheil des Petrus gefaßt, dem Jacobus in der Abschaffung des mosaischen Ge= setzes beigestimmt, und nur die Beibehaltung der noachischen Gebote hin= zugefügt. Selbst Bossuet, der Gallicaner und Leugner der päpstlichen Un= fehlbarkeit, sagt: „Als es sich darum handelte auf dem Concil von Jeru= salem die Freiheit der Heiden von dem mosaischen Gesetze als berechtigt zu erklären durch ein Decret, das im Namen des hl. Geistes ausgesprochen zu werden verdiente, tritt Petrus, wie überall, zuerst auf, er löste die Frage, um deretwillen man sich versammelt hatte, und Jacobus erklärte, daß er seiner Ansicht beistimme. Er ist in Allem an der Spitze, und Alles wird durch seine Meinung bekräftigt. Bossuet, Meditation sur l'Evang. 1 partie 70. jour.

[3) Cyrilli, opera p. II. cp. 9. — Mausi IV. 1011.

der gegen den Nestorius erlassene Urtheilsspruch war nur die
Ausführung des vom Papste Cölestin in seinem Briefe gefällten
Entscheides: „Genöthigt, sagen die Väter des Concils, durch die
hl. Canones und den Brief des hl. Vaters, unseres Mitknechtes
Cölestin."[1]

Interessantere Details bietet noch das allgemeine Concil
von Chalcedon. Noch vor seinem Zusammentritte hatte Papst
Leo I. die Irrlehre des Eutyches in seinem Synodalbrief an
den Patriarchen Flavian verdammt. Dieses Schreiben wurde in
der ersten Sitzung des Concils verlesen, und kaum war die Lesung
beendet, als die 600 versammelten Väter ausriefen: „Das ist
der Glaube der Väter, das ist der Glaube der Apostel, so
glauben wir, so glauben die Orthodoxen, Anathema dem, der
nicht so glaubt, Petrus hat durch Leo geredet.[2]" Die Väter des
Concils prüften nicht erst das Schreiben Leo's, „sondern nach
der Lesung des genannten Briefes brachen die Bischöfe in die
Acclamation aus.[3]"

In der fünften Sitzung desselben Concils von Chalcedon
wurde eine andere Definition verlesen, die mit dem Schreiben des
hl. Leo nicht ganz genau übereinstimmte. Diese neue Definition
wurde von allen Vätern des Concils angenommen, mit Aus=
nahme der Legaten des Papstes und einiger Orientalen. Als
Anatolius, Bischof von Constantinopel, die Väter befragte:
„Stimmt ihr der Definition bei?" riefen alle Bischöfe mit Aus=
nahme der päpstlichen Legaten und einiger Orientalen aus: „Wir
stimmen der Definition bei, das ist der Glaube der Väter, wer
anders denkt, der sei Anathema. Fort mit den Nestorianern. Alle
stimmen der Definition bei." Die Gesandten des hl. Stuhles wider=
setzten sich aber allen Bischöfen, und als die Vertheidiger der De=
finition mit zunehmender Heftigkeit auf derselben bestanden, da
sagten die Bischöfe Paschasinus und Lucentius und der Presbyter
Bonifacius, die Legaten des hl. Stuhles: „Wenn die Väter nicht

---

[1] Harduin, I. 1422.
[2] Harduin, II. 306.
[3] Ibid.

dem Synodalschreiben des hl. Vaters, Papstes Leo, beistimmen, so laßt uns unsere Beglaubigungsschreiben wieder einhändigen und wir kehren nach Hause zurück.¹)" Ungeachtet dieses Protestes der Legaten und ihrer Drohung, das Concil aufzulösen, hörten die Forderungen der Väter für die neue Definition nicht auf: Die genannten Bi=schöfe riefen aus: „Diese Definition ist rechtgläubig . . . Der hl. Geist hat diese Definition eingegeben . . . man soll sie sofort unterschreiben.²)"

Nach längeren Verhandlungen endlich wurde die Definition verworfen, und eine ganz den Worten des hl. Leo entsprechende aufgestellt. Da haben wir ein Beispiel, wie eine Definition, die von fast allen Vätern eines allgemeinen Concils gutgeheißen, für rechtgläubig erklärt und als vom hl. Geiste eingegeben betrachtet wird, am Widerstande der Legaten des hl. Stuhles scheitert, und nach der Entscheidung des Papstes berichtigt wird. Setzt das nicht in den Päpsten die Ueberzeugung von ihrer Unfehlbar=keit voraus, und in den Vätern die Anerkennung derselben?

Dieselbe Aufnahme, welche der Synodalbrief des hl. Leo auf dem Concil von Chalcedon fand, hatten auf den späteren Concilien die Sendschreiben anderer Päpste.

Auf dem dritten Concil von Constantinopel, dem sechsten allgemeinen, ward das Schreiben des Papstes Agatho verlesen, worin er den Monotheletismus verdammt, und nach Anhörung desselben riefen die versammelten Väter aus: „Der Apostelfürst kämpft mit uns; der Nachahmer desselben und sein Nachfolger auf dem apostolischen Stuhle war uns gewogen . . . Sein Brief ward verlesen, und Petrus redete durch Agatho.³)" Nach Beendi=gung dieses Concils erbitten die Väter vom Papste die Bestätigung desselben: „Wir haben das glänzende Licht des orthodoxen Glau=bens klar mit dir verkündigt, und bitten nun deine väterliche Heiligkeit, daß du es auf's neue durch deine ehrwürdigen Rescripte bestätigest. Dir, dem Inhaber des ersten Stuhles der allgemeinen

¹) Harduin II, 447.
²) Ibid.
³) Harduin III. 1422.

Kirche, der auf dem festen Felsen steht, überlassen wir es, was zu thun ist." Dieselbe Aufnahme fand das Schreiben Ha=
drians I.[1]) gegen die Bilderstürmer bei den Vätern des zweiten Concils von Nicäa, des siebenten allgemeinen. Nach Verlesung desselben und auf die Frage der Legaten antwortete die Synode: „Wir folgen demselben, wir nehmen es an, wir lassen es zu. Die ganze hl. Synode glaubt ebenso, denkt ebenso, lehrt ebenso;[2])" und nachdem sämmtliche Bischöfe sich für die Bilderverehrung entschieden, erklärten sie, „das geschehe gemäß dem Sendschreiben des hl. Vaters Hadrian, Bischofs von Alt=Rom.[3])"

Wir übergehen die ferneren occidentalischen Concilien, auf denen die Päpste vielfach in eigener Person den Vorsitz geführt und wo dieselben Thatsachen sich wiederholen. Das also ist das Verhältniß der Päpste zu den Concilien, sie berufen dieselben als oberste Glaubensrichter, führen dort den Vorsitz, setzen ihre Ent= scheidungen durch, im Nothfalle selbst gegen den Widerspruch der Bischöfe, und verleihen den Beschlüssen durch ihre Bestätigung erst Gültigkeit für die ganze Kirche.[4]) Man erkläre dieses Ver= hältniß, wenn der Papst nicht unfehlbar ist.

7. Einen vierten Beweis für die päpstliche Unfehlbarkeit finden wir in den Glaubenssymbolen der Kirche, indem einerseits

---

[1]) Harduin, III. 1439 c. — 1438 c.
[2]) Harduin IV., 103.
[3]) Harduin IV., 106, 111 und an sehr vielen anderen Stellen.
[4]) Der Verfasser der Erwägungen für die Bischöfe des Concils n. 8 behauptet: „Die Beschlüsse der alten Concilien über Glaubensfragen hatten volle Kraft und wurden überall angenommen, ohne daß man eine Bestä= tigung derselben durch den Papst für nöthig gehalten und bevor eine solche erfolgt war." Das ist eine einfache historische Unwahrheit, wie im Vor= stehenden erwiesen. Ebenso gibt sich der Verfasser eine sehr große Blöße, wenn er sagt, die Synode von Constantinopel im Jahre 381 sei von der ganzen Kirche, ohne Antheil des Papstes, angenommen worden. Denn, wenn auch die Synode selbst sich eine allgemeine nannte, so liegt darin noch nicht die Anerkennung der ganzen Kirche. Selbst im Orient wurde dieses Concil erst auf demjenigen von Chalcedon 451 als ein ökumenisches erklärt, im Abendlande aber gelangte es erst im 6. Jahrhundert zu Ansehen und zwar nur hinsichtlich der Glaubensbestimmungen, die aber gerade von den Päpsten Vigilius, Pelagius II. und Gregor dem Großen bestätigt wurden. Daher ist diese Synode erst lange nachher durch päpstl. Bestätigung zur allgemeinen geworden. Vergl. Hefele, Conciliengen= schichte II, 32.

die Päpste Glaubenssymbole aufstellen, die doch nothwendig die unfehlbare Wahrheit enthalten müssen, und andererseits von den Päpsten und den Concilien Symbole aufgestellt werden in Ausdrücken, welche ohne die päpstliche Unfehlbarkeit schwer zu erklären sind. Der heil. Thomas[1] sagt: „Die Aufstellung eines neuen Symbolums gehört zur Gewalt desjenigen, welchem es zusteht, das endgültig zu entscheiden, was Glaubenssache ist, damit es von Allen mit unverbrüchlichem Glauben festgehalten werde. Solches aber gehört zur Gewalt des Papstes, an den die wichtigeren und schwierigeren Fragen gebracht werden ... Darum sagt der Herr zu Petrus, den er zum Papste bestellt hat: „Ich aber habe für dich gebeten, daß dein Glaube nicht abnehme, und du dagegen bestärke deine Brüder." Der Grund davon liegt darin, daß nur ein Glaube in der ganzen Kirche herrschen soll, und dieses unmöglich wäre, wenn nicht Glaubensstreitigkeiten durch den geschlichtet würden, welcher der ganzen Kirche vorsteht, und nicht auf diese Weise dessen Urtheil von der ganzen Kirche fest= gehalten würde. Deßhalb kommt es allein der Gewalt des Pap= stes zu, ein neues Symbolum aufzustellen, sowie auch alles andere anzuordnen, was sich auf die ganze Kirche bezieht, wie die Be= rufung allgemeiner Concilien u. dgl.[2]"

---

[1] Sum. 2. 2. q. 1. a 10.

[2] Döllinger Erwäg. 4 und 26 behauptet: Die Lehre von der Unfehlbarkeit des Papstes ist erst·gegen Ende des 13. Jahrhunderts durch den hl. Thomas von Aquin, der durch eine neue Erdichtung getäuscht wurde, in die Theologie der Schule eingeführt worden. — Die Wahrheit ist, daß Thomas viermal (Cat. aur. Matth. 16; — Sentent l. IV dist. 24 q. 3. art. 2; — Cont. errores Graec. opusc. l. c. 48; — Cont. impug. rel. c. 3. u. 4.) — einige Stellen aus dem Thesaur. de S. Trinit. des hl. Cyrillus von Alexandria angeführt hat, die in den gegen= wärtigen Ausgaben dieses Werkes nicht gefunden werden. Wenn nun auch viele Kritiker diese Stellen für unächt halten, so ist Döllinger deswegen doch nicht berechtigt anzunehmen, „daß eine kirchliche Lehre (von der päpstlichen Unfehlbarkeit) durch das Mittel dieser Erdichtungen zu Stande gekommen sei" Denn 1. steht es keineswegs fest, daß jene Stellen wirklich gefälscht sind. Wir besitzen nämlich noch keine kritisch gesichtete Ausgabe dieses Werkes des hl. Cyrillus; Joh. Aubert, von welchem die gegenwärtigen Editionen stammen, besaß im J. 1638 nicht alle nöthigen Hülfsmittel und eine spätere Recension existirt nicht. Was Bedenken erregt ist der Umstand, daß auch andere, besonders Joh. Plusiadenus de primatu Papae c. 11

Die Geschichte liefert uns Belege. Zur Zeit des Schismas des Akacius und noch mehr zur Zeit desjenigen unter Photius forderten die Päpste ein Glaubensbekenntniß. Es ist dieß die berühmte Formel, welche alle Patriarchen, Metropoliten und Bischöfe des Orients unterzeichnen und dem Papste Hormisdas, und etwas später den Päpsten Agapetus und Nikolaus I. einreichen mußten, und die später sogar vom ganzen 8. allgemeinen Concil unterzeichnet und dem Papste Hadrian II. überreicht wurde, so daß sie also die Lehre der ganzen katholischen Kirche geworden ist. Dieses Glaubensbekenntniß lautet: „Die erste Bedingung des Heiles besteht darin, die Regel des wahren Glaubens zu bewahren und nicht von der Tradition der Väter abzuweichen, weil der Ausspruch Christi nicht übersehen werden darf, der sagt: „Du bist Petrus, und auf diesen Felsen will ich meine Kirche bauen." Dieser Ausspruch wird durch den Erfolg bewiesen; denn auf dem apostolischen Stuhle ist die Religion stets makellos bewahrt. Wenn wir darum in allen Dingen dem apostolischen Stuhle folgen und alle seine Constitutionen verkündigen, so hoffen wir mit Euch in der einen Gemeinschaft, welche der apostolische Stuhl verkündigt, und worin sich die reine und wahre Festigkeit der christlichen Religion befindet, zu verharren, und wir versprechen auch, die Namen derer, die von der Gemeinschaft der

eine ähnliche Stelle wie Thomas aus dem Thesaurus anführt: es läßt sich aber nicht annehmen, daß er sie seinen Griechen gegenüber bloß aus dem Lateiner Thomas entlehnt habe. Es gab also Exemplare jenes Thesaurus, die auch in Griechenland als ächt galten, welche jene Stellen enthielten. — 2. Thomas hat seine Lehre nicht aus dem Thesaurus geschöpft, sondern er hat sie in der kath. Kirche lebenskräftig vorgefunden. Wenn Döllinger für gut hielt, wegen der Unächtheit obiger Stellen auf De Rubeis sich zu berufen, so hätte er auch beifügen sollen, derselbe Gelehrte erkläre die Täuschung des hl. Thomas damit, daß dieser jene Cyrillus-Zeugnisse eben im Einklang mit der Lehre der übrigen Väter und der ganzen kath. Tradition gefunden habe. Wirklich beruft sich Thomas in mehreren der obigen Citate auch auf die Aussprüche der hl. Schrift und auf andere Väter, besonders auf Origines und Maximus, die ganz ächt sind, wie Döllinger selbst sich hätte überzeugen müssen, wenn er sich die Mühe genommen, die Werke dieses Heiligen nachzuschlagen und die Väter zu vergleichen. Es ist überhaupt in der kath. Kirche eben so wenig, als in der sichtbaren Natur Gebrauch, daß eine Schwalbe Sommer mache; die Glaubenslehren beruhen auf ganz andern Grundlagen, als auf der (wahren oder erdichteten) Zeugenschaft eines einzigen hl. Vaters.

katholischen Kirche getrennt sind, d. h. die nicht in allen Stücken mit dem apostolischen Stuhle übereinstimmen, bei der Feier der hl. Geheimnisse nicht zu nennen. Dieses Glaubensbekenntniß habe ich eigenhändig unterschrieben und dir, dem hl. und ehrwür= digen Papste der Stadt Rom, Hormisdas, übergeben."[1]

Auf dem 4. Concil von Constantinopel, dem achten allge= meinen, wurde von den Legaten Hadrians II. dieses Glaubens= bekenntniß allen Vätern zur Unterschrift vorgelegt. „Es ist recht und billig," so antworten die Väter,[2] „daß uns diese Schrift von der römischen Kirche verlesen worden ist, und darum stimmen wir ihr bei." Sie wurde von Allen unterzeichnet, und sie brachen in die Worte aus: „Getreu in allen seinen Worten ist der Herr, der zu seinen Aposteln und Jüngern sprach: „Siehe, ich bin bei euch alle Tage bis ans Ende der Welt;" und zu Petrus, dem Oberhaupte: „Du bist Petrus . . . und die Pforten der Hölle werden dich nicht überwältigen."[3]

Aus diesem Glaubensbekenntniß erhellt, daß die von Chri= stus dem Petrus gegebenen Verheißungen wohl zu beachten sind; daß in Kraft derselben auf dem apostolischen Stuhle der Glaube stets makellos bewahrt ist, daß in ihm die ganze und wahrhaftige Befestigung der christl. Religion Bestand hat; daß man ihm folgen, alle seine Entscheidungen anerkennen und in allen Dingen sich mit ihm in Vereinigung halten muß unter Strafe der Trennung von der katholischen Kirche. — Liegt dem aber etwas anderes als die Idee der päpstlichen Unfehlbarkeit zu Grunde?

Auf dem zweiten Concil von Lyon 1274 vereinigten die Griechen sich wieder mit der Kirche; der Kaiser Michael Paleologus, der mit mehreren Metropoliten dort anwesend war, überreichte ein Glaubensbekenntniß, in dem es heißt: „Wie die römische Kirche vor den übrigen verpflichtet ist, die Wahrheit des Glaubens zu ver= theidigen, so müssen auch die auftauchenden Glaubensstreitigkeiten durch ihr Urtheil entschieden werden."[4]

[1] Harduin, V. 773.
[2] Harduin, V. 776.
[3] Harduin, V. 929.
[4] Michael ad Gregor. X. Hard. VII. 695.

Auf dem Concil von Florenz 1439, wo die Griechen auf's neue sich wieder mit der Kirche vereinigten, wurde ein Glaubensbekenntniß erlassen, in dem es heißt: „Wir definiren ... daß der römische Papst ... der wahre Stellvertreter Christi ... der Vater und Lehrer aller Christgläubigen ist ... und daß ihm im hl. Petrus von unseren Herrn Jesus Christus ... die Voll= macht, die ganze Kirche zu weiden, übergeben ist.[1)"]

Jesus Christus regiert seine Kirche durch die unfehlbare Gnade und das sichtbare Hirtenamt. In Glaubenszweifeln er= warte also Niemand, daß Er selbst in sichtbarer Gestalt erscheinen oder einen Engel senden werde, um dieselben zu lösen. Er hat aber einen Stellvertreter hier auf Erden hinterlassen, und das ist der Papst. Darf ich befürchten, daß der Ausspruch des Stell= vertreters Christi in Glaubenssachen dem Irrthum unterworfen sei? Der Papst ist Vater und Lehrer aller Christgläubigen, er ist Hirt der ganzen Kirche, von Christus mit der nothwendigen Vollgewalt dazu ausgerüstet: wenn er nun gesprochen hat, soll ich dann an seine Kinder, seine Schüler, seine Heerde mich wen= den, um bei diesen eine Bestätigung oder eine Verbesserung seines Ausspruches nachzusuchen?

Das von Pius IV. nach Beendigung des Concils von Trient aufgestellte Glaubensbekenntniß, worauf noch jetzt der Cle= rus vereidet wird, gebietet zu bekennen: „Ich anerkenne die hl. römische Kirche als Mutter und Lehrerin aller Kirchen." — Könnte sie aber wohl diesen Titel führen, wenn der Ausspruch des Pap= stes nicht unfehlbar, sondern einer Verbesserung fähig wäre?

Wenn nun einerseits die Glaubensbekenntnisse, die auf den Concilien aufgestellt worden, in solchen Ausdrücken vom Papste reden, und wenn andrerseits der Papst unabhängig von den Con= cilien Glaubensbekenntnisse aufstellte und nicht bloß die einzelnen Bischöfe der auf Erden zerstreuten Kirche, sondern sogar allgem. Concilien zur Annahme und Unterschrift derselben verpflichtet, setzt das nicht seine Unfehlbarkeit in Glaubenssachen voraus?

[1)] Harduin, IX, 986.

8. Einen fünften Beweis für die Unfehlbarkeit des Papstes entnehmen wir der in der katholischen Kirche zu Recht bestehenden Gesetzgebung. — Es besteht in der Kirche ein doppeltes Gesetz, das Anforderungen an alle Glieder der Kirche stellt, die nur ein unfehlbarer Papst beanspruchen kann.

Das erste Gesetz verbietet vom Papste an ein allgemeines Concil zu appelliren. Der Ausspruch Bonifacius I. an Rufus von Thessalonich sagt: „Es ist niemals erlaubt gewesen, das auf's neue zu verhandeln, was einmal vom apostolischen Stuhle festgesetzt ist." Dieser Ausspruch wurde auf dem römischen Concil von 531 wiederholt. Ebenso der andere von Nicolaus I. aus demselben Bonifaz entnommene Satz: „Niemand hat jemals gegen diesen apostolischen Stuhl, von dessen Urtheil niemals appellirt werden darf, verwegen die Hände erhoben und empörte sich da= gegen, wenn er nicht gerichtet werden wollte." — Dem ent= sprechend hat Martin V. in Constanz 1418 eine Bulle erlassen, worin es heißt: „Es ist Niemanden erlaubt, vom obersten Richter, dem apostolischen Stuhle, dem römischen Papste, dem Statthalter Christi auf Erden zu appelliren, oder seinem Urtheile in Glau= benssachen, die als wichtigere Angelegenheiten vor ihn und den apostolischen Stuhl gehören, auszuweichen."

Als die Legaten des Königs von Polen eine solche Appel= lation einlegen wollten, verbot ihnen Martin V. dies aufs strengste, so daß sie auch davon abstanden. Pius II. 1459 in der Bulle „Execrabilis" setzte dann auf diese Appellation von dem Papste an ein allgemeines Concil die Strafe der Excommunikation, die ipso facto incurrirt wird. Als Gründe dieses Gesetzes und dieser Strafe gibt er an, „damit die Verbrechen nicht straflos bleiben, die Unbotmäßigkeit gegen den hl. Stuhl nicht genährt werde, keine Freiheit zum Sündigen geboten werde, die Kirchen= zucht und hierarchische Ordnung nicht in Verwirrung gerathe." Diese Bulle Pius II. bestätigte noch Sixtus IV.[1]

---

[1] Quis est Petrus? Ratisbonae 1791. pag. 333 sq. Dasselbe Werk führt auch den Titel: Jura s. sedis Romanae. Coloniae 1797.

Das zweite Gesetz wurde erlassen von Clemens XI. in der Bulle „Vineam Domini 1715." Die Jansenisten behaupteten nämlich, es genüge gegenüber den vom Papste verdammten fünf Sätzen des Jansenius ein ehrerbietiges Stillschweigen zu beobachten. Dem entgegen erklärte der Papst, daß auch die innere Zustimmung nothwendig sei. Fügen wir noch hinzu, daß es in dem von Pius IV. aufgestellten Glaubensbekenntniß heißt: „Ich verspreche und schwöre dem römischen Papste, dem Nachfolger des Apostelfürsten Petrus und dem Stellvertreter Jesu Christi wahren Gehorsam."

Nun frage ich, wenn der Papst in Glaubenssachen irren kann, wie kann er die Appellation an ein allgemeines Concil verbieten? wie die innere Zustimmung des Geistes und Herzens fordern, wie einen wahren d. h. innern Gehorsam beanspruchen? Die Päpste, indem sie solche Gesetze erlassen, beanspruchen factisch die Unfehlbarkeit; denn höhere Ansprüche kann ein unfehlbarer Papst nicht mehr erheben. Damit schließen wir diesen ersten Theil: Die Unfehlbarkeit des Papstes ist also bezeugt durch die Erklärung der Väter zu den Aussprüchen Christi an Petrus; factisch bethätigt in der Ueberzeugung, daß der Papst oberster Richter in Glaubenssachen sei, indem einerseits sowohl die Irrlehrer Rom für sich zu gewinnen strebten, andererseits die Rechtgläubigen nie zweifelten, daß der Glaube Roms nicht wanke; gehandhabt von den Päpsten durch ihren Vorsitz bei den Concilien und deren Bestätigung; durch die Aufstellung von Glaubenssymbolen, und in dem Gehorsam und der innern Zustimmung, die sie für ihre Glaubensentscheidung beanspruchen.

II.

9. Der neueste Kampf gegen die päpstliche Unfehlbarkeit nimmt vor Allem seine Waffen aus der Geschichte. Da sucht er Beweise, um dieselbe zu läugnen, Irrthümer der Päpste in Glaubenssachen, wodurch dieselbe thatsächlich sich widerlegen soll. Es ist nun allerdings nicht möglich, auf dem uns eng bemessenen Raum allen diesen Anklagen zu folgen und sie zu widerlegen. Indeß die Hervorhebung der wesentlichsten wird genügen, zu be=

weisen, daß die Päpste nur der Wahrheit bedürfen, und daß alle Waffen, die man gegen sie anwendet, der Hölle entliehen, Waffen der Lüge und der Verläumdung sind. Bevor wir jedoch auf die Darstellung einzelner geschichtlicher Thatsachen eingehen, schicken wir einige allgemeine Bemerkungen voraus.

Erstens. Christus hat allerdings dem Petrus und seinen Nachfolgern, als obersten Hirten der Kirche, die Unfehlbarkeit in Glaubenssachen versprochen, allein er hat ihnen durchaus nicht verbürgt, daß ihre Schriften und Thaten nicht verketzert werden sollten, daß Heuchelei und Bosheit nicht darin anstatt Quellen des Lebens ein tödtliches Gift finden würden. Die hl. Schrift ist das Wort Gottes und auf Eingebung des hl. Geistes ver=faßt und doch ist sie das große Buch, worauf alle Häresien sich immer gestützt haben, und da wundern wir uns, wenn auch die Erlasse der Päpste ein gleiches Loos haben? Der Jünger ist nicht über den Meister,[1] sagt der Heiland. Das gilt vom Worte der Päpste, wie vom Worte Gottes. Die Erlasse der Päpste sind officielle Actenstücke, und wenn über den Sinn eines solchen Zweifel entsteht, so ist der richtige Weg um Aufklärung darüber zu erhalten, eine Anfrage bei der zustehenden Behörde. Das gilt im staatlichen Leben, und warum sollte es in der Kirche nicht so sein? Warum also fragt man nicht beim apostolischen Stuhle an, wenn eine solche Entscheidung verwerflich scheint? Weil alsdann der Vorwand, daß Papstthum zu lästern, entzogen würde.

Zweitens. Die Lehre von der Unfehlbarkeit des Papstes besagt nur, daß er in Glaubensentscheidungen, die an die ganze Kirche gerichtet sind (definitio ex cathedra), nicht aber in seinen Worten, Schriften und Thaten als Privatmann oder in jeder anderen Eigenschaft unfehlbar sei; wenn also die Gegner diese so begränzte Unfehlbarkeit läugnen wollen, so müssen sie, wie Gregor XVI.[2] sagt, „ein päpstliches Decret anführen, welches, obwohl mit all jenen Kennzeichen einer Glaubensentscheidung ver=sehen, dennoch entweder einen den Glauben betreffenden Irrthum

---

[1] Matth. 10, 24.
[2] Triumph des hl. Stuhles K. 24 n. 6.

als Hauptgegenstand enthalte, oder worin der Papst erklärte, er sei fehlbar, oder welches formell und feierlich von seinen Nach= folgern widerrufen wäre. Allein es wird ihnen nie gelingen, weder bei dem ehrwürdigen Alterthum noch in den folgenden Jahrhunderten etwas zu finden, woraus sie Beweise für ihr System und gegen die päpstliche Unfehlbarkeit ziehen könnten." — Die angeblichen Irrthümer der Päpste sind also keine Glaubens= entscheidung (definitio ex cathedra), darum ohne Beweiskraft.

Drittens. Die Irrthümer der Päpste, die augenblicklich der erstaunten Welt unter so großem Lärm vorgeführt werden, sind schon etwas sehr Altes. Nichts Neues unter der Sonne. Die Magdeburger Centuriatoren und andere protestantische Ge= lehrte des 16. Jahrhunderts standen in der Virtuosität, die Päpste zu verketzern, gegen ihre katholischen Collegen des 19. Jahrhun= derts nicht zurück. Jene hatten den Beweis zu liefern, der Papst sei der Antichrist, diese müssen beweisen, daß es auch ketzerische Päpste gegeben. Das geht Hand in Hand. Schon Bellarmin[1]) und Canus[2]) vertheidigen mehr als 40 Päpste gegen den Vor= wurf der Ketzerei, den die genannten protestantischen Gelehrten gegen sie erhoben. Diese längst begrabenen Todten erstehen wie plötzlich aus dem Grabe der Vergessenheit, um als Gespenster die gebildete Welt in Schrecken versetzen. —

10. Nach diesen allgemeinen Bemerkungen gehen wir nun über zu den Irrthümern einzelner Päpste.

Der erste, der den factischen Beweis gegen die päpstl. Un= fehlbarkeit liefern soll, ist der hl. Petrus selbst: „Dieser hat zu Antiochien, weit entfernt, den Glauben der Brüder zu stärken, ihn vielmehr verwirrt durch seine Hypokrisis, wie Paulus sagt."[3]) Der Apostel Petrus verkehrte während seines Aufenthaltes in Antiochia in voller christlicher Freiheit mit den Heiden und nahm Theil an ihren Mahlzeiten. Als nun vom Apostel Jacobus gesandt einige Judenchristen zu ihm kamen, fürchtete er entweder bei den Hei= den oder bei den Juden Anstoß zu geben. Wenn er fortfuhr

---

[1]) de Rom. Pont. lib. IV, c. 8—14.
[2]) de locis theol. VI. c. 1. 8.
[3]) Erwägungen rc. n. 10.

mit den Heiden zu speisen, so konnten die Judenchristen sich leicht daran ärgern, die noch schwach im Glauben, nicht begreifen konnten, daß das erlaubt sei; wenn er aber von den Heiden sich absonderte, und mit den Juden speiste, mußten die ersteren denken, Petrus sei wankelmüthig, oder durch ein solches Beispiel verleitet, selbst die jüdischen Gebräuche ausüben. In diesem Zweifel wählte Petrus das, was er für das geringere Uebel ansah. Da er vorzugsweise der Judenapostel war, so zog er es vor, eher den Heiden als den Juden Anstoß zu geben. Paulus tadelte diese Wahl und machte dem Petrus lebhafte Vorwürfe darüber. — Das beweist aber nichts gegen die päpstl. Unfehlbarkeit, denn Petrus predigte damit keine Irrthümer, sondern zeigte sich bloß schwankend im Handeln; auf dem Concil von Jerusalem gab er die Entscheidung, daß das mosaische Ritualgesetz nicht verpflichte. Wir leugnen gar nicht, daß die Päpste durch ihr Beispiel Anlaß zum Irrthum geben, sondern nur, daß sie als Oberhirten der ganzen Kirche einen Irrthum als Glaubenssatz vorlegen können. Auch wirken die bösen Beispiele der Päpste nicht so verderblich, wie Irrthümer in ihrer Lehre; indem der Heiland sagt: „Alles was sie euch sagen, das sollet ihr thun; aber nach ihren Werken sollt ihr nicht thun.[1)]" Die göttl. Vorsehung stellt uns bei dieser Gelegenheit in Paulus ein Vorbild des apostolischen Freimuthes, und in Petrus ein Beispiel der Demuth auf.

11. Ein zweiter Beweis gegen die Unfehlbarkeit soll darin liegen,[2)] daß der hl. Cyprian und ein Theil der afrikanischen Kirche die Gültigkeit der Ketzertaufe nicht anerkannte, trotz der Erklärung des Papstes Stephanus, woraus sich ergeben soll, daß derselbe damals nicht anerkannt worden sei als unfehlbarer Richter in Glaubenssachen. — Das Beispiel ist in doppelter Hinsicht nicht glücklich gewählt, denn einmal hätte man ein solches beibringen sollen, wo der Papst geirrt, hier aber war Stephanus in der Wahrheit und Cyprian und die Afrikaner im

---

[1)] Matth. 23.
[2)] Erwägungen rc. n. 12.

Irrthum. Dann ist auch die Widersetzlichkeit des hl. Cyprian kein Beweis gegen den damaligen Glauben an die päpstliche Unfehlbarkeit.

Ich stelle nicht in Abrede, daß die Frage der Ketzertaufe an und für sich eine dogmatische war; aber weder Cyprian noch Stephanus betrachteten sie als solche, sondern nur als Sache der Disciplin. Denn obgleich Cyprian der Meinung war, es sei besser, die von den Häretikern Getauften wieder zu taufen, so ließ er doch Andern die Freiheit, es anders zu machen und trennte sich nicht von ihrer Gemeinschaft. So berichtet der heil. Augustin.[1] Der hl. Basilius befolgte in Cappadocien die Praxis des hl. Cyprian, ließ aber den Andern Freiheit zu einem ent= gegengesetzten Verfahren. Ebenso ging Papst Stephanus auf die Streitfrage der Gültigkeit der Ketzertaufe und auf die von Cyprian dafür angeführten Gründe gar nicht ein, sondern befahl nur bei der beständigen Uebung der Kirche zu bleiben und keine Neuerungen vorzunehmen. So berichtet es der hl. Augustin; und auch das allgemeine Concil von Nicäa gibt darüber keine dogmatische Ent= scheidung, sondern nur eine Vorschrift hinsichtlich der ganz un= gültigen Taufe der Paulicianer. Der hl. Cyprian mag sich also verfehlt haben, daß er einer Vorschrift des Papstes sich nicht fügte; aber einem dogmatischen Ausspruch des Papstes hat er nicht widerstanden und somit auch nicht die Unfehlbarkeit des Papstes geläugnet.[2]

Der hl. Augustin entschuldigt den hl. Cyprian den Dona= tisten gegenüber, auf welchen diese sich gar zu gern beriefen, da= mit, daß er ihnen sagt: „Hätte zur Zeit Cyprians ein allgemeines Concil gegen ihn gesprochen, wie es gegen euch gesprochen hat, so würde er sich unterworfen haben." Es ist ganz falsch, wenn man[3] Augustin sagen läßt, nicht der Papst, sondern nur das Concil habe das Recht gehabt, andere zu verpflichten. Augustin berührt diese Frage gar nicht.

---

[1] De bapt. contra Donat. V c. 36.
[2] Nat. Alex. hist. eccl. Saec. I. diss. 12. art. 47 Orsi de irref. R. Pont. judicio l. 3. c. 4.
[3] Erwägungen, n. 12.

12. Die Fabel von dem Fall des Liberius fehlt in keiner Schrift, worin die Unfehlbarkeit des Papstes bestritten wird, sie darf auch in der Vertheidigung nicht verschwiegen werden. Papst Liberius (352 † 366) wurde schon im Anfange seines Pontificates von den Arianern bestürmt, die damalige Säule des katholischen Glaubens, den hl. Athanasius zu verdammen. Liberius jedoch blieb standhaft, auch dann noch, als der Kaiser Constantius bereits seine Legaten durch Drohung und Gewalt zum Falle gebracht, oder verbannt hatte. Deßhalb ließ ihn Constantius an sein Hoflager nach Mailand bringen und als er auch hier noch nicht wankte, nach Veröa in Thracien 355 verbannen, den Römern aber drängte er durch die Arianer einen Gegenpapst in Felix auf. Liberius soll dann nach zwei Jahren 357 gebrochenen Geistes den Athanasius verdammt und eine unkatholische Glaubensformel von Sirmium unterzeichnet haben, worauf er das folgende Jahr 358 nach Rom zurückkehren durfte und vom kath. Volke im Triumph empfangen wurde. Dieses ist der berüchtigte Fall des Liberius; ein doppeltes Vergehen, das der Verdammung des heiligen Athanasius und das der Häresie. Was ist davon zu halten?

Die Verdammung des Athanasius erfahren wir durch vier, angeblich von Liberius selbst geschriebene Briefe, die in den Werken des hl. Hilarius von Poitiers, in dessen sog. Fragmenten[1] enthalten sind. Diese weisen aber so viele Verstöße gegen die Chronologie und gegen die bekannte Geschichte auf, daß die Kritik all diese Briefe längst verworfen hat.[2] — Die Zustimmung des Liberius zu irgend einer sirmischen (ganz- oder halb- arianischen) Glaubensformel vernehmen wir, außer durch jene Fragmente, auch durch Athanasius,[3] Hieronymus,[4] Hilarius,[5] So-

---

[1] Fragm. 4 et 6. Migne Pat. lat. t. 10 p. 678. 689. 693. 695.
[2] Acta sanct. Spt. VI. 589. — Hefele Conciliengesch. I. 626. 663. Katholik 1868 Bd. 20. S. 513—529.
[3] Apologia cont. Arianos c. 89. Migne t. 25. p. 410; Hist. Arian. c. 41. ibid. p. 742.
[4] De viris illustr. c. 97. Migne t. 23. p. 735. — Chronicon ad a. 354. Migne t. 27 (Hieron. 8) p. 502.
[5] Cont. Const. c. 11. Migne X. 589.

zomenius[1]) und durch den Arianer Philoſtorgius.[2]) Wenn man
aber auch abſehen will von den vielen Widerſprüchen aller dieſer
Zeugen unter ſich, ſo zerfallen auch die Stellen einzeln für ſich
bei näherer Betrachtung in Staub. Bei den Anklagen des Atha=
naſius und Hieronymus hat die Kritik genügend dargethan,[3]) daß
dieſelben ſpätere, fremde Einſchiebſel ſind; Hilarius enthält gar
keinen Vorwurf gegen Liberius, wenn man denſelben nicht hinein=
leſen will, ſondern gegen Kaiſer Conſtantius. Was den Sozo=
menus betrifft, ſo muß derſelbe mit Beiziehung der Schrift des
70 J. früher, und gleichzeitig mit Liberius lebenden Hilarius
über die Synode geleſen werden. Dieſer vorzügliche Vertheidiger
des katholiſchen Glaubens ſagt, die Legaten der (halbarianiſchen)
Synode von Ancyra hätten im J. 358 dem Kaiſer in Sirmium
zwölf Anathemata gegen Paul von Samoſata, Photinus von Sir=
mium und gegen das zweite ganz arianiſche ſirmiſche Symbolum
vom J. 357 vorgelegt und die arianiſchen Biſchöfe, die Verfaſſer
jenes zweiten Symbolums ſeien zur Beiſtimmung genöthigt wor=
den. Von einer Zuſtimmung des Liberius, ja von ſeiner An=
weſenheit in Sirmium, ſagt Hilarius, der doch das Vorgefallene
weitläuſig erzählt, gar nichts; er weiß nichts davon, daß jene
Anathemata ein (viertes, beziehungsweiſe das dritte zu Sirmium
aufgeſtellte) Symbolum geweſen ſeien, obgleich es ſeine eigent=
liche Abſicht war, in dem Werke de Synodis alle Symbola
darzulegen. Sozomenus dagegen ſagt, Liberius habe ebenfalls
beigeſtimmt. Wem es nun gefällt, dieſes mit Sozomenus anzu=
nehmen, dem erklärt Hilarius ausdrücklich, es ſei in dem, was
jene Legaten in Sirmium gethan hätten, nichts Verwerfliches,[4]) ſon=
dern die 12 Anathemata ſeien ganz katholiſch geweſen; daß aber
dabei das Wort consubstantialis „weſensgleich," nicht vorkam,
worin er mit Sozomenus übereinſtimmt, findet er nicht tadelns=
werth.[5]) Es kann daher auf Liberius kein Tadel fallen, wenn

---

[1]) Hist. eccl. IV. 15. Migne t. 67. p. 11. 49.
[2]) Ecclesiast. hist. IV. 3. Migne P. gr. t. 65. p. 518.
[3]) Acta S. S. a. a. O. 599, 605. Katholik a. a. O. 529, 531. Schwane,
Dogmengeſchichte, I. 853.
[4]) Nihil in his suspicionis relictum est. De Syn. c. 90.
[5]) Potest una substantia pie dici et pie taceri. De Syn. c. 71.

er, wie Sozomenus berichtet, diesen 12 Anathematen zugestimmt haben sollte. Auf Sozomenus gestützt soll man also dem Liberius den Semiarianismus' nicht vorwerfen. Von Philostorgius soll alsbald die Rede sein.

Sehen wir nun zu, welche Formel von Sirmium Liberius unterschrieben haben könnte. Es giebt drei und n u r drei sirmische Formeln, denn jenes Aktenstück, wovon so eben bei Sozomenus die Rede war, ist keine Glaubensformel. Die erste von 351 wurde von den orientalischen Bischöfen gegen Photin aufgestellt; darin war das Homousios (Wesensgleich) ausgelassen, sonst lautete sie katholisch;[1]) die zweite vom J. 357 von abendländischen Bischöfen verfaßt, war ganz arianisch; die dritte vom 22. Mai 359 enthielt eine Art Compromiß zwischen den ganzen und halben Arianern.

Daß Liberius nicht die erste unterschrieben haben kann, geht aus den Umständen hervor, denn im J. 357, in welchem er gefallen sein soll, befand sich der Kaiser in den Händen der extremsten Arianer, wir würden sagen, auf Seite der Linken, weßhalb ihn eine Zustimmung zur Formel von 351 nicht befriedigen konnte; zudem könnte man für diese Meinung nur die Fragmente des Hilarius (nämlich den zweiten Brief) anführen, diese Briefe aber sind gänzlich apokryph. — Für die Unterschrift der zweiten ganz arianischen Formel vom J. 357, ließe sich Philostorgius ein Arianer als Zeuge verwerthen; aber Sozomenus (IV. 15) berichtet, es sei ein von den Arianern fälschlich ausgestreutes Gerücht gewesen, Liberius habe mit Hosius die Wesensgleichheit des Sohnes verworfen. Hilarius tadelte oft den Hosius wegen seiner Unterschrift, nie meldet er etwas von Liberius und erklärt,[2]) Hosius sei d e r e i n z i g e Nicht-Arianer gewesen, der unterschrieben habe. Das Nämliche geht auch aus Phöbadius[3]) und Epiphanius[4])

---

1) Hilarius de Syn. c. 38—68.
2) De Syn. c. 87.
3) Cont. Arianos c. 23. Migne P. lat. 1. 20. p. 30.
4) Haeres. 73. n. 14. Migne P. gr. t. 42. p. 431.

hervor. — Von der dritten Formel endlich kann gar keine Rede sein, weil dieselbe erst 359 verfaßt wurde, während Liberius schon 358 nach Rom zurückgekehrt war.

Mit der angeblichen Glaubensverläugnung des Liberius lassen sich die Lobeserhebungen, die ihm viele ältere Väter, besonders Ambrosius[1]) und Theodoret[2]) spenden, nicht reimen; ebensowenig der enthusiastische Empfang, den ihm nach seiner Rückkehr das erz = katholische römische Volk bereitete, welches um des Glaubens willen harte Drangsale erduldet hatte, weil ihm alles Aria= nische bis zum Tode verhaßt war; noch weniger endlich lassen sich damit die alten Martyrologien erklären, die den Liberius unter die Zahl der Heiligen aufgenommen haben. Wir glauben daher mit Recht dasjenige, was von einem Falle des Liberius erzählt wird, in das Reich der Fabel verweisen zu dürfen.

13. Papst Innocenz I. wird vorgeworfen, er habe in seinem Schreiben an die Synode von Mileve gelehrt, die Kommunion für die unmündigen Kinder sei so nothwendig, daß sie ohne die= selbe verdammt würden.[3]) Grausig! Nun Gott sei Dank, daß es nicht wahr ist. Der Papst sagt nur: „Was ihr mir schreibt, daß die Pelagianer lehren, daß die Kinder ohne Taufgnade das ewige Leben erlangen, ist sehr thöricht. Denn wenn sie nicht das Fleisch des Menschensohnes essen und sein Blut trinken, so wer= den sie das Leben nicht in sich haben.[4]) Wer aber behauptet, daß sie dieses ewige Leben ohne Wiedergeburt haben, der scheint mir die Taufe zu vernichten, indem er behauptet, daß sie das haben, was ihnen nur durch die Taufe ertheilt wird." — Dieser Brief Innocenz I. an das Concil von Mileve im J. 417 ist gegen die Pelagianer gerichtet, welche sagten, die Kinder werden ohne Taufe zwar nicht ins Reich Gottes eingehen, aber das ewige Leben besitzen. Gegen diese argumentirt nicht bloß Innocenz, sondern im Anschluß an denselben auch der hl. Augustin[5]) fol=

---

[1]) De virginib. III. 1. Migne t. 16. p. 231.
[2]) Hist. eccl. II. 14 (al. 17). Migne P. gr. t. 82. p. 1039.
[3]) Janus: Der Papst und das Concil 54.
[4]) Joh. 6. 54.
[5]) Aug. cont. Julian. l. I. c. 4. n. 13; l. III. c. 1. n. 4. — De pecc. mer. et remiss l. I. c. 20. n. 26; et c. 4. n. 34.

gendermaßen: „Wenn ihr Silbenstecher nach Joh. 3, 5 sagt, die
Kinder erlangen nicht das Reich Gottes, wohl aber das ewige
Leben, so müßt ihr auch nach Joh. 6. 54 sagen, ohne die
Eucharistie erlangen sie nicht das ewige Leben. Da nun die
Eucharistie der Weg zum ewigen Leben ist, die Taufe aber die
Bedingung, um die Eucharistie erhalten zu können, so gelangen
die Kinder auch ohne Taufe nicht zum ewigen Leben.[1]“ — Wem
das nicht genügt, dem antworten wir mit Bossuet:[2] „Aber die
Kinder, die nicht communicirt haben, werden die nicht auferstehen?
Rohe und sinnliche Menschen, begreift ihr nicht, daß dieser Leib
der ganzen Kirche gegeben ist, und daß dieser geheimnißvolle
Sauerteig im Stande ist, die ganze Masse zu beleben? Diese
Kinder, von denen ihr redet, haben die nicht mit der Taufe
ein Recht auf diesen Leib empfangen? er gebührt ihnen,
wenngleich sie ihn nach der heutigen Gewohnheit im Anfange
nicht empfangen; aber wenngleich er nur von Einigen empfangen
wird, so ist er doch für Alle ein gleiches Unterpfand der Un=
sterblichkeit."

Janus hätte besser gethan, den Anfang dieses Briefes zu
lesen, er wäre dadurch vielleicht von seinem Irrthum geheilt
worden. Innocenz I. schreibt nämlich: „Es ist recht, daß ihr an
den apostolischen Stuhl in zweifelhaften Fragen euch wendet, um
zu erfahren, welche Meinung anzunehmen sei, ihr seid darin der
alten Regel gefolgt, von der ihr mit mir wisset, das sie immer
vom ganzen Erdkreis befolgt worden ist.[3]"

14. Stephan II. (III.) gestattete, die Ehe mit einer Leib=
eigenen aufzulösen und eine andere Frau zu nehmen, während sonst
die Päpste Ehen zwischen Freien und Leibeigenen stets für unauf=
lösbar erklärt haben.[4] Das ist eine Verdrehung der päpstlichen
Entscheidung. Als Stephan 754 in Quiercy in Frankreich war,
gab er den Mönchen des Klosters Bretigny Antwort auf 19
Fragen. Die erste Antwort lautet: „Eine leibeigene Concubine

---

[1] Tournely de Euchar. Q. 6. art. 1. obj. 2.
[2] Medit. sur l'Evang. I. part. 50. jour.
[3] Innoc. Ep. unter den Epp. s. Aug. 182. 2. 5.
[4] Janus, S. 57.

entlassen (ancillam a toro abjicere) und eine Frau freien
Standes heirathen, ist ein Fortschritt in der Sittlichkeit." Daß
ancilla eine Concubine und nicht eine rechtmäßige Frau ist, erhellt
schon aus den Worten, daß ihre Entlassung ein Fortschritt in der
Sittlichkeit ist. Warum hat aber der gelehrte Kirchenhistoriker
hier den Papst Stephanus verketzert und nicht Leo I., da die
Antwort des Stephanus wörtlich aus dem Briefe des Papstes
Leo an Rusticus von Narbonne c. 5 entnommen ist? Gehört
das zur Kunst des Verdrehens?[1])

Derselbe Stephanus, so heißt es weiter,[2]) bestimmte, daß
eine mit Wein ertheilte Nothtaufe ein gültiges Sakrament sei.
Wäre Janus ehrlich, so brächte er keine solche Waare auf den
Markt; denn Labbé VI., 1652, auf den er sich beruft, sagt ausdrücklich, diese Stelle sei aus einer Randglosse in den Text gekommen; Mansi und Harduin stimmen ihm bei, ebenso Hefele,
Conciliengeschichte III. 512.

15. Cölestin III., fährt Janus fort,[3]) versuchte das Eheband
dadurch zu lockern, daß er erklärte, daß, falls der eine von den
Gatten häretisch geworden sei, die Ehe gelöst sei. Diese Entscheidung verwarf Innocenz III. Janus beruft sich dabei auf
Melchior Canus — und was sagt dieser dazu? Canus beweist
das Gegentheil; denn er vertheidigt die päpstliche Unfehlbarkeit.
Er erhebt die Einwendung: „Cölestin III. definirte, daß, wenn
ein Gatte in Häresie fällt, die Ehe aufgelöst werde." Dann antwortete er: „Cölestin hat darüber nichts definirt; denn die Worte
Innocenz III. im c. Quarto, de divor. lauten so: „Obgleich
einige unserer Vorgänger anders gedacht zu haben scheinen." Nun
ist aber denken nicht definiren. Aber auch Innocenz definirt
nichts, sondern erklärt nur seine Meinung, wenn er sagt: „Wir
glauben nicht, daß in diesem Falle der Gatte, der verlassen wird,
zu einer zweiten Ehe schreiten darf." Dem ist in der That
so, wenn es auch durch jene Dekretale von Innocenz nicht

---

[1]) Natalis Alex. hist. eccl. XI. (ed. Bingae) p. 13.
[2]) Janus, S. 57.
[3]) S. 58.

7*

definirt ist. Denn, wenn auch etwas in kanonischem Recht steht, so ist es darum noch kein Dogma." So weit Canus de loc. theol. lib. VI. c. 1 et 8.

16. Ein doppelter Stein des Anstoßes liegt für die Gegner der Unfehlbarkeit in der vielbesprochenen Honoriusfrage, nämlich in den Briefen des Honorius selbst, worin er den Mono=theletismus gelehrt haben soll, und in seiner Verdammung durch das allgemeine Concil von Constantinopel im J. 681.

Sergius, Patriarch von Constantinopel, hatte den Plan gefaßt, die Eutychianer, eine im griechischen Reiche sehr mächtige Partei, durch Concessionen zu beschwichtigen; daher sollten in Christus zwar zwei Naturen, aber nur ein Wille, eine Handlungsweise behauptet werden. Als aber Sophronius, Pa=triarch von Jerusalem, gegen dieses letztere sich erhob, so sollte ein Compromiß zum Ziele verhelfen, indem man von einem oder zwei Willen in Christus gar nicht rede; das katholische Dogma, so meinte Sergius, sollte nicht ausgesprochen werden, dann würde alles katholisch werden. In diesem Sinn schrieb Sergius an Honorius 633; er schildert ihm die Gefahr einer neuen Spaltung im Orient und ersucht ihn zu verbieten, von einer oder zwei Handlungsweisen in Christus zu sprechen; nicht von einer, weil dieser Ausdruck neu und Manchem anstößig wäre, nicht von zwei, weil daraus zwei einander widerstrebende Willen folgen würden, da doch in dem Gottmenschen unmöglich zwei Willen sein könn=ten, die sich widerstrebten.[1] — Es ist aus diesem klar, daß Ser=gius von der ursprünglichen und wesentlichen Frage, ob in Christus physisch einer oder zwei Willen existiren, absprang und dafür eine andere Frage, ob die beiden Willen conform oder nicht conform seien, in den Vordergrund schob, daß er somit die Frage auf das moralische Gebiet hinüberlenkte. — In der Antwort, die Honorius darauf ertheilte, lobte er den Sergius, daß er keine Neuerung einführen wolle und sagt, es gehe nicht

---

[1] Nullum permitteret unam aut duas proferre operationes in Chr. Omnem operationem ex uno eodemque incarnato Deo verbo indivise procedere . . . praedicare duas voluntates contrarias impium est. Harduin III. 1311.

ihn (Honorius), sondern die Grammatiker an, zu entscheiden, ob man wegen der göttlichen und menschlichen Werke von einer oder zwei Handlungsweisen sprechen soll und ermahnt dann, weder von einer noch zwei zu reden.[1] — Dieses ist der Thatbestand, aus welchem Folgendes erhellt:

Die Briefe des Honorius sind keine Entscheidungen ex cathedra, weil er eben nichts entscheidet,[2] denn der Papst spricht bloß dann ex cathedra, wenn er ein Dogma definirt; Honorius aber sagt ausdrücklich, wenn Einige die Ausdrücke von einem oder zwei Willen gebraucht hätten, so müsse man dieselben deßwegen doch nicht zum Dogma erheben.[3] Man geht sogar schon zu weit, wenn man das Stillschweigen, welches Honorius· verlangt, für einen förmlichen Befehl hält, denn der Papst ermahnt.(hortantes) nur dazu.

Honorius hat den Monotheletismus nicht gelehrt, sondern die ganze katholische Wahrheit ausdrücklich bekannt und nur eine Neuerung im Ausdruck mißbilligt. — Da Honorius sagt, man müsse beide Naturen in Christus bekennen, die göttliche, welche Göttliches, die menschliche, welche Menschliches, weder ge= trennt, noch vermischt, wirke,[4] so ist dieses das katholische, dem Monotheletismus gerade entgegengesetzte Dogma. — Honorius spricht freilich auch von einem Willen in Christus, weil unsere Natur, nicht aber die Schuld von der Gottheit angenommen worden sei,[5] aber hier hat er die von Sergius vorgeschobene

---

[1] Laudamus novitatem vocabuli auferentem. Utrum autem propter opera divinitatis et humanitatis una an geminae operationes debeant derivatae dici vel intelligi, ad nos ista pertinere non debent, relinquentes ea grammaticis ... Hortantes, ut unius vel geminae novae vocis inductum operationis vocabulum aufugientes, unum D. N. J. Ch. praedicetis. — Hard. III. 1319. Non nos oportet unam vel duas operationes definientes praedicare. ibi 1354.

[2] Non Unam vel duas operationes ... definire debemus. epist. 2.

[3] Si forte quidam ... adnisi sunt proferentes exponere, non oportet ad dogmata haec ecclesiastica retorquere. epist. 1.

[4] Utrasque naturas in uno Christo confiteri debemus, divinam quae Dei sunt operantem, humana quae carnis sunt exequentem, non divise neque confuse aut convertibiliter. epist. 2. Vrgl. Schwane, Dogmengesch. II. 490.

[5] Unam voluntatem fatemur Domini N. J. Ch., quia profecto a divinitate assumpta est nostra natura, non culpa. epist. 1.

moralische Seite der Frage im Auge, daß nämlich in Christus
kein Widerstreit des menschlichen mit dem göttlichen Willen
angenommen werden dürfe. Er selbst erklärt dieses, wenn er
als Grund dieses einen Willens anführt, daß der Erlöser ohne
Sünde empfangen, ohne Sünde geboren sei, und den Schaden
der gefallenen Natur nicht erfahren habe.[1]) Weil aber Honorius
Neuerungen von Seiten der Nestorianer und Eutychianer fürchtete,
wollte er keine neuen Ausdrücke, kein neues Symbolum zulassen.
Darin hat er gefehlt, sogar, wenn man will, schwer gefehlt, daß
er keine Entscheidung gab, nicht ex cathedra sprach, wo es
nothwendig war, weil unter diesem Deckmantel des Stillschweigens
die Häresie sich ungescheut ausbreitete; daher wurde er indirect
ein Beförderer der Irrlehre, er selbst aber hat keinen Irrthum
gelehrt.

Obgleich aus den Actenstücken des Honorius selbst kein
Beweis gegen seine Rechtgläubigkeit zu erbringen ist, so erhebt
sich doch die Hauptschwierigkeit gegen ihn aus der Verdammung,
die er durch das sechste allgemeine Concil und durch die Bestä=
tigung desselben durch Leo II. erfahren hat.

Das Concil spricht öfter, besonders in der 13. Action
das Anathem gegen Honorius aus, weil seine Schriften an
Sergius zeigen, daß er in Allem dessen Ansicht folge und seine
gottlosen Lehren bestätigte; in der 16. Action wird ihm sogar
als Häretiker das Anathem zugerufen.[2]) — Da in den Briefen
des Honorius keine Lehre gegen den Glauben zu entdecken
ist, so frägt es sich, in welchem Sinn das Concil das Anathem
gegen ihn ausgesprochen, ihn einen Häretiker genannt habe. Das

---

[1]) Sine peccato conceptus de Spiritu Sancto, etiam absque
peccato est partus de sancta et immaculata virgine Dei genitrice,
nullum experiens contagium vitiatae naturae. epist. 1.
[2]) Cum his (Sergio etc.) simul anathematizari praevidimus et
Honorium, eo quod invenimus per scripta, quae ab eo facta sunt
ad Sergium, quia in omnibus ejus mentem secutus est, et impia
dogmata confirmavit. Act. 13. Hard. l. c. 1334.—Honorio haeretico
*anathema. Act. 16. Hard. l. c. 1386. — (Daemon) organa ad pro-
priam sui voluntatem apta reperiens, Theodorum ·.. insuper et
Honorium. Act. 18. ibi. p. 1398. Sergio et Honorio anathema. ibi.
p. 1414. — Anathemati merito subjicimus Theodorum ... et cum
eis Honorium, utpote qui eos in his secutus est. ibi. p. 1422.

Anathem wurde von jeher nicht bloß gegen Häretiker, sondern auch gegen Begünstiger der Häresie und gegen große Sünder ausgesprochen. Auf dem Concil von Ephesus wurde dasselbe über Johann von Antiochia und seinen Anhang verhängt, ob= gleich er ein katholisches Symbolum aufgestellt, und nur durch seine Haltung den Nestorius begünstigt hatte. Das Anathem ent= scheidet also nichts. — Den Ausdruck Häretiker aber scheint das Concilium nicht in dem strengen abgeschlossenen Begriffe gegen Honorius gebraucht zu haben, den das Wort jetzt hat, sondern in dem weiteren Sinne, wonach der Begünstiger einer Häresie ein Häretiker genannt wird: denn das Concilium gibt den Grund an, „weil wir in seinem Briefe an Sergius fanden, daß er in Allem dessen Ansicht folgte, und seine gottlosen Lehren bestätigte." Honorius folgte aber dem Sergius darin, daß er Stillschweigen verlangte und bestätigte seine Lehre nicht positiv, sondern dadurch, daß er ihr keinen Einhalt that. In diesem Sinne drückt sich auch das Edict des Kaisers Constantin Pogonat aus, welches der 18. Action beigefügt ist: „Wir verdammen überdieß den Honorius, der jene Häresie begünstigte, förderte, kräftigte.[1]) Weil aber die Meinung des Concils nicht evident dargethan werden kann, so ist man immerhin frei anzunehmen,' es habe den Honorius durch einen error facti[2]) als förmlichen Häretiker verdammt. Damit aber gelangen wir auf die Frage von der Approbation des Concils.

Es ist anerkannter Grundsatz, daß ein allgemeines Concil erst durch die Bestätigung des Papstes zum allgemeinen wird, daß seine Beschlüsse nur dann und insofern Rechtsgültigkeit erlangen, als der Papst sie bestätigt.[3]) In der Bestätigung dieses Concils, die Leo II. 682 an den Kaiser Constantin Pogonat richtete,

---

[1]) Anathematizamus . . . ad haec Honorium horum haereseos in omnibus fautorem, concursorem, atque confirmatorem. Act. 18. Hard. 1 c. 1458. Aus dieser Verdammung des Honorius durch das Con= cil wollte man häufig die Superiorität des Concils über den Papst fol= gern. Ganz unrichtig! Das Concil sprach das Anathem nicht gegen einen lebenden, sondern gegen einen längst verstorbenen Papst, der also keine Primatialgewalt mehr besaß.

[2]) Hergenröther. Anti=Janus 54.

[3]) Hefele, Conciliengesch. I. 40, 47.

spricht er über Honorius in folgender Weise: „Wir verdammen
alle Häresien, alle ihre Urheber und Gönner ... . Ebenso ana=
thematisiren wir die Erfinder der neuen Irrlehre, nämlich Theo=
dor ... wie auch Honorius, der sich nicht bemüht hat, diese
apostolische Kirche in der Lehre der apostolischen Ueberlieferung
rein zu erhalten, sondern die unbefleckte Lehre durch jeden pro=
fanen Verrath bemakeln ließ." [1] Leo verdammt also den
Honorius nicht wegen einer Irrlehre, sondern wegen Zulassung
einer solchen, und nur in diesem Sinne hat er das Concil be=
stätigt. Mochte also das Concil selbst in seiner Verdammung weiter
gegangen sein, so hat Leo die Gültigkeit des Urtheils in diese
Schranken restringirt. — Aehnlich spricht derselbe Leo II. in
einem Briefe an die spanischen Bischöfe: „Mit ewiger Verdam=
mung wurden bestraft, Theodor ... mit Honorius, der die
Flamme häretischer Lehre nicht, wie es der apostolischen Autorität
geziemte, im Beginne auslöschte, sondern durch Nach=
lässigkeit nährte;" [2] an Erwig, König von Spanien: „weil
Honorius beistimmte, daß die unversehrte apostolische Ueber=
lieferung befleckt wurde." [3] „Diese Beistimmung bezieht sich auf
das gebotene Stillschweigen, denn qui tacet consertire videtur.
Ueberall also wird der Fehler des Honorius als ein Geschehen=
lassen, als eine Nachlässigkeit, als ein Nicht=Bemühen bezeichnet;
das alles ist aber keine Häresie, kein Irrthum. — Aus diesen
Gründen protestiren wir dagegen, daß Honorius ein thatsächlicher
Zeuge gegen die Unfehlbarkeit des Papstes sein könne; denn in
seinen Briefen liegt nichts derartiges vor, die Concilien sind

---

[1] Anathematizamus omnes haereses, omnesque earum auctores
atque fautores ... Pariterque anathematizamus novi erroris inven-
tores, i. e. Theodorum ... nec non et Honorium, qui hanc apostolicam ecclesiam non conatus est doctrina apostolicae traditionis
illustrare, sed profana proditione maculari immaculatam permi-
sit. (Wörtliche Uebersetzung aus dem Griechischen.) Hard. III. 1476.
[2] Aeterna condemnatione mulctati sunt Theodorus ... cum
Honorio, qui flammam haeretici dogmatis non, ut decuit apostolicam
autoritatem, incipientem extinxit, sed negligendo confovit. Hard.
l. c. 1730.
[3] Una cum eis Honorius, qui immaculatam apostolicae traditionis regulam ... maculari consensit. Hard. l. c. 1735.

höchstens zweifelhaft, verlieren aber diese Unsicherheit zu Gunsten des Honorius, wenn sie mit der Fackel der höchsten kirchlichen Autorität durch Leo II. beleuchtet werden.[1] –

17, „Wir haben einige der wichtigsten Einwendungen herausgehoben, und andere, wie sie sich zufällig uns boten. Ausführliche Widerlegungen von Fachgelehrten gegen Janus und die Erwägungen sind genug erschienen. Ein tröstlicher Gedanke aber drängt sich uns immer auf bei Lesung solcher Schriften: „Die Pforten der Hölle werden den Felsen nicht überwältigen!" Alle Waffen, mit denen das Papstthum hier bekämpft wird, sind den Arsenalen des Reiches der Finsterniß entnommen, und mit vollem Rechte lassen die Worte Döllingers auf den Janus und die Erwägungen für die Bischöfe des Concils sich anwenden: „Ich wünschte wirklich, die deutsche Sprache wäre so reich an mildernden und umschreibenden Synonymen für die derben Ausdrücke: Unwahrheit, Verdrehung, Erfindung, als die arabische es an Synonymen für „Kameel" ist; denn ich muß fast bei jedem Schritte dem Verfasser und zwar in Dingen, die ganz offen daliegen, oder sich sehr leicht ermitteln ließen, widersprechen." [2]

Gott sei Dank! gegen das Papstthum läßt sich nur mit den Waffen der Entstellung ankämpfen! Darum sind wir auch überzeugt, daß die Staubwolken, die jetzt künstlich aufgewirbelt sind, um zahlreichen Geistern die Sonne der Wahrheit, wie sie in der Geschichte des Papstthums uns leuchtet, zu entziehen, sich bald zerstreuen und die wirklichen Thatsachen der Geschichte Anerkennung finden werden.

---

[1] In jüngster Zeit machte die Aeußerung eines ungenannten Prälaten die Runde durch die Zeitungen, welche man geistreich finden wollte. „Er wisse nicht, ob Honorius ein Ketzer gewesen sei, oder nicht, aber es sei schon schlimm, daß man ihn viele Jahrhunderte hindurch für einen solchen gehalten habe, denn daraus gehe die Thatsache hervor, daß man in der Kirche wenigstens geglaubt habe, ein Papst könne irrthümliche Entscheidungen geben." Der gute Prälat scheint aber die Honoriusliteratur sehr wenig zu kennen, sonst hätte er gefunden, daß man das ganze Mittelalter hindurch keine Honoriusfrage kannte und daß man, seit dem sie aufgetaucht ist, jenen Gallikanern, die den Honorius verketzerten, tapfer widersprochen hat. Es fehlt also dem Witze die Spitze.
[2] Hippolytus und Callist. S. 9.

Denn was anders ist die Geschichte des Papstthums als die Erfüllung des Gebetes Christi für Petrus: „Simon, Simon, Satan hat verlangt euch wie Weizen zu sichten, ich aber habe für dich gebeten, daß dein Glaube nicht abnehme, und du wende dich dereinst deinen Brüdern zu und befestige sie?" Der Glaube des Petrus hat in seinen Nachfolgern auf dem apostolischen Stuhle niemals gewankt, und stets hat er in seinen Nachfolgern seine Brüder im Glauben befestigt. Die Stühle der Apostel, die einst in anderen Kirchen gestanden, jener, den Petrus in Antiochia anfangs errichtet, der Stuhl des Jacobus in Jerusalem, der des Johannes in Ephesus, der des Marcus in Alexandrien sind umgestürzt im Laufe der Zeiten, und hatten keinen Inhaber mehr, sind besudelt mit Irrlehren, indem die Würdenträger auf denselben keine solche Verheißung wie Petrus empfangen. Eine wunderbare Fügung der göttlichen Vorsehung, die überall die Stühle der Apostel im Laufe der Zeit umgestürzt, damit keine Kirche sich ihres ununterbrochenen Zusammenhanges mit den Aposteln rühmen könne als der römische Stuhl, damit alle Welt erkenne, daß dort die Wahrheit, wo die ununterbrochene Reihenfolge. Blutige Verfolgungen und zahllose Häresien hat die Hölle losgelassen gegen Rom; aber der Glaube Roms hat niemals gewankt, makellos ist er aus allen Angriffen hervorgegangen, und als Feuersäule hat er der ganzen Menschheit auf ihrer Wanderung durch die Finsterniß dieser Welt vorgeleuchtet, und wer ihr gefolgt, ist nicht in die Irre gegangen. Wie die Astronomen an der Sonne am Firmamente dunkle Flecken entdecken, aber darum doch nicht leugnen, daß sie der Lichtquell für unser Planetensystem ist, so mögen die Gelehrten an der Person des Papstes auch die Makel menschlicher Schwäche und Gebrechlichkeit, selbst persönlichen Irrthums, finden, nie werden sie beweisen, daß der Papst als Oberhaupt der ganzen Kirche nicht der Träger des wahren Lichts, nicht der unfehlbare Lehrer aller Gläubigen sei.

Vierter Vortrag.

Geschichte der päpstlichen Unfehlbarkeit; Fortsetzung; Gegner.

Eine der interessantesten Erscheinungen auf dem Gebiete
der Kirchengeschichte ist der Entwickelungsproceß der verschiedenen
Dogmen von ihrer Grundlegung durch Jesus Christus bis zu ihrer
dogmatischen Definition durch das unfehlbare Lehramt der Kirche.
Zuerst zeigt uns die Geschichte, wie die Dogmen gläubige Auf=
nahme finden in den Herzen der Menschen auf die Predigt
Christi und der Apostel: es sind Saamenkörner, die auf einen
fruchtbaren Boden fallen, rasch keimen und Blüthen und vielfach
Frucht tragen im Leben der wiedergeborenen Menschheit und in
den Einrichtungen und Uebungen der Kirche, die aus ihnen er=
wachsen. Wenn aber die junge Pflanze kräftig-gedeihen soll, so
darf sie nicht im Treibhaus stehen, da ist ihre Entwickelung stets
kümmerlich und krankhaft; sie muß der freien Luft, dem Wind
und Wetter ausgesetzt sein, nur da findet sie ihre natürwüchsige

Entfaltung, die Stürme, welche den Stamm und die Aeste des Baumes schütteln, treiben seine Wurzeln desto tiefer in den Boden. So müssen die Dogmen, wie wir schon oben mit Bossuet und dem hl. Augustin bemerkt von der Häresie angefochten werden, damit der Glaube der Kirche sich zur Glaubenswissenschaft ent= wickele, damit was anfangs bloß auf die Autorität des sich offen= barenden Gottes demüthig angenommen war, allmählig in seinem Wesen und in seiner Begründung tiefer und klarer erfaßt werde.

Bei der päpstlichen Unfehlbarkeit, deren dogmatischer Ent= wickelungsproceß erst jetzt zum vollen Abschluß gelangt ist, können wir die verschiedenen Stadien derselben auf's klarste verfolgen, von ihrem Ursprung bis zu der jetzt erfolgten dogmatischen Defini= tion. Sie wird von Christus auf die Erde herabgebracht, der sie dem Petrus zuerst verheißt, dann ihm dieselbe durch sein stets wirksames Gebet vom himmlischen Vater erfleht und zuletzt sie ihm endgültig überträgt. Wo sie von den Aposteln der jüdischen und heidnischen Welt verkündet wird, findet sie eine dankbare Aufnahme; denn die Menschheit ist froh, einen sichern Anker in den Zweifeln der Vernunft, einen zuverläßigen Führer aus dem Labyrinth der Philosophie, und ein sicheres Fundament in allen Stürmen des Lebens zu finden. Zeugen dessen sind die Väter, die in den begeistertsten Ausdrücken reden vom unerschütterlichen Felsen Petri, gegen den die Pforten der Hölle, das Reich des Irrthums und der Lüge nichts vermögen, vom Glauben des Simon, der nicht abnimmt, und der fortwährend seine Brüder im Glauben bestärkt, und von Petrus dem obersten Hirten, der die ganze Heerde Christi stets auf die Weide der Wahrheit und zu den Quellen des Lebens führt. In Kraft jener Worte Christi zeigt uns dann die Kirchengeschichte, wie Petrus und seine Nach= folger sofort als oberste Glaubensrichter auftreten und von der ganzen Kirche anerkannt werden; wie einerseits die Häretiker sich an den apostolischen Stuhl wenden, um die Gemeinschaft mit ihm zu unterhalten und so zu desto größerer Ausbreitung in der Kirche zu gelangen, und andererseits die Gläubigen der festen Ueberzeu= gung sind, daß der Irrthum dort keinen Zutritt finden werde. Die Päpste selbst sind sich dieses ihres Privilegiums der Unfehl=

barkeit in Glaubenssachen sehr wohl bewußt und bethätigen es bei jeder vorkommenden Gelegenheit; sie verdammen selbstständig aus eigener Machtvollkommenheit die auftauchenden Irrthümer, sie berufen Concilien, führen dort den Vorsitz, leiten die Berathungen, fordern Zustimmung zu ihren Entscheidungen und drücken immer den conciliarischen Entscheidungen durch ihre Bestätigung das Siegel der Unfehlbarkeit auf, sie stellen Glaubensbekenntnisse auf und legen sie sowohl der auf Erden zerstreuten als der auf den Concilien versammelten Kirche zur Annahme und zur Unterschrift vor.

Es fehlte nur noch, daß die Stürme der Häresie gegen die Lehre sich erheben, und der Geist der Unbotmäßigkeit sich dagegen auflehne, damit diese Lehre klarer erkannt, tiefer begründet und präciser ausgesprochen werde. Das sollte auch nicht ausbleiben. Bis zum Ende des Mittelalters war die Lehre von der päpstlichen Unfehlbarkeit im ruhigen Besitz: in der Zeit des Concils von Constanz liegen die ersten Keime der Auflehnung gegen dieselbe. Um dieselben zu unterdrücken verboten die Päpste die Appellation von der Entscheidung des Papstes an ein allgemeines Concil. Richer entwickelte zwei Jahrhunderte später diese Keime zu einem vollständigen System, das gleich bei seiner Entstehung von den Päpsten verdammt, in den jansenistischen Streitigkeiten wieder auftauchte, und sich zu dem sogenannten Gallicanismus gestaltete, der auf deutschem Boden verpflanzt zum Febronianismus und Josephinismus wurde, und im Bunde mit dem Rationalismus, der von den deutschen protestantischen Hochschulen in die katholischen Theile Deutschlands überfluthete, in die heiligsten Rechte des Papstthums eingriff und grenzenloses Unheil über die Kirche brachte. In all' diesen dem Papstthume feindlichen Systemen bildete die Leugnung der Unfehlbarkeit nur einen Ring in einer langen Kette von irrigen Behauptungen. Um deßhalb zum richtigen Verständniß dieser Kämpfe zu gelangen und zu begreifen, weßhalb so manche Geister der päpstlichen Unfehlbarkeit abhold sind, ist es nothwendig diese Systeme und ihre Folgen einer eingehenden Besprechung zu unterziehen.

I.

1. Vierzehn Jahrhunderte hatte das Christenthum in der Welt bestanden, fest gegründet auf dem Felsen Petri. In gläubiger Einfachheit sah die ganze Christenheit im Papste den obersten Lehrer der Kirche, von dessen Ausspruch und Entscheidung Alles abhänge. Niemand fiel es ein, ihm die Autorität eines unfehlbaren Lehrers streitig zu machen. Eine lange Reihe von Häretikern hatte sich an einzelne Dogmen vergriffen; aber die Lehrautorität des Papstes hatten sie nicht direct angetastet; Könige und Fürsten hatten gegen die Rechte des hl. Stuhles gefrevelt, aber an seiner Unfehlbarkeit hatten sie nicht gezweifelt. Da trat 1378 die Zeit des unglückseligen Schismas ein, wo die Christenheit unter zwei, später sogar unter drei Päpsten gespalten war, von denen jeder behauptete, der rechtmäßige zu sein. Nach vielfachen, fruchtlosen Versuchen, das Schisma durch Vereinbarung oder durch Abdankung eines oder aller Päpste beizulegen, nachdem selbst das Concil von Pisa 1409 das Uebel nur verschlimmert hatte, suchte man durch ein möglichst zahlreiches Concil in Constanz 1414 die Einheit der Kirche wieder herzustellen. Es erschienen dort anfangs nur die Cardinäle und Bischöfe der Obedienz Johannes XXIII., der auch selber zugegen war, aber die Flucht ergriff, sobald er die Pläne der anwesenden Väter bemerkte, alle drei Päpste abzusetzen, einen neuen zu wählen und so der Kirche den Frieden wieder zu geben. Das Concil war nun völlig hauptlos, und konnte als solches den Character der Allgemeinheit nicht beanspruchen. In dieser kritischen Lage riß der ungestüme, aber revolutionäre Eifer zweier Franzosen, des Peter d'Ailly,[1]

---

[1] Peter d'Ailly, ein Doctor der Universität Paris ist überhaupt der erste von dem wir Kunde haben, der es formell die Unfehlbarkeit des Papstes bestritt. Als zur Zeit des Schismas der Dominikaner Joh v. Montson zu Paris lehrte, es sei gegen den Glauben zu behaupten, die seligste Jungfrau sei ohne Sünde empfangen, wurde er von der dortigen Universität und dem Bischof verurtheilt. Montson aber appellirte 1387 an den damaligen Gegenpapst der Franzosen Clemens VII. Auch die Universität schickte ihre Abgeordneten nach Avignon, unter denen d'Ailly als der erste sich befand. Hier war es, wo d'Ailly zum erstenmal die späterhin durch Bossuet berühmt gewordene, aber immer unglückliche Unterscheidung zwischen dem apostolischen Stuhle und dem Papste vortrug; damals hörte man zum erstenmal aus seinem Munde, es sei erlaubt in Glaubenssachen

Carbinals und Erzbischofs von Cambray, und Joh. Gersons, Kanzlers der Universität von Paris, die Versammlung zu unüber= legten Schritten fort. In der dritten, vierten und fünften Sitzung (den 26. u. 30. März u. 6. April 1415) wurden Grundsätze aufgestellt, die einer völligen Umwälzung der von Christo gewollten Kirchenordnung gleichkommen und in zwei Decreten gipfelten, die in der fünften Sitzung zur Annahme kamen. Das erste besagte, die Constanzer Synode hat ihre Gewalt unmittelbar von Gott, und Jedermann, selbst der Papst, ist verpflichtet ihr zu gehorchen, in dem was den Glauben, die Beilegung des Schismas und die Reformation der Kirche an Haupt und Gliedern betrifft. Das zweite verordnete: Wer immer, und wäre es der Papst, den Be= fehlen, Statuten und Anordnungen dieser h. Synode und jedes anderen rechtmäßig versammelten allgemeinen Concils in den oben genannten oder darauf bezüglichen Puncten, beharrlich den Ge= horsam verweigert, ist der Buße zu unterwerfen und gebührend zu bestrafen, auch wenn man zu anderen (nicht kirchlichen) Zwangs= mitteln seine Zuflucht nehmen müßte.

Das Concil wäre auf dem Wege des Rechtes geblieben, wenn es die Wahl der verschiedenen Päpste untersucht und sich für denjenigen ausgesprochen hätte, dessen Wahl canonisch, oder gegen alle drei, falls keiner canonisch erwählt war; denn die Wahl des Papstes fällt unter das canonische Recht. Ist aber der Papst einmal erwählt, so besitzt er den Primat kraft göttlichen Rechtes, und ist das Haupt, nicht der Unterthan der Kirche. Eine solche Sprache, wie das Concil sie führte, wodurch der Papst dem Concil, das Haupt den Gliedern untergeordnet wurde, war bis dahin unerhört in der Kirche. Hätten die Constanzer ihre Decrete auf ihren speciellen Fall, wo die Person des recht=

---

von der Entscheidung des Papstes an ein allgemeines Concilium, als an ein höheres Tribunal, zu appelliren. (D'Argentré Collect. Indic. I. 2. pag. 84 etc. — Du Boulai Hist. Univ. Par. IV. 627 etc.) Die ersten Angriffe auf die beiden Lehren von der unbefleckten Jungfrau und von der Unfehlbarkeit des Papstes fallen also in demselben Streite zusammen, und die Feststellung beider als Glaubensartikel findet ein halbes Jahrtausend später unter demselben Pontificate Pius IX. statt. Ist das Zufall, so ist er merkwürdig.

mäßigen Papſtes zweifelhaft war, beſchränkt, ſo könnte man ihnen allenfalls noch beipflichten. Aber ſo principiell aufgeſtellt, trugen jene Decrete den Character der Revolution an ſich, weil ſie im Widerſpruch ſtanden mit der ganzen Tradition des Alterthums, und in die monarchiſche Verfaſſung der Kirche ein gewiſſes conſtitutionelles oder democratiſches Element hineintrugen.

Als ſpäter die beiden Päpſte Johann XXIII. und Gregor XII. abbankten, Benedict XIII. aber von ſeiner Obedienz verlaſſen und vom hl. Vincenz Ferrer feierlich als unrechtmäßig erklärt ward, und Otto Colonna am 11. November 1417 unter dem Namen Martin V. zum Papſte gewählt war, beſtätigte dieſer die Synode von Conſtanz als allgemeines Concil nur in Betreff der Beſchlüſſe gegen Wicleff und Hus durch die Bulle: Inter cunctas 22. Febr. 1418. In eminentis.[1]

---

[1] Die Erwägungen für die Biſchöfe ſagen n. 16: „Die Synode von Conſtanz iſt überhaupt von der ganzen Kirche und von den Päpſten als eine wahrhaft ökumeniſche anerkannt, und insbeſondere ſind die Decrete der vierten und fünften Sitzung von der Superiorität eines Concils über jeden Papſt von einer ganzen Reihe von Päpſten, von Martin V., Eugen IV, Nicolaus V., Pius II. für wahr und rechtskräftig erklärt worden.“ Das iſt durchaus falſch; denn die Concilien haben keine andere Gültigkeit als jene, welche ihnen durch die Beſtätigung der Päpſte zu Theil wird. Das lehrt die Geſchichte aller Concilien in allen Jahrhunderten. Hefele, Conciliengeſch I., 47. Martin V. hat nur beſtätigt, was in Conſtanz conciliariter in Glaubensſachen beſchloſſen war. (Quod omnia et singula determinata, conclusa et decreta in materia fidei per praesens sacrum concilium generale Constantiense conciliariter tenere et obser- vare volebat, et numquam contravenire quoquo modo: ipsaque sic conciliariter facta approbat et ratificat, et non aliter nec alio modo. In eminentis.) Daß aber abgeſehen von dem ſtürmiſchen, unregel- mäßigen und tumultuariſchen Hergang in den beſagten Sitzungen, wie wir ihn aus der Geſchichte kennen, Martin V. ſelbſt jene Decrete nicht als conciliariter acta anſah, erhellet daraus, daß er am 10. März 1418 die Appellation der Polen an ein künftiges Concil verbot und erklärte, Apella- tionen vom Papſte ſeien in keinem Falle, nullo casu zuläſſig, und man müſſe ſein Urtheil in causis fidei durchaus dem Papſte unterwerfen. — Hätte der Papſt jene fraglichen Decrete beſtätigt, alſo die Unterordnung des Papſtes unter ein allgemeines Concil ausgeſprochen, wie hätte er dann als niederer Vorgeſetzter die Appellation an einen höheren verbieten können? Wann hat je die Kirche, wann haben je die allgemeinen Concilien, deren noch drei nachher gehalten wurden, gegen die Rechtsanſprüche der Päpſte, die ſie auch factiſch durchſetzten, proteſtirt? Wo endlich haben die Päpſte Eugen IV., Nicolaus V. und Pius II. jene conſtanzer Decrete für rechts- kräftig erklärt?

2. Diese berüchtigten Decrete wurden freilich den 15. Febr. 1432 in der zweiten Sitzung des Concils von Basel wieder erneuert; indeß befand sich das Concil schon damals in einer schismatischen Stellung zum Papste, indem dieser dasselbe aufgehoben hatte, während die Bischöfe fortfuhren ohne Legitimation. Sitzung zu halten und Beschlüsse zu fassen. Wenn aber Eugen IV. am 15. Febr. 1434 in der 16. Sitzung das Concil als rechtmäßig anerkennen ließ, sogar von Anfang an als legitim versammelt und die frühere Auflösung für ungültig erklärte, so lag darin noch keine Billigung der bisherigen Conciliumsbeschlüsse, also auch nicht der fraglichen Decrete. Das erhellet schon aus dem Umstande, daß man am 24. April die päpstlichen Legaten ihre Anhänglichkeit an die Constanzer Decrete als Privatpersonen beschwören ließ. Hätte Eugen IV. dieselben bestätigt, so wäre das ein überflüssiger Act gewesen. Aber auch die nochmalige Bestätigung der Baseler Beschlüsse durch Eugen IV. bezieht sich nicht auf die erneuerten Decrete der vierten und fünften Sitzung von Constanz.[1]" Wären diese Decrete, sagt der Card. Litta,[2] vom apostolischen Stuhle gutgeheißen und durch den Papst und das Verfahren der ganzen Kirche bestätigt, dann müßte man nothwendig daraus den Schluß ziehen, daß diese Decrete die ganze Kraft der definitiven Entscheidung eines ökumenischen Conciliums hätten. Jeder Christ wäre verpflichtet, denselben sich zu unterwerfen, und alle, die es zu thun sich weigerten, müßten als der Entscheidung eines Concils sich Widersetzende verurtheilt werden. Und nichtsdestoweniger haben die Erörterungen über diese Decrete und deren Verständniß auch nach den Concilien von Constanz und Basel stets fortgedauert, und selbst die Gallikaner wagen es nicht, die Andersdenkenden zu verdammen."

3. Die in Constanz zuerst ausgesprochenen und in Basel wiederholten Grundsätze fanden bald in Frankreich, von wo sie hauptsächlich durch einige Doctoren ausgegangen, günstige Aufnahme d. h. sie gestalteten sich zu einem Systeme, dem sogenannten Gallicanismus. Auf der Versammlung von

---

[1] Hefele, Conciliengesch. I. 53.
[2] Brief 12.

Bourges, die noch während des Concils von Basel 1438 ge=
halten wurde, beschloß der französische Clerus die Annahme der
Baseler Decrete, namentlich, daß der Papst durch die Canones
der allgemeinen Kirche beschränkt, und selbst dem Urtheile eines
allgemeinen Concils unterworfen sei. Das geschah in der berüch=
tigten pragmatischen Sanction von Bourges. Die Päpste
weit entfernt dieses System zu genehmigen, thaten ihr Möglichstes,
dasselbe zu beseitigen; so besonders Pius II.; aber erst unter
Leo X. gelang durch das Concordat mit Franz I. 1516 die
gänzliche Abschaffung der genannten pragmatischen Sanction und
damit die Lossagung des französischen Episcopates und der Re=
gierung von dem bisherigen Staatsgrundgesetze, daß der Papst
dem allgemeinen Concil untergeordnet und fehlbar sei.

4. Als dann die Reformation ausbrach, welche den Papst
als den Antichrist bezeichnete, ruhte dieser häusliche Zwist unter
den Katholiken. Auf dem Concil von Trient bei der Behandlung
des Sakramentes der Priesterweihe, als es sich darum handelte,
ob die Bischöfe ihre wirkliche Jurisdiction zugleich mit der Weihe
unmittelbar von Gott (jure divino) oder ob sie dieselbe vom
Papste erhielten, und ob sie kraft göttlichen Rechtes zur Residenz
verpflichtet seien, stellte es sich heraus, daß sowohl die französischen
Bischöfe, die auf dem Concil zugegen waren, als auch die fran=
zösische Regierung noch an den Decreten des Concils von Constanz
betreffs der Superiorität des Concils über den Papst festhielten,
wohingegen die päpstlichen Legaten erklärten, sie würden selbst um
den Preis ihres Blutes kein Decret durchgehen lassen, das die
Autorität des Papstes beeinträchtige.[1] Es wurde jedoch dieser
Streitfrage keine weitere Folge gegeben. Zur Zeit der Hugenotten=
kriege hatte Frankreich etwas Anderes zu thun als sich am Papste
zu reiben. Der Calvinismus blieb aber nicht ohne großen Einfluß
auf die Stimmung der Geister in Frankreich; denn nach Beendi=
gung jener Bürgerkriege blieb in vielen Gebildeten eine verbissene anti=
kirchliche Gesinnung zurück, die sich besonders bei den Advocaten, in
den Parlamenten und bei einzelnen Klerikern zeigte. Es wurde

---

[1] Pallad hist. conc. Tr. lib. 19 c. 6. n. 14. 16.

Mode von den gallikanischen Gebräuchen und Freiheiten zu spre=
chen, ohne daß irgend ein Sterblicher hätte angeben können, worin
diese Freiheiten eigentlich beständen. Man bildete sich ein, Frank=
reich sei jenes einzige Land unter der Sonne, in welchem die
altchristlichen Freiheiten in ursprünglicher Reinheit und ungeschä=
digt von den römischen Einflüssen sich erhalten hätten, und daher
stehe Frankreich für alle Länder da, als ein mustergültiges, aber
unerreichbares Ideal. So entstand 1594 das Buch des Peter
Pithou über die gallikanischen Freiheiten,[1] welches in 83 Ar=
tikeln eben so viele Freiheiten beschreibt, an welche ein ächter
Franzose glauben soll, besonders daß der Papst, gegen die von
den Franzosen selbst angenommenen Canones, ihnen nichts zu
befehlen habe. Zu diesem Schwarm von Freiheiten lieferte
Peter Dupuy später 1639 historische Genrebilder, die als
Beweisstücke für dieselben dienen sollten.[2]

5. Da trat Edmund Richer, Syndicus der pariser
Universität auf, ein Mann, der den Mord Heinrichs III. schon
früher aus dem Grunde gerechtfertigt hatte, weil das Volk höher
stehe als der König. In seinem Buche: De ecclesiastica et
politica potestate 1611 suchte er in Nachahmung und Weiter=
führung der Grundsätze Gersons, die republikanische Regierungs=
form in die Kirche hineinzutragen. Seine Lehren athmen den
ausgeprägtesten Gallicanismus: 1. Christus hat unmittelbarer der
ganzen Kirche als dem Petrus die Jurisdictionsgewalt übertragen;
Papst und Bischöfe sind nur das Justrument, die Diener der
Kirche; 2. Christus gab die Schlüsselgewalt der ganzen Hierarchie,
dem Papste, den Bischöfen, den Priestern unmittelbar, sie hängt
also nicht vom Papste oder den Ordinarien ab. 3. Alle Zwangs=
gewalt, im Staate wie in der Kirche erhält ihre Rechtmäßigkeit
nur von der Zustimmung der Gemeinde. 4. Der Papst kann
durch kein allgemeines Gesetz die ganze Kirche binden. 5. Die
Unfehlbarkeit kommt der ganzen Kirche zu, der Papst allein ist
nicht unfehlbar. 6. Die Concilien sind unbedingt nothwendig.

---

[1] Pithou. Les libertés de l'église Gallicane 1594.
[2] Du Puy. Traités des libertés de l'église Gallicane avec les
Preuves. Paris 1639. 2 vol.

Was der französische Clerus von solchen Grundsätzen dachte, das gab sich bald auf mehreren Provinzialconcilien kund. Obgleich nämlich das pariser Parlament die Sorbonne verhinderte, ihr Verdict gegen dieses Buch zu erlassen, so konnte es doch ein solches Verfahren gegen die Bischöfe nicht einhalten. Schon im folgenden Jahre 1612 sprachen die beiden Provinzialsynoden von Sens und Aix das Verdammungsurtheil über das Werk. Mehrere Päpste thaten dasselbe; so Paul V. 10. Mai 1613; Gregor XV. 2. December 1622; Clemens XI. 4. März 1709. Richer selbst widerrief seine Lehre und entschuldigte sich damit, daß er nur die Grundsätze der alten pariser Schule habe aufstellen wollen und betheuerte, er sterbe in Gemeinschaft mit der römischen Kirche 1631.

Die Brandfackel war hinaus geschleudert; aber sie zündete damals noch nicht. Das in Folge des Trienter Concils auch in Frankreich beim Beginne des 17. Jahrhunderts neu erwachende katholische Leben ließ Bischöfe, Clerus und Volk sich eng an Rom anschließen; die damaligen Theologen Frankreichs hielten fest an der päpstlichen Unfehlbarkeit, die sie als allgemeine katholische Lehre vertheidigten. Der von Richer ausgestreute Saamen sollte erst später durch fremde Pflege aufgehen. Dieser Ruhm war den Jansenisten vorbehalten.

6. Man faßt das Wesen und die Geschichte des Jansenismus viel zu beschränkt und einseitig auf, wenn man diese verschmitzteste und heuchlerischste aller Secten, welche je die Kirche Gottes verwirrt haben, nur in der Gnadenlehre und in den fünf Sätzen des Jansenius zu treffen meint. So wenig als der Protestantismus sich mit dem Ablaßstreit begnügte, so wenig konnten auch die Jansenisten bei ihren ursprünglichen Irrlehren hinsichtlich der Gnade stehen bleiben. Daher begegnet man ihrer destructiven Wirksamkeit fast auf allen Gebieten des Dogmas, der Moral, der Liturgie, des canonischen Rechtes, des Kirchenregiments, als einer wahren Pest in der Kirche Gottes. Ist es daher ein Wunder, daß sie auch der Frage der päpstlichen Unfehlbarkeit sich bemächtigten? Sie verstanden die Kunst einzelne Persönlichkeiten und ganze kirchliche wie staatliche Körperschaften, die vom Jansenismus sich himmelweit entfernt halten wollten, als Werkzeuge

zu benutzen, geradeso wie heute gewisse geheime Gesellschaften unvermerkt ihren Einfluß auf die Literatur und die Presse auf die Erziehung und auf die verschiedenen Stände der menschlichen Gesellschaft bethätigen, und denselben die ihren Zwecken dienliche Richtung geben.

Schon 1653 schrieb Saint=Beuve, einer der ersten Jansenisten von Paris aus an Saint=Amour, einen der Gesandten, den die Jansenisten zur Verhandlung über die fünf Sätze nach Rom geschickt hatten; sobald das Gerücht von der Verdammung derselben ihm zu Ohren gekommen war: „Wenn es wahr ist, daß die fünf Propositionen verurtheilt sind, so hat der hl. Stuhl sich selbst einen schlimmen Dienst geleistet. Erinnern sie sich an das, was ich ihnen längst prophezeit habe, daß von dieser Entscheidung die Erneuerung des Richerismus in Frankreich abhängen wird.“

Saint=Beuve kannte die Pläne der Secte, und man muß gestehen, daß dieselben klug angelegt waren; denn nachdem Rom einmal gesprochen, blieb nichts anders übrig, als die Behauptung, der Papst könne in seinen Entscheidungen irren. Die sehr schroffen Lehrsätze Richers ließen sich jedoch nicht in ihrer ganzen Ausdehnung erneuern, es genügte vorläufig einen derselben, nämlich den von der Fehlbarkeit des Papstes wieder in Umlauf zu setzen.[1])

---

[1]) Papst Innocenz X. verdammte in der Bulle Cum occasione vom 31. Mai 1653 die fünf Sätze des Jansenismus. Diese Bulle wurde in Frankreich nach dem Vorgange der Sorbonne, fast allgemein, selbst von den Vertheidigern der fünf Sätze aus kirchlichem Gehorsam angenommen. Viele Jansenisten suchten sich diesem Verdammungsurtheil dadurch zu entziehen, daß sie zugaben, die fünf Sätze seien allerdings häretisch, und die Kirche sei unfehlbar in Beurtheilung der Lehre; aber die fünf Sätze seien nicht im Buche des Jansenius enthalten, und die Kirche sei nicht unfehlbar in dogmatischen Thatsachen, d. h. in der Beurtheilung, ob irgend ein Irrthum in einem bestimmten Texte eines nicht inspirirten Buches enthalten sei. In Folge dessen sah Papst Alexander VII. sich genöthigt, 16. Oct. 1656 das Verdammungsurtheil des Innocenz X. durch die Bulle Ad sacram zu bestätigen und zu erklären, die fünf Sätze seien in der Schrift des Jansenius enthalten und demgemäß im Sinne des Verfassers verdammt. Auch so unterwarfen sich die Jansenisten noch nicht: sie unterschrieben das von demselben Papst 15. Febr. 1664 vorgelegte Formular, erklärten aber zugleich, daß sie in dieser Angelegenheit dem heil. Stuhle gegenüber nur ein ehrerbietiges Stillschweigen beobachteten. Darauf erließ Clemens XI. 1705 die Bulle Vineam Domini, worin er erklärt, daß ein bloßes ehrerbietiges Stillschweigen (silentium obsequiosum) den Entscheidungen des apostolischen Stuhles gegenüber nicht genüge, sondern daß dieselben auch eine innere Zustimmung erfordern.

In dem Operationsplane wurde auf die schwache Seite des sonst katholisch gesinnten Monarchen Ludwig XIV., nämlich auf seine ungemessene Herrschsucht speculirt, dann auf dessen Minister, deren jeder seinen Jansenisten zur Seite hatte, und endlich auf die immer grollenden, durch calvinistische Grundsätze verkehrten Parlamentsmitglieder.

7. Das erste Opfer sollte der theologische Lehrkörper der pariser Universität, die Sorbonne werden. Anlaß zu dem großen Brande gab ein unscheinbarer Funken, nämlich die These, welche Gabriel Drouet, ein Baccalaureus der Sorbonne 19. Januar 1663 aufstellte: Christus habe dem hl. Petrus und seinen Nachfolgern die höchste Gewalt über die Kirche gegeben; die Päpste hätten die gallicanischen Privilegien verliehen; die allgemeinen Concilien seien zur Ausrottung der Häresien und Spaltungen zwar sehr nützlich; aber nicht unbedingt nothwendig.

· Der Generaladvocat Talon, ein Laie, citirte sofort, von den Jansenisten aufgehetzt, den Universitätssyndicus Grandin und verwies ihm sehr scharf, wie er gestatten könne, solche neue und irrige Lehren aufzustellen, welche das königliche Ansehen, die Rechte der Krone und die gallicanischen Freiheiten beeinträchtigten und den Ansichten Gersons zuwider seien,

Drei Tage später, den 22. Januar 1663 verbot das Par= lament solche Thesen zu lehren. Lange widerstrebte die Sorbonne sich hierin den Censuren der Laien zu unterwerfen, ein klarer Beweis, daß die französische Theologie die Unfehlbarkeit des Papstes damals als katholische Lehre ansah. Endlich wurden sie am 30. Mai 1663 mit Gewalt gezwungen, sechs Artikel zu unter= schreiben, aus denen später die sogenannten vier gallicanischen Artikel geworden sind. Unter diesen befand sich folgender: es sei nicht Lehre der Facultät, daß der Papst über dem Concilium stehe oder daß er unfehlbar sei. Der höfische Erzbischof v. Paris, Harduin von Perefix hatte sein Möglichstes gethan, die Facultät zu zwingen, diesen nur negativ gehaltenen Satz zu unterzeichnen. Gleichwohl legten noch 22 Doctoren, unter denen auch Bossuet sich befand, förmlichen Protest dagegen ein. Der König aber ver= bot am 4. August 1663 jede den sechs Artikeln zuwiderlaufende

Doctrin an der Sorbonne vorzutragen. Die Sorbonne war ge=
beugt unter ein weltliches Joch, und um sie vollends darnieder
zu halten, wurden jene aus ihren Mitgliedern, die verschiedenen
Ordensständen angehörten und ganz besonders die päpstliche Un=
fehlbarkeit verfochten, aus Paris verbannt, an ihrer Statt aber
wurden verdächtige Elemente, Gönner und Freunde des Jansenis=
mus herangezogen, und so ist es gekommen, daß die Sorbonne
später als die Hauptvertreterin der gallicanischen Freiheiten erschien.

8. Mit der Knechtung der Sorbonne hatten die Jansenisten
und die Parlamente jedoch erst einen halben Sieg errungen. Es
handelte sich darum die Fehlbarkeit des Papstes feierlich als Lehre
der französischen Nation zu erklären und zwar positiv, nicht bloß
in jener negativen Form, wie es bei der Sorbonne geschehen war.
Es sollte von der einfachen passiven Haltung in dieser These, wie
man den der Sorbonne aufgezwungenen Artikel noch mildernd
auslegen konnte, bis zur d o g m a t i s c h e n L e u g n u n g der päpst=
lichen Unfehlbarkeit vorgeschritten werden. Hierzu wurde seit 1668
der Regalienstreit benutzt. Das war eine passende Gelegenheit
das Gemüth des Königs, der bekanntlich nichts weniger als
Widersprüche und Grenzen seiner Allgewalt dulden konnte, gegen
Rom zu verhetzen. Es handelte sich in diesem Streite zwischen
dem Papste und dem Könige um die Frage, ob letzterer das
Ernennungsrecht zu gewissen Benefizen an sich ziehen und zur
Zeit· der Erledigung die Gefälle derselben einziehen dürfe. Da
der gefürchtete König den damaligen sehr schmiegsamen französi=
schen Clerus für sich zu haben glaubte, so sollte der Papst durch
denselben zur Nachgiebigkeit gezwungen werden. In dieser Absicht
berief der König eine Versammlung des Clerus nach Paris
(assemblée du clergé) im November 1681. Unter dieser Ver=
sammlung dürfen wir uns nicht etwa ein National= oder Pro=
vinzialconcil, überhaupt nicht eine Versammlung mit anderem
kirchlichen Charakter vorstellen, als den, daß ihre Abgeordnete
eben Geistliche waren. Der Zweck solcher Versammlungen war
nämlich ursprünglich kein anderer, als dem Könige von Seiten
des Clerus Geld zu bewilligen. Nicht jeder Bischof als solcher
hatte Zutritt zu denselben, sondern nur wer gewählt wurde, und

es war nicht einmal nothwendig, daß der Gewählte Bischof war. Es konnte aber nur jener gewählt werden, welcher eine persona grata, d. h. dem Könige genehm war. Schien die Wahl auf eine andere zu fallen, so hatte die Regierung Mittel genug, eine solche zu hindern,

Aus diesem Charakter der Versammlung erhellt genugsam, daß die viel berufenen 4 gallikanischen Artikel vom 19. März 1682 mit ihrem Titel an der Stirn: „Declaration des französischen Clerus über die kirchliche Gewalt", eigentlich eine Unwahrheit sind, indem nicht der französische Clerus, sondern eben nur die durch die Kunstgriffe der Regierung gewählten Ab= geordneten dieselben verfaßt haben.

Der zweite dieser Artikel erneuert die Decrete der 4. u. 5. Sitzung des Concils von Constanz rücksichtlich der ökumenischen Concilien und ihrer Superiorität über den Papst, und erklärt, die gallikanische Kirche billige es nicht, wenn man diese Decrete als zweifelhaft ansehe oder dieselben bloß auf den Fall eines Schismas beziehe.

Der dritte stellt den Papst (die apostolische Gewalt) unter die Canones, sowie unter die Gewohnheiten und Grundsätze des Kö= nigreichs Frankreich.

Der vierte sagt, das Urtheil des Papstes in Glaubenssachen sei nicht unabänderlich (also nicht unfehlbar), wenn nicht die Zu= stimmung der Kirche hinzutrete.

So war eine Declaration zu Stande gekommen, die vom Kanzler Le Tellier ausgedacht, von dem energischen Colbert beim König durchgesetzt, und von einem dienstbaren Clerus formulirt war. Schon den 22. März befahl der König dieselbe anzu= nehmen, und das sonst so widerhaarige Parlament war dieses Mal zum Erstaunen gefügig, die Declaration als das Palladium der französischen Freiheiten einzuregistriren.

9. Die Lehren des französischen Clerus aber enthalten jene Decrete nicht. Um nämlich dieselben recht feierlich als eigentliches Bekenntniß der französischen Kirche hinzustellen, sollten die Uni= versitäten, die Theologen und canonistischen Facultäten dieselben in ihre Register eintragen. Dieses Mal aber hatte die Sorbonne

ihr Selbstbewußtsein wieder gewonnen, sie ließ sich wohl zu vier verschiedenen Malen zwingen, sich zu versammeln (Mai u. Juni 1682), nicht aber zu unterschreiben. Da schritt die Regierung zur Gewalt; acht der widerstrebenden Doctoren wurden verbannt. So gelangte man endlich, aber nur allmählig durch Dragonaden dahin, die Lehre von der Unfehlbarkeit des Papstes, den Ultramontanismus in dieser Körperschaft zu überwinden.

Ebenso wenig ließ sich der französische Episcopat durch diese Declaration in seiner Lehre beeinflussen. Nach wie vor vernehmen wir aus dem Munde französischer Bischöfe Aussprüche, wie fol=gende: „Petrus lebe und spreche in den römischen Päpsten; — der Papst sei das Orakel der Wahrheit; — bei den römischen Päpsten allein werde das Erbe der Wahrheit unversehrt bewahrt; — der apostolische Stuhl sei das Centrum, der Lehrstuhl der Wahrheit, der keine Häresie kenne, dessen Glaube stets der Glaube der Kirche sein werde; — seine Entscheidungen in Glaubenssachen seien immer heilbringend."[1] — Wir vernehmen Stimmen, welche einfach bekennen, die französischen Bischöfe hätten die päpstliche Unfehlbarkeit durch ihr Ansehen bekräftigt; andere bekunden, es sei Glaube der Kirche, die päpstlichen Entscheidungen in Glaubens=sachen, welche an alle Gläubigen gerichtet sind, seien vor und unabhängig von der Untersuchung und Beistimmung der Bi=schöfe unfehlbar.[2] Solche und ähnliche Aussprüche der franzö=sischen Bischöfe liegen fast zahllos in jenen Hirtenbriefen vor, die bei Gelegenheit der Bulle „Unigenitus" von denselben erlassen wurden. Wenn aber Jemand versucht wäre. solche Zeugnisse mit der nicht sehr geistreichen Unterscheidung Bossuets zwischen dem Papste und dem apostolischen Stuhle durch Beziehung dieser Aussprüche auf den letzteren zu entkräften, so muß man wissen, daß diese Bischöfe die Ausdrücke: Papst, hl. Stuhl, aposto=lischer Stuhl, Petrus, die römische Kirche, so unter=schiedlos gebrauchen und zwar nach jener berüchtigten Distinction, daß auch das blödeste Auge sieht, sie haben immer eine Person,

---

[1] Soardi de suprema Rom. Pont. Authorit. l. I. c. 7. pag. 103.
[2] Soardi l. c. l. I. c 8. §. 3 pag. 132 et. IIII. c. 5. pag. 77.

nämlich den Papst, der auf dem Stuhle sitzt, als Träger der Unfehlbarkeit vor Augen.[1]) Der Stuhl thut nichts, spricht nicht, als nur durch und in der Person des Papstes, der ihn einnimmt, und wankt der Glaube des Papstes, dann schwindet auch der Glaube des Stuhls.

Die Päpste durften den Artikeln der gallikanischen Freiheiten gegenüber nicht schweigen. Alexander VIII. erließ am 4. Aug. 1690 die Constitution Inter multiplices, worin er die Declaration mit ihren vier Artikeln für null und nichtig erklärt. Derselbe Papst verdammte am 7. Dec. 1690 ein und dreißig Thesen, worunter die 29. lautet: „Nichtig und oft widerlegt ist die Behauptung, daß der römische Papst über dem allgemeinen Concilium stehe und in Glaubenssachen unfehlbar entscheide."[2]) Pius VI. aber verurtheilte nochmals in der Bulle Auctorem fidei vom 28. Aug. 1794 in den schärfsten Ausdrücken die Erneuerung jener gallikanischen Grundsätze, die durch Scipio Ricci auf der Synode von Pistoja 1786 versucht worden war.

Zum vollständigen Bruche zwischen dem Papste und Frankreich kam es freilich wegen dieser Declaration nicht; aber 10 Jahre lang verweigerte Rom die Confirmationsbullen für alle zu Bischöfen ernannten Prälaten, die an jener Versammlung Theil genommen, bis im Jahre 1693 zwischen Innocenz XII. und Ludwig XIV. ein Vergleich zu Stande kam, worin dieser das Edict von 1682 zurücknahm. Der König erklärte in seinem Briefe an den Papst: „Es gereicht mir zur besonderen Freude, Ew. Heiligkeit benachrichtigen zu können, wie ich bereits Befehl gegeben, daß das in meinem Edicte vom 22. März 1682 Enthaltene, betreffend die Declaration des Clerus, wozu mich die damaligen Umstände genöthigt hatten, nicht beobachtet werde." Die Prälaten aber sagen in ihrem Schreiben an den Papst: „Wir bekennen und erklären, daß wir lebhaft und mehr als wir es sagen können, von Herzen bedauern, was in der genannten

---

[1]) Soardi l. c. Dissert. praevia pag. XXXIV.
[2]) Futilis ae toties convulsa est assertio de Romani Pontificis supra concilium oecumenicum auctoritate, atque in fidei quaestionibus decernendis infallibilitate.

Verſammlung geſchehen iſt, und Ew. Heiligkeit und ihren Vor=
gängern ſo ſehr mißfallen hat; darum erklären wir, daß das,
was in jener Verſammlung über die Kirchengewalt und die Au=
torität der Päpſte als beſchloſſen ſcheinen könnte, als nicht be=
ſchloſſen angeſehen werden ſoll."

Die in den Schulen jetzt wieder gewährte Freiheit in Be=
treff der Lehre über die Unfehlbarkeit währte aber nur bis zu
Ludwigs XIV. Tode 1715, worauf das Pariſer Parlament das
Edict von 1682 wieder zu vollſtrecken verordnete. Was jedoch
der Theorie der Fehlbarkeit des Papſtes in Frankreich den meiſten
Vorſchub leiſtete, war das Auftreten des Cardinals von Noailles,
Erzbiſchofs von Paris, gegen den Papſt. Er verweigerte nämlich
am 1. März 1717 mit vier janſeniſtiſchen Biſchöfen die Publika=
tion der Bulle „Unigenitus" gegen die Janſeniſten und legte
dagegen Appell an ein künftiges Concil ein. Damit war das
Zeichen zur Appellanten=Comödie in Frankreich gegeben. Das
war der Pfahl, an dem die Schlingpflanze der gallikaniſchen
Freiheiten üppiger denn je wieder emporrankte. Die Sorbonne,
welche doch 1716 die Bulle angenommen, ſchloß ſich jetzt 1717
mit frechem Ableugnen ihrer früheren Annahme den Appellanten
an. Aus den meiſten damaligen Ordensſtänden Frankreichs eilten
Männer zahlreicher oder vereinzelter herbei, um ihre Unterſchrift
der Appellation beizufügen. Eine eigene reiche Kaſſe wurde zu
dem Zwecke gegründet, um Unterſchriften zu dieſen Appell=Adreſſen
zu erkaufen; weil aber kein Name eines Jeſuiten darunter ge=
funden wurde, ſo war das ein Verbrechen, welches bloß die Ver=
treibung des Ordens aus Frankreich 1765 und ſeine gänzliche
Vernichtung 1773 ſühnen konnte.

Auf dieſe Weiſe fanden die gallikaniſchen Ideen und mit
ihnen die Lehre gegen die Unfehlbarkeit des Papſtes immer mehr
Eingang beim franzöſiſchen Clerus und Volk, bis die Stürme
der Revolution das alte legitimiſtiſche Frankreich bis auf ſpärliche
Ueberreſte in Strömen von Blut vertilgte.

10. Napoleon I. verſuchte zwar ſchon den 2. April 1802
durch die eigenmächtig dem Concordat von 1801 beigefügten or=
ganiſchen Artikel die Particularſtellung der franzöſiſchen Kirche

wieder zu befestigen und weitere Zerwürfnisse mit Pius VII. ver=
mochten ihn, die Declaration von 1682 wiederum am 25. Febr. 1810
als Reichsgesetz zu verkünden. Aber sein früher Sturz, der Ab=
schluß eines neuen Concordates 1817, dann die überhaupt gottlos
gewordene Stellung des Staates zur Kirche und endlich, was gar
nicht zu unterschätzen ist, das gänzliche Verschwinden des Jan=
senismus, der dem alten Gallicanismus immer neue Streitkräfte
zugeführt hatte, brachen dem Projecte die gefährliche Spitze ab.

II.

11. Bis um die Mitte der 18. Jahrhunderts hielt man in
Deutschland ebenso wie in der übrigen katholischen Welt, in
Italien und Spanien, den Ländern des eigentlichen ·Ultramonta=
nismus, an der Unfehlbarkeit des Papstes fest. Nur einige Fran=
zosen machten in dieser Lehre eine Ausnahme.[1])

Um die Zeit aber, wo das deutsche Reich sich seinem Unter=
gange zuneigte, machte sich in Teutschland eine bedenkliche Aen=
derung in der theologischen Doctrin bemerkbar. Das katholische
Deutschland begann sich dem doppelten Einfluß des Jansenismus
und des Protestantismus zu öffnen. Unklare Ideen und Wünsche
von Wiedervereinigung der getrennten Confessionen, von Toleranz,
von religiösem Frieden traten immer mächtiger hervor. Diese
Richtung mußte gerade wegen der Unbestimmtheit der Ziele und
der Mittel Anlaß zu vielen Mißgriffen werden, die hinwieder,
vielleicht mehr aus innerer Consequenz, als in bewußtem Streben,
eine bedeutende Abschwächung des religiösen Sinnes zur Folge
hatten. Zu den Lehren der Theologie, die am meisten unter
diesen verderblichen Einflüssen zu leiden hatten, gehört vor allem
die Lehre vom Papst, und namentlich von seiner Unfehlbarkeit
in Glaubenssachen, die völlig preisgegeben wurde.

12. Es war den Jansenisten im ersten Viertel des 18. Jahrhun=
derts gelungen in Utrecht ein eigenes Kirchlein zu gründen, das noch

---

[1]) Soardi, de suprema Rom. Pont. auctoritate. Heidelb. 1793
pag. 132.

bis heute sein kümmerliches Dasein fristet. Der Mann, der den rechtmäßigen Bestand dieses Kirchleins nach den Grundsätzen des kanonischen Rechtes zu vertheidigen suchte, war van Espen, Prof. des kanonischen Rechtes in Löwen, ein ausgesprochener Anhänger des Gallikanismus. Um den Lehrstuhl dieses Mannes, der viel Wissen, aber wenig Weisheit besaß, sammelten sich auch deutsche Jünglinge, angezogen von dem Rufe, den die Partei ihrem Orakel zu verschaffen verstand. Unter diesen befand sich Nicolaus Hontheim, der 1748 Weihbischof von Trier wurde. Dieser veröffentlichte 1763 unter dem Pseudonym „Justinus Febronius" ein Werk über den Zustand der Kirche u. die rechtmäßige Gewalt des römischen Papstes, zur Vereinigung der in der Religion getrennten Christen.[1]" Wir wollen annehmen, daß es ihm mit dem angegebenen Zwecke Ernst war, und daß er nicht- bloßer Deck= mantel sein sollte. Es waren damals gerade 200 Jahre, seit= dem der Holländer Cassander die Reihe solcher Unionsversuche eröffnet hatte. Eine große Zahl anderer Männer hatte dieselbe Bahn betreten, sogar Bossuet ließ sich mit Molanus und Leibnitz auf ähnliche Versuche ein. Indeß waren alle diese Bestrebungen bis dahin resultatlos geblieben, und sie mußten es bleiben, weil sie alle auf schiefer Ebene standen und von dem Principe ausgingen, beiderseits etwas nachzugeben, gleichsam einen Mittelweg zwischen Wahrheit und Irrthum zu finden. So weit aber wie Febronius war bis dahin noch Nie= mand gegangen. Nach ihm sollte der Primat des Papstes der Idee der Wiedervereinigung zum Opfer gebracht werden.

Das System des Febronius besteht nun hinsichtlich des Papstes im Wesentlichen aus folgenden Grundsätzen[2]): „Die Form der Kirche ist nicht eine monarchische, (cap. I., 55) sondern eine democra= tische, indem die Schlüsselgewalt von Christo der ganzen Kirche über= tragen ist; diese aber läßt sie durch ihre Diener ausüben, worun= ter der Papst zwar der erste, aber der Gesammtkirche (I., 6.)

---

[1] De statu ecclesiae et legitima potestate Romani pontificis liber singularis ad reuniendos dissidentis in religione Christianos compositus. Bulloni (Frankfurt) 1763
[2]) Die Citate sind nach der 2. Ausgabe Bulloni 1765 gegeben.

und den Concilien untergeordnet ist. Daher hat er keine Juris=
diction über die ganze Kirche (II. 11) und kann ihr keine Dis=
ciplinargesetze geben (V. 5). Da er nicht unfehlbar ist,
(I. 10)[1]) so kann er auch keine Glaubensdecrete erlassen, (V. 1.)[1])
und daher darf von ihm an die Concilien appellirt werden (VI., 10).
Sein Ansehen ist theils durch Concessionen der übrigen Bischöfe
(III., 3), theils aber und zwar ganz besonders durch Usurpation
und durch die isidorischen Decretalen (III., 9. VIII., 2.) so groß
geworden. Daher müssen die Ausschreitungen des Papstes sorg=
fältig überwacht und eingeschränkt werden durch das Placet und
andere Mittel der Fürstengewalt. (IX.)"

Es braucht nicht viel Scharfsinn, um die Verwandtschaft
des Febronianismus mit dem alten Richerismus und mit dem
damaligen Appellationsspuk des Jansenismus gegen die Bulle
„Unigenitus", so wie der Utrechter Kirche herauszufühlen. Wenn
je ein Buch die Verdammung verdiente, so war es das des
Febronius, der als kirchlicher Revolutionair die Gallikaner und
Jansenisten weit überholte. Dieselbe erfolgte dann auch schon am
24. Februar 1764 durch Clemens XIII. Wie ein Dammbruch
wirkte dieses Buch, dessen schlimme Folgen der späte, zudem sehr
zweifelhafte Widerruf seines Verfassers nicht hemmte. Zahllose
obscure Scribenten gelangten jetzt zu einer wohlfeilen, wenn auch
nur kurzen Berühmtheit, indem sie den Verkauf der febronianischen

---

¹) Wir haben freilich auch ein sehr schönes Zeugniß des Febronius
für die Unfehlbarkeit des Papstes. Er führt nämlich in einer Antwort auf
Ant. Schmidt, der ihn in seinen institutiones juris eccles. angegriffen,
den Cardinal du Perron an, welcher die Unfehlbarkeit des Papstes behauptete,
stimmt demselben bei und sagt dann: „Diese Worte des Cardinals setzen,
wenn man sie richtig versteht, voraus, daß der Papst in seinen Entschei=
dungen über Glauben und Sitten, auch außer dem Concil und vor der
Beistimmung der Bischöfe des christlichen Erdkreises unfehlbar sei."· Non
dubito Cardinalis Perronii verba mea facere. . . . Certe hace verba
Card. Perronii, si rite expendantur, supponunt Papam in decsioni-
bus fidei et morum, etiam extra Concilium et ante assensum Episcoporum in orbe christiano dispersorum, esse infallibilem. De statu
Eccles. ed Franeof. 1774 tom. III. 274. Wir wollen freilich dieses Zeug=
niß nicht zu hoch anschlagen, denn auch von Bossuet, dem Hauptgallikaner,
lassen sich die herrlichsten Stellen für die Unfehlbarkeit des Papstes bei=
bringen. Wir wollen einfach darauf hinweisen, wie alle diese Männer sich
selbst unklar und in ihren Ansichten schwankend sind. Es ist dieses ein
charakteristisches Merkmal einer schiefen unhaltbaren Stellung.

Waare als Detailhandel betrieben. Febronianischer Geist durch=
drang nun viele Hochschulen, besonders die Professoren des kanon.
Rechtes und der Kirchen=Geschichte. Der Eingang, den dieser
Geist in die damalige kirchenfeindliche Gesetzgebung fand, machte
den Hontheim zum eigentlichen Helden seines kläglichen Zeitalters.
Die besseren Bischöfe dieser Zeit schrieben die fast plötzlich ein=
tretende Abnahme der Frömmigkeit in Deutschland diesem Werke
zu, das Clemens Wenzeslaus von Trier mit Recht ein teuflisches
Product nannte.[1]) Es konnte dieser Zeitgeist nicht ohne verderb=
lichen Rückschlag auf die Theologie bleiben. Es lag in der Rich=
tung der Zeit, die Religion so viel als möglich auf das absolut
Nothwendige zu beschränken, und Alles, was man, ohne gerade
Häretiker zu werden, preisgeben konnte, über Bord zu werfen,
vielleicht mehr aus kurzsichtiger Klugheit, und um die Milch
lammfrommer Denkungsart nicht zu versauern, als aus böser
Absicht. Die Lehre von der Unfehlbarkeit des Papstes war aber
kein erklärtes Dogma; es kostete daher wenig, sie zu übergehen,
zu vergessen, und von da war es nur ein kurzer Schritt, sie als
eine unsichere Lehre, wohl gar nur als eine vereinzelte, unhaltbare
Ansicht zu behandeln. Man gewöhnte sich, die beiden Ausdrücke:
„nicht definirt“ u. „zweifelhaft“ als gleichbedeutend anzu=
sehen. Es trat eben damals in Deutschland ein Bruch mit der
alten kirchlichen Tradition ein, nicht mit jener, die sich aus den
Büchern studiren läßt, sondern mit der lebendigen Tradition der
theologischen Schule, die immer eine der reichsten Quellen des
christlichen Lebens zunächst des Clerus und dann des Volkes ist.
Um die Größe dieses Bruches und seine weiteren Ursachen zu
verstehen, müssen wir noch einen anderen Einfluß berühren.

13. Die Reformation[2]) hatte das Princip der freien Forschung
ausgesprochen, mit anderen Worten, sie hatte für jeden Menschen das
Recht und die Pflicht aufgestellt, sich den Glauben aus der Bibel
heraus zu suchen. Sie zerstörte die Autorität der Kirche und

---

[1]) Coup d'oeil sur le congrès d'Ems pag. 120.
[2]) Brück, die rationalistischen Bestrebungen im kathol. Deutschland.
Mainz 1865.

setzte an deren Stelle die dem Irrthum unterworfene und durch= aus unberechtigte Autorität des Menschen. In England hatte sich dieses Princip rasch zum vollständigen Rationalismus ent= wickelt, es hatte über die Hochkirche triumphirt und sich als flach= sten Deismus ausgebildet, der zwar noch an Gott und Unsterb= lichkeit glaubte, aber allen Verkehr Gottes mit der Welt, allen Offen= barungsglauben, die Menschwerdung des Sohnes, Wunder u. s. w. leugnete. Von England war dieser Unglaube nach Frankreich herübergekommen, und dort von den Schöngeistern Voltaire und Rousseau verarbeitet, wurde er als Modeartikel nach aller Herren Länder exportirt, und corrumpirte die gebildeten Stände. Auch in Deutschland mußte das protestantische Princip seine Früchte tragen und in dem plattesten Rationalismus endigen. Sein Princip war, alles Uebernatürliche aus der Religion auszumerzen, und das Christenthum durch die Vernunftreligion zu ersetzen. Was den flachsten Verstand überragte, wurde verworfen oder um= gedeutet, bis alles Wunderbare, alles nicht rein Menschliche ver= schwunden war. Nach diesem Rationalismus oder Vernunftglauben mußte die hl. Schrift sich erklären und modernisiren lassen, bis von ihr nichts mehr übrig blieb als der Pappendeckel des Ein= bandes. So war Jesus ein frommes Kind von großem Verstande und großer Lernbegierde (der Deutsche kehrt nämlich immer gerne den Schulmeister hervor), später ein gottesfürchtiger Jüngling, endlich ein gottseliger, wohlthätiger, rechtschaffener Mann. Die Wunder, welche er wirkte, waren entweder Manipulationen eines Magneti= seurs, oder Speculationen auf die Leichtgläubigkeit der Menge, die in ihrer Phantasie ganz gewöhnliche Vorgänge als Wunder ausstaffirte, oder Erfindung der dichtenden Sage, die die Helden des Volkes mit einem Wunderkranze umgibt. Wenn Christus mit trockenem Fuße über die Wellen des galiläischen Meeres wandelt, so hat er entweder auf einem schwimmenden Balken ge= standen oder ist in Wasserstiefeln hindurchgewatet; wenn er von den Todten auferstanden, so ist er nur scheintodt in's Grab ge= legt; und wenn er zum Himmel gefahren, so hat er sich nur in die Gebüsche des Oelberges versteckt und sich später dem Umgange mit den Menschen entzogen. Die Engel in der hl. Schrift sind die Landes=Obrigkeit oder auch geheime Spione: die Besessenen waren lichtscheue Menschen, und wenn Jesus die Teufel aus ihnen austrieb, so heilte er sie nur von ihrer Melancholie. Die Erlösung bestand in der Befreiung der Juden von einem kleinlichen, knechti= schen und niederdrückenden Gottesdienst; die Hölle war das Grab oder jede außerordentliche Tiefe; der Teufel jeder Verleumder und Widersacher. Daß bei solcher Schrifterklärung von der hl. Drei= faltigkeit, der Gottheit Christi 2c. keine Rede mehr sein kann, versteht sich von selbst.

Auf protestantischem Boden mochte dieses Verfahren vielleicht einige, wenigstens äußere Berechtigung haben gegenüber der starren Orthodoxie des Lutherthums, das auf die freie Forschung that= sächlich verzichtet. Aber die Katholiken, die immer verunglücken, wenn sie die Feinde ihrer Religion in Wissenschaft und Grund= sätzen nachzuahmen versuchen, begingen ein wahres Verbrechen, indem sie wähnten, es sei durch diese profane Behandlung der hl. Schrift der Menschheit ein neues Licht in der Religion auf= gegangen. Und doch waren es katholische Theologen an fast allen Universitäten, die keine wichtigere Aufgabe zu haben glaubten, als der bisher in der Kirche befolgten wissenschaftlichen Behandlung der Theologie den Krieg zu erklären und dem aus protestantischem Boden entstiegenen Irrlichte nachzulaufen.

In Mainz lehrte Isenbiehl, jene Stelle Isaias 7, 14, wo von einer Jungfrau die Rede ist, die einen Sohn gebären werde, dessen Name Emanuel genannt werden soll, beziehe sich nicht, wie bisher alle katholischen Theologen sie verstanden, auf Maria und Christus, sondern auf eine zur Zeit des Achaz lebende Jungfrau.

In Trier lehrte Oehmbs, die drei Personen in der Gott= heit seien auch drei für sich bestehende Wesen, — also drei Götter.

In Bonn legte der Karmeliter Thaddäus vom hl. Adam (Dereser) die hl. Schrift auf eine so frivole und lascive Weise aus, daß alle Ehrfurcht vor derselben verschwinden mußte. So erklärte er das 40tägige Fasten Jesu als ein Abhärtungsmittel auf seinen künftigen Beruf.

In Stuttgart wollte Werkmeister nicht, daß von der Macht und den Versuchungen des Teufels, von den Schutzengeln, dem Falle Adams, der Erbsünde, der Erlösung und der Gnade geredet werde.

Was aber hat das Alles mit der Unfehlbarkeit des Papstes zu thun?

Es soll zeigen, was für ein Geist auf den katholischen Lehr= stühlen herrschte, wie tief der Bruch war mit der alten katholischen Vergangenheit und Ueberlieferung, wie sehr die Behandlung der katholischen Theologie in das verderbliche protestantische Fahrwasser gerathen war. Wie kann man erwarten, daß Männer wie Blau in Mainz, Haubs in Trier und Hedderich in Bonn, die sogar die Unfehlbarkeit der Kirche bekämpften, noch von der Unfehlbar= keit des Papstes reden sollten? Es soll die Größe dieses Bruches darlegen und zugleich die Ursachen zeigen, weshalb es nicht sehr zu verwundern ist, daß auch bis auf unsere Tage, trotz einer glücklichen Restauration der katholischen Wissenschaft, dennoch von der Unfehlbarkeit des Papstes bisher in der modernen deutschen Theologie wenig die Rede war. Der Schutt war zu groß, als daß er sich in einem Tage oder auch in vielen Jahren bis auf den letzten Rest hinwegräumen ließ.

14. Wir überblicken noch kurz die Wirkungen dieser doppelten Strömung in den verschiedenen Gegenden des kath. Deutschlands zu= nächst im Josephinismus. Der traurigste Einfluß zeigte sich in Oesterreich, dessen Bewohner Voltaire noch dumme Capuziner gescholten, an welchen alle Hoffnung verloren sei. Es sollte anders werden durch die vereinten Bemühungen der Jansenisten u. Illuminaten. Schon unter Maria Theresia hatten Männer wie Rautenstrauch und der Jansenist van Swieten einen höchst verderblichen Einfluß erlangt. So errichtete sie ganz selbstständig, ohne Anfrage beim Papste, neue Bisthümer und führte das Placet für päpstliche Erlasse ein, ganz im Sinne und nach der Aufforderung des Fe= bronius. Van Swieten aber besetzte, als oberster Studiendirector die Lehrstühle mit Adepten der Illuminaten, mit offenen und verkappten Jansenisten. Doch herrschte unter Maria Theresia noch ein gewisser Anstand. Im Sturmschritt jedoch ging es bergab, als der eigensinnigste, vielleicht auch kurzsichtigste aller Fürsten Joseph II. die Zügel der Regierung ergriff 1780. Selten hat

die Kirche eine so brutale Behandlung von einem kath. Monarchen erfahren, wie von Joseph II. In fieberhafter Ueberstürzung er=
schienen seit 1781 Verordnungen der bedenklichsten Art. Die
früher in Oesterreich publicirte Bulle Unigenitus, den Jansenisten
ein Dorn im Auge, sollte aus den Ritualbüchern herausgerissen
werden; der Verkehr der Geistlichkeit mit Rom wurde verboten,
namentlich die Gesuche um Ehedispensen, dafür aber den Pfarrern
und Kaplänen kraft kaiserlicher Befugniß die Vollmacht ertheilt,
im zweiten und dritten Verwandtschaftsgrade zu dispensiren; die
Reservatfälle wurden aufgehoben; mit einem Schlag wurden 1781
alle beschaulichen Orden unterdrückt und die Ordenspersonen
vor die Thüre gesetzt; Bruderschaften und Congregationen, die
mit den Orden in Verbindung standen, wurden aufgehoben, da=
gegen aber „die Bruderschaft der Freimaurer" 1785 lobend an=
erkannt. Von Schmerz durchdrungen reis'te Pius VII. 1782
selbst nach Wien, um den Kaiser auf bessere Bahnen zu bringen;
aber der kaiserliche Pontifex wies jede Unterredung über kirchliche
Dinge mit der Bemerkung ab, daß er (Joseph) in der Theologie
und im kanonischen Rechte zu wenig unterrichtet sei. Trotz dieser
Unwissenheit fuhr er aber fort, privilegirte Altäre abzuschaffen,
am Brevier herumzuflicken, die Anzahl der Kerzen, die beim
feierlichen Gottesdienste auf den Altären brennen sollten, zu be=
stimmen, Prozessionen, Wallfahrten, Ablässe fast gänzlich zu unter=
drücken, die Todten nicht mehr in hölzernen Särgen, sondern in
Säcken beerdigen zu lassen. Erhoben Churfürsten oder Bischöfe
Klagen gegen derartige Gewaltmaßregeln, so glaubte Joseph durch
lakonische Derbheit den Ruf eines geistreichen Regenten zu erwer=
ben. Die Gewährung der Preßfreiheit erzeugte einen Schwarm
geistloser Publicisten, die eine wahre Landplage für Oesterreich
wurden, wie einst die Heuschrecken in Egypten. Die bisherigen
Priesterseminarien wurden unterdrückt 1783, dafür aber einige
General=Seminare, oder besser gesagt Clerical=Kasernen eröffnet,
deren innere Zustände zu schildern, die Sprache sich sträubt. Die
Lehrbücher an den theologischen Anstalten waren von Seiten der
Regierung vorgeschrieben und durften keine anderen sein als solche,
welche Jansenisten, Febronianer und Illuminaten zu Verfassern

hatten. Ja Kaiser Joseph dachte sogar an eine völlige Trennung der Kirche von Rom. — Da machte der Tod 1790 seiner Re=formationssucht ein Ende. — Auf dem Todbette noch hatte er, freilich allzuspät, seine Irrwege erkannt und bereut.

Damit hörte allerdings auch die Rohheit der josephinischen Maßregeln auf, sie hatten ja in allen Ländern große Unruhen unter dem Volke hervorgerufen; aber die Knechtung der Kirche durch den Staat dauerte fort. Ist es unter solchen Verhältnissen nicht selbstredend, daß der alten katholischen Lehre von der Un=fehlbarkeit des Papstes keine Erwähnung mehr geschehen durfte? daß sie aus den damaligen Compendien völlig verschwunden war? Wir dürfen uns darum nicht wundern, wenn gegenwärtig Publi=cisten, und ständen sie selbst an der Spitze katholischer Organe, Publicisten, die nicht die Pflicht haben von der Kirchengeschichte und Theologie viel zu wissen, ganz verblüfft die Hände über den Kopf zusammenschlagen, daß die These von der Unfehlbarkeit des Papstes, von der sie nichts gehört, jetzt plötzlich als Tagesfrage in den Vordergrund tritt.

15. Gegen Ende des vorigen Jahrhunderts brach das Mißgeschick von allen Seiten über die kathol. Kirche Deutschlands herein. Zum Unglück saßen auf den geistlichen Churstühlen Männer aus den höchsten Familien, die von der Theologie blutwenig verstanden und doch dem Kitzel des Reformirens nicht widerstehen konnten. Friedrich II. hat Recht, wenn er sagt, die Jahrhunderte der Un=wissenheit seien allzeit auch die der Reformatoren und Fanatiker gewesen. Der Köder, den Febronius den Erzbischöfen Deutschlands hingeworfen, sich nämlich von Rom unabhängig zu machen, war nicht verloren, und die Idee Päpste en miniature zu werden, war für seichte Köpfe leider nur zu verlockend. Sie begannen damit, das febronianische Kirchenrecht in die Praxis zu übersetzen, in die bisherigen Rechte des Papstes überzugreifen und dieselben als unveräußerliche Rechte der bischöflichen Gewalt hinzustellen. Um ihrem Vorgehen gegen Rom größeren Nachdruck zu geben, veranstalteten sie im August 1786 den Congreß von Ems, wo die Abgeordneten der Churfürsten von Köln, Trier und Mainz

und des Erzbischofs von Salzburg zusammen kamen, um sich
über das Heil der deutschen Kirche zu berathen. Die Punctationen,
welche sie aufstellten, lassen sich auf folgende Sätze zurückführen:
„Die Bischöfe haben alle Binde= und Lösegewalt unmittelbar von
Gott und nicht vom Papst, darum ist auch aller Recurs nach
Rom verboten; denn die Bischöfe können selbst von allen Ehe=
hindernissen, Ordensgelübden, und den Pflichten der Priesterweihe
(Ehelosigkeit) dispensiren. Die Bischöfe sollen die Quinquennalien [1])
nicht mehr von Rom einholen. Päpstliche Verfügungen haben
ohne die Annahme von Seiten der Bischöfe keine verbindende
Kraft; und die Nuntien der Päpste sind nichts als ein schreien=
der Eingriff in die Rechte der Bischöfe. Das war gerade der
wunde Fleck. Pius VI. hatte 1785 in München eine Nuntiatur
errichtet für die Länder des Churfürsten von Baiern, Pfalz, Jülich,
ohne die geistlichen Churfürsten um Erlaubniß zu fragen. Da=
gegen erhoben sie sich nun mit der größten Heftigkeit, wie auch
gegen den bisherigen päpstlichen Nuntius in Cöln. Die Bischöfe
begannen eigenmächtig von allen Ehehindernissen und Gelübden
zu dispensiren. Der Nuntius Pacca in Cöln erließ am 30. Nov. 1786
auf Weisung des Papstes ein Circular an alle Pfarrer, worin er alle
bischöflichen Dispensen für nichtig erklärte. Die Churfürsten höchst
entrüstet darüber, wandten sich an den Kaiser. Die Frage wegen
der Vertreibung der päpstlichen Nuntien aus Deutschland gelangte
dann am 9. August 1788 an den Reichstag von Regensburg und
damit auf die incompetente Schleppbank. Zuletzt ging diese Frage
noch über in die Wahlcapitulation Kaiser Leopold's, indem die
Churfürsten ihn nöthigten, ihnen Beistand in ihren Bestrebungen
gegen Rom zu versprechen. Läßt sich von solchen Bischöfen, von
derartigen Sionswächtern, die aus allen Kräften an der Unter=
grabung der Fundamente der Kirche arbeiteten, und die alle
göttlichen Rechte und Gewalten des Primates des Papstes in
Abrede stellten und ihn zu einem bloßen Ehrenvorzug machten,
wohl erwarten, daß sie die Unfehlbarkeit des Papstes im Gering=
sten anerkannt und sich demselben unterworfen hätten?

---

[1]) Quinquennalien sind besondere Vollmachten, welche der heilige Stuhl
den Bischöfen auf ihr Gesuch auf fünf Jahre zu ertheilen pflegt, die daher
nach Verlauf dieser Frist wieder müssen nachgesucht werden.

16. Es ist nun gerade der Zustand der Universitäten, der uns für unsere Frage am meisten interessiren muß, nicht nur weil sie die Metropolen der Wissenschaft überhaupt sind, sondern weil sie nach der Aufhebung der Gesellschaft Jesu und der Unterdrückung der Klosterschulen durch die Bischöfe fast die einzigen Anstalten für den theologischen Unterricht geworden waren. Von ihnen hing es also ab, eine gesunde Lehre oder Neuerungen unter das Volk zu verbreiten. Leider hielten die Professoren an den katholischen Hochschulen sich nicht frei von dem herrschenden Zeitgeiste des Febronianismus und Rationalismus, vielmehr setzten sie ihren Ruhm darein, bei den Stimmführern der rationalistischen Philosophie und Theologie in die Schule zu gehen. Sie waren äußerst gelehrig, und die Schüler standen bald nicht hinter den Lehrern zurück. Das großartige Gebäude der Theologie und Philosophie, welche die berühmten Lehrer des Mittelalters und der späteren Zeit aufgeführt hatten, und das ein würdiges Seitenstück bildet zu den prachtvollen gothischen Domen, die die Baumeister jener Zeit geschaffen, wurde jetzt niedergerissen, und statt desselben ein neues auf den Principien der Kant'schen Philosophie ruhendes an seine Stelle gesetzt, geradeso wie auch die gothischen Bauwerke der Verachtung anheimfielen, auf den Abbruch verkauft oder in Magazine, Pferdeställe und Fabriken verwandelt wurden. Die Zeit hatte für beide kein Verständniß mehr. Freiheit der Wissenschaft, gereinigte Theologie, frei von allen Schlacken der Scholastik, war jetzt die Devise der Neuerer geworden und das Schlagwort, mit dem sie jede Opposition von vornherein unmöglich machen wollten. Die Schranken der unfehlbaren kirchlichen Autorität waren den Männern der neuen Richtung unerträglich geworden. Sie rüttelten mit Gewalt an derselben, indem sie bald direct, bald indirect, offen und geheim die kirchliche Unfehlbarkeit in Frage stellten, um frei von allen Fesseln ihrem wissenschaftlichen Drange folgen zu können. Während sie aber der kirchlichen Autorität sich entzogen, beugten sie ihren Nacken unter das Sclavenjoch protestantischer Celebritäten. Und solche Feinde der Autorität der Kirche hätten sich selbst die ärgste Geißel flechten sollen in Anerkennung der Unfehlbarkeit des Papstes? — Die erledigten Lehr

stühle wurden mit Rationalisten, Indifferentisten, Illuminaten und Ungläubigen besetzt. Diese Männer fanden ihr Hauptgeschäft darin, die Gelehrten der alten katholischen Richtung als Dumm= köpfe, Wahnsinnige, Andächtler, verkappte Jesuiten, Orthodoxenvieh und Offenbarungsknechte zu verschreien. Ihr grimmigster Haß aber entlud sich auf die Vertheidiger des Papstes „die Söldner der römischen Hofpartei."

Damit nun der ganze Clerus von diesem neuen Lichte erleuchtet werde, wurden nicht blos die Candidaten des Welt= priesterstandes zum Besuch der Hochschulen angehalten, sondern dem Ordensclerus wurden auch die eigenen Schulen verboten, und er angehalten, seine angehenden Cleriker an die Hoch= schulen zu senden. Wer auf die Klöster jener Zeit Steine werfen will, der möge wissen, daß diese Verordnung die Hauptursache wurde an dem Eindringen des Weltgeistes und am Zerfall der Disciplin. Clemens Wenzeslaus von Trier hatte noch Zeit die üblen Folgen wahrzunehmen; aber nicht mehr, das Unheil zu heben.

Diese Nachtreter des protestantischen Rationalismus, denen nichts mehr am Herzen lag, als einige Lobsprüche von demselben zu erbetteln, warfen dann das ganze katholische System und die bisherige Methode der Theologie über den Haufen. Alle Sorg= falt wurde verwendet auf die Baugerüste, sehr wenig auf den Bau selbst; die alten Sprachen, die Exegese mit all' ihren Ein= leitungen ins alte und neue Testament, und alle einzelnen Bücher derselben, die Geschichte, die Archäologie, die Patristik u. s. w. traten jetzt so sehr in den Vordergrund, daß die Hauptwissenschaft die Dogmatik, erbärmlich zusammenschrumpfen mußte. Dieser Drang, die Protestanten auch in der Methode nachzuäffen, herrschte mit der ganzen rationalistischen Zerfahrenheit an fast allen Hoch= schulen Deutschlands.

Die Benediktiner in Salzburg, welche die theologischen Lehr= stühle zu besetzen hatten, waren theilweise vom Kantianismus an= gesteckt, im Ganzen aber gut gesinnt. Der Erzbischof begünstigte ebenfalls die Neuerungen; und in der in Salzburg erscheinenden „oberdeutschen Literaturzeitung" (1788—99) herrschte der Geist des Rationalismus und der Neuerungen stark vor. — Die theologische

Facultät der Universität Würzburg war getheilt. Die Professoren Oberthür, Roßhirt, Feder und Berg gehörten der neuen Richtung an; Onymus und Wismer waren dagegen conservativer. Auch die Würzburger gelehrten Anzeigen waren nicht ganz correct. — Erfurt und Fulda gingen mit dem Zeitgeiste. — ꞏ In Trier lehrten Neller und sein Schüler Hontheim (Febronius) die bereits erwähnten Grundsätze, welche die ganze Verfassung der Kirche zerstörten. Oehmbs verdrehte die kirchliche Lehre von der hochheiligen Dreifaltigkeit und fand gar keinen Widerspruch darin, daß die unfehlbare Kirche seit Jahrhunderten in dieser Lehre geirrt; Haubs, der nach einander Philosophie, Kirchenrecht und Kirchengeschichte vortrug, reproduzirte nur febronianische Grundsätze und leugnete mit den Jansenisten die Unfehlbarkeit der Kirche in Entscheidung dogmatischer Thatsachen. Ebenso sind die Schriften von Peter Conrad, Regens des trierschen Priesterseminars, Ludwig Werner, Professor des Staatsrechts, und Wilhelm Castello, Subregens, vom rationalistischen Geiste angesteckt.

Nicht besser war es in Mainz. Isenbiehl, der in Göttingen von Michaelis die rationalistische Bibelerklärung gelernt, verdrehte damit die heilige Schrift; Jung verfocht die bischöflichen Rechte gegen die päpstlichen Anmaßungen; Becker, ein Illuminat und Professor der Moral, stützte sich wesentlich auf den Rationalismus; Nimis, gleichfalls Illuminat war Verfasser eines Religionshandbuches, das meistens aus jansenistischen und protestantischen Schriften zusammengestellt ist; Dorsch, als Illuminat ohne Glauben, als Philosoph ein Nachbeter Kants,ꞏ brachte seinen Schülern dieselben Grundsätze bei; Blau, Professor der Dogmatik, welcher mit dem vorigen „die Beiträge zur Verbesserung des äußeren Gottesdienstes in der katholischen Kirche" herausgab, leugnet die göttliche Einsetzung der Beichte und die Unfehlbarkeit der Kirche u. s. w.

Am ärgsten war es vielleicht an der Universität Bonn,[1] die von den Churfürsten Max Friedrich und Max Franz errichtet wurde, um im Gegensatz zu der streng rechtgläubigen Universität

---

[1] Man vergl. den Aufsatz: „Zur Geschichte der churfürstl. Universität Bonn" von Pfarrer Meuser im 2. Heft des niederrheinischen Jahrbuchs für Gesch. und Kunst. Bonn 1844.

Cöln, das neue Licht im Erzstifte zu verbreiten. Curator derselben war Freiherr v. Spiegel zum Desenberg, ein Bruder des späteren Erzbischofs, ein Illuminat aus ganzer Seele. [2]) Schwerlich dürften selbst in den unter Kaiser Joseph stehenden Ländern aus jener Zeit Hochschulen aufzuweisen sein, wo der Primat des Papstes mit solcher Geistlosigkeit angegriffen und frecher verhöhnt worden wäre, als zu Bonn. Voran ging Hedderich, ein Minorit, der sich auf dem Titel seiner Schriften rühmte, schon viermal in Rom censurirt zu sein, und als Büchercensor sogar die Worte des Concils von Florenz strich, in denen vom Primate die Rede ist. Dagegen wurde gelehrt, der heilige Geist stehe mit sich selbst im Widerspruch, wenn man den römischen Curialisten glauben müßte, die als wortreiche Sophisten, aus Stellen der heiligen Schrift sich unterstehen, dem heiligen Petrus und seinen Nachfolgern eine größere Gewalt vor seinen Mitaposteln und vor den Bischöfen zu vindiciren; die Meinung von der Unfehlbarkeit des Papstes sei zu Gratians Zeit unbekannt gewesen. Thabdäus vom heiligen Adam (Dereser), ein Karmelit, zeigte eine solche Verachtung gegen die katholischen Exegeten, aber auch eine solche Selbstüberhebung, daß er meinte, sie alle seien nicht im Stande seine Weise der Bibelerklärung zu würdigen. Die Krone Aller war aber Eulogius Schneider, ein entlaufener Minorit und ein solcher Wüstling, daß durch seine Berufung 1789 allein schon, der Curator sich selbst mit Schmach bedeckte.

Schneider's über alle Maßen schamloses Gebahren nöthigte sogar den Churfürsten Max Franz zu einer Untersuchung gegen ihn; aber Spiegel wußte seinen Günstling so zu schützen, daß ihm der Ankläger sogar Abbitte leisten mußte. Der glaubenslose und frivole Mensch wagte es nun sogar einen Katechismus zu veröffentlichen, worin Christus ein ehrlicher Mann und Gesandter Gottes, aber nirgends Gott genannt wird. Dieses versprach er freilich einem Freunde später nachtragen zu wollen, fügte aber bei, man werde lange warten müssen. Der Churfürst sah sich endlich jedoch genöthigt, ihn von Bonn zu entfernen 1791. Der Unglück=

---

²) Siehe Brück S. 48.

liche ging nach Straßburg, wurde dort zuerst Generalvicar des constitutionellen Bischofs, und später Anhänger von Robespierre und zog als solcher mit der Guillotine mordend durch das Land, bis er endlich selbst unter derselben ein wohlverdientes Ende fand.

Das Ziel all dieser Bestrebungen war mehrfach. Zunächst Vereinfachung des reichen katholischen Cultus, der dem hausbackenen Rationalismus nicht zusagte; daher die Messe in der Landessprache, Verminderung der Zahl der Altäre und der Messen, Abschaffung der Ceremonien, mit einem Worte eine Liturgie nach eigenen Heften. Groß war der Ingrimm gegen kirchliche Segnungen, Gnadenbilder, Scapuliere, Processionen, Wallfahrten, Bruder=schaften und Congregationen, Ablässe, Fasten= und Abstinenztage. Der Rosenkranz war ein Gebet für dumme Leute, die nicht lesen können. Die bisherigen kirchlichen und Privatgebetbücher mußten zeitgemäß verbessert werden; das Brevier galt als nicht mehr ver=bindlich für den Clerus und wurde mit der Scheere des Ratio=nalismus zurecht gestutzt; und die neuen Gebetbücher, die aus dem Zeitgeist hervorgingen, zeichnen sich aus durch eine wässerige Lang=weiligkeit.

Dem Protestantismus gegenüber erstrebte man die Wieder=vereinigung, und predigte deshalb von den Kanzeln herab, alle Religionen seien gleich gut. Aus jenen Tagen stammt denn auch das schöne Verslein: Heide, Christ und Hottentott, glauben alle an einen Gott!

Ausgenommen von der Toleranz waren nur die Klöster, die als Stätten des Müssigganges, des Wohllebens, der Verdummung und des Aberglaubens geächtet waren, und die theils aufgehoben, theils zu Gunsten der Universitäten besteuert wurden. Zudem wurde ihnen die Aufnahme von Novizen erschwert und sie selbst demoralisirt, indem man heirathslustige Mönche und Nonnen dispensirte.

Das letzte Ziel war aber die völlige Trennung von Rom und die Aufstellung von Nationalkirchen, in denen die Bischöfe als kleine Päpste schalteten und walteten.

In solcher Atmosphäre wuchs der Clerus heran, in solchen Schulen ward er gebildet, um dann die Neuerungen in Städte und Dörfer hinauszutragen. Ist es nicht ein Wunder Gottes, daß Land und Leute überhaupt noch katholisch geblieben sind? Wer kann von einem so gebildeten Clerus erwarten, daß er eine vollständige, klare und correcte dogmatische Durchbildung besitzen werde? Und wenn nach solchen Angriffen gegen den Papst und seine göttlichen Privilegien die heranwachsende Generation von der päpstlichen Unfehlbarkeit entweder gar nichts wußte, oder nur die heillosesten Begriffe hatte, wer konnte ihr das verargen?

17. Indeß war das Maß der Ungerechtigkeit voll geworden bis zum Ueberlaufen; die Rache Gottes sollte über die Bedränger des Statthalters Christi hereinbrechen. In Frankreich hatten absolutistische Könige den Gallicanismus benutzt, um ihre Herrschaft immer weiter auszubreiten, sie hatten gewähnt, daß jedes Stück, das sie vom Felsen Petri absprengten, dazu dienen werde, die Fundamente ihres Thrones noch mehr zu festigen, und daß jedes Recht, das sie dem Papste raubten, eine Vermehrung ihrer Kronrechte sei. Schmeichlerische Hofprälaten bildeten die gefügigen Werkzeuge, um die Eingriffe in die Rechte des Papstes in ein theologisches Gewand zu kleiden und ihnen einen Anschein von gelehrter Begründung zu geben. Jansenistische Sectirer hatten diese Streitigkeiten ausgebeutet zu ihren kirchenfeindlichen Zwecken. Von Frankreich war dann Deutschland von dieser Lehre angesteckt, die mit ihren rationalistischen Elementen den ganzen Bestand der Kirche in ihren Fundamenten gefährden zu wollen schien. Ebenso waren von Frankreich aus alle bourbonischen Höfe in diese Kämpfe mit dem Papste verwickelt. Von Frankreich aus sollte auch die Strafe hereinbrechen. Gallicanismus, Jansenismus und Despotismus hatten dort im Bunde mit einer grenzenlosen Unsittlichkeit lange an der Untergrabung von Thron und Altar gearbeitet. Der Sturm der Revolution brach aus, Kirche und Staat brachen zusammen; der König starb auf dem Blutgerüste; die Wogen der Revolution, die über die Grenzen Frankreichs hinausbrandeten, schwemmten die Throne der Bourbonen in Spanien und Neapel hinweg, und vertrieben die geistlichen

Churfürſten aus ihren Ländern. So nahm dieſes antipäpſtliche Treiben ein Ende. Gewiß eine Rache des Himmels!

18. Damit waren allerdings die Frevler gezüchtigt; aber der angerichtete Schaden keineswegs wieder gut gemacht. Der auf theologiſchem Gebiete bewerkſtelligte Bruch mit der Vergangenheit wurde aufrecht erhalten, nach wie vor blickte man mit Verachtung auf die alte katholiſche Wiſſenſchaft. Eine ganze Generation war über dieſer Verheerung und den blutigen Greueln der Revolution dahingeſtorben. Inter arma silent musae: jene Zeit ſich ſtets wiederholender Kriege war auch den theologiſchen Wiſſenſchaften nicht hold. Nach Beendigung der Freiheitskriege hatte das junge Geſchlecht, gewaltſam losgeriſſen von der Tradition der katholiſchen Wiſſenſchaft, Niemand, der ihm den Weg zeigte, es mußte ihn ſelbſt aufſuchen. Eine aus vielen Gründen ſchwierigere Aufgabe, als Manche denken. Bei dem entſchieden feindſeligen Sinne, der in den meiſten damaligen Regierungen Deutſchlands gegen die katholiſche Kirche vorwaltete, brauchte es Muth für einen Profeſſor an einer Hochſchule, den ganzen unliebſamen Inhalt des katholi= ſchen Dogmas in ſeiner ſchärfſten Schneide gegen alle Widerſacher vorzutragen. Wenn aber auch Muth genug vorhanden war, die äußeren Schwierigkeiten zu bewältigen, ſo erhoben ſich noch viel größere, die inneren. Wenn die Entzifferung der Hieroglyphen ſo ſehr ſchwer iſt, weil der Schlüſſel der Tradition zu ihrem Ver= ſtändniß verloren gegangen, ſo dürfen wir uns nicht wundern, wenn in der ſchwierigſten Wiſſenſchaft, der Theologie, die Auto= bidacten beim redlichſten Willen nicht immer das Richtige treffen. Geblendet von dem Glanze der äußeren Form proteſtantiſcher Wiſſenſchaftlichkeit, hatte man ſich gewöhnt, dieſelben Bahnen ein= zuſchlagen. Daher dauerte und dauert das Ueberwuchern minder weſentlicher Studien über die nothwendigere, aber ſehr verkürzte Dogmatik fort, wodurch der Geiſt wohl eine gewiſſe Vielſeitigkeit erlangt, aber auf Koſten größerer Tiefe, Gründlichkeit und dog= matiſcher Sicherheit. Aber nicht bloß formell, ſondern auch inhalt= lich klammerte man ſich vielfach an proteſtantiſche Muſter. Manche Werke katholiſcher Schriftſteller glichen Herbarien, die auf prote= ſtantiſchem Boden zuſammen botaniſirt ſind; oder man nahm

seine Zuflucht zu irgend einem modernen philosophischen System, um es auf die Theologie anzuwenden, und so einen Neubau katholischer Wissenschaft zu versuchen. Mit welchem Erfolge, das sollte sich bald zeigen.

Der erste, der ein neues System theologischer Wissenschaft hergestellt zu haben glaubte, war Hermes, der die kantische Philo= sophie auf die Theologie anwandte. Aber den 26. Sept. 1835 wurde er von Gregor XVI. verurtheilt, „weil er den positiven Zweifel zur Grundlage der theologischen Forschung gemacht, und die Vernunft als die Hauptnorm und das einzige Mittel hin= gestellt, wodurch der Mensch zur Erkenntniß der übernatürlichen Wahrheiten gelange; und darum habe er geirrt in der Natur des Glau= bens, in der Glaubensregel, in Betreff der Schrift, der Tradition und des Lehramtes der Kirche; in den Beweisen für das Dasein Gottes; ferner im Wesen, in der Heiligkeit, Gerechtigkeit und Freiheit Gottes, sowie im Zwecke seiner Werke nach außen; dann in Bezug auf die Nothwendigkeit und Vertheilung der Gnade, des ewigen Lohnes und der Strafe; endlich in Betreff des Urzu= standes der Menschheit, der Erbsünde und der natürlichen Kräfte des Menschen." Deutschland war um eine getäuschte Hoffnung und um einen Conflict mit dem heiligen Stuhle reicher.

Kein besseres Loos hatte Günther, der die Anwendung der Hegel'schen Form zur Herstellung eines Systems der katholischen Wissenschaft versuchte. Auch dieser Versuch wurde von Rom als irrig und verderblich verurtheilt „weil der Rationalismus da= rin vorherrsche, die katholische Lehre von der Einheit der göttlichen Natur und der Dreiheit der Person nicht gewahrt werde, das Geheimniß der Menschwerdung des Wortes und der Einheit der göttlichen Person des Wortes in der Zweiheit der göttlichen und menschlichen Natur verunstaltet, die katholische Lehre vom Menschen, der aus Leib und Seele besteht und zwar so, daß die vernünftige Seele an sich die wahre und unmittelbare Form des Körpers ist, nicht festgehalten; die Freiheit Gottes in der Weltschöpfung beeinträchtigt; daß der menschlichen Vernunft und Philosophie, die in der Reli= gion nicht herrschen, sondern dienen müssen, das Recht des Lehr= amts beigelegt werde und daher der Unterschied zwischen Wissen und Glauben und die Unwandelbarkeit des Glaubens verwischt werde."[1]). Darum sagt der Stiftspropst v. Döllinger in der Rede, die er auf der Versammlung der katholischen Gelehrten zu München, den 28. September 1863 gehalten, vom Stande der heutigen deutschen Theologie: „Die Kette der wissenschaftlichen Tradition, an welcher Jahrhunderte theologischer Thätigkeit sich gehalten und orientirt haben, ist gebrochen. Oder, um ein deutlicheres Bild zu gebrauchen: Das alte von der Scholastik ge= zimmerte Wohnhaus ist baufällig geworden, und ihm kann nicht mehr durch Reparaturen, sondern nur durch einen Neubau geholfen werden; denn es will in keinem seiner Theile mehr den Anforde= rungen der Lebenden genügen. Dieses neue Gebäude ist aber noch nicht fertig; wenn auch Bausteine dazu in Fülle vorhanden sind, und viele Hände sich bereits emsig rühren."[2])

Jedenfalls war es voreilig vor Vollendung eines Neubaues, das alte, wenn auch baufällige Haus der Scholastik zu verlassen, man war wenigstens unter Dach und Fach. Ob unter „den Bausteinen in Fülle" auch der Stein der Infallibilität des Pap= stes sich befinde, möchte nach den Auslassungen von „Janus, der Papst und das Concil", und „Erwägungen für die Bischöfe des Concils" mehr als zweifelhaft sein.

Mit dem bisher Gesagten ist jedoch der Stand der katholischen Theologie in Deutschland keineswegs vollkommen gekennzeichnet. Wenn auch gegen Ende des vorigen Jahrhunderts mit der wissen= schaftlichen Vergangenheit gebrochen ward, so geschah das nicht ohne Kampf. Eine Reihe ausgezeichneter Gelehrten der alten Schule erhob sich mannhaft gegen den Febronianismus und Ra= tionalismus; nicht in alle kirchliche Lehranstalten konnte die Neue= rungssucht eindringen. Der Sturm der französischen Revolution mit ihren endlosen Kriegen hemmte die weitere Ausbreitung der Neuerungssucht und gewährte wieder einige Freiheit zur Grün= dung kirchlicher Anstalten. — Es ist vorzüglich das Mainzer Seminar, welches unter Liebermann zu hoher Blüthe gelangte und

---

[1]) Pius IX. Eximiam Tuam 15. Juni 1857.
[2]) Verhandlungen der Versammlungen katholischer Gelehrten. S. 56.

eine Reihe ausgezeichneter Kirchenfürsten und Gelehrten bildete. Liebermann selbst freilich ein Gegner der päpstlichen Unfehlbarkeit befand sich sonst auf dem Pfade der alten Theologie. In seinem Schüler Klee aber fand diese Lehre wieder einen entschiedenen Vertheidiger.[1])

Epochemachend für die Theologie in Deutschland wurden dann Binterims Denkwürdigkeiten und vorzüglich die Symbolik von Möhler, in der der Verfasser mit glücklichem Griffe die alten scho= lastischen Theologen zu benutzen verstand. Seitdem ist die alte scho= lastische Philosophie und Theologie durch die Bestrebungen einer großen Zahl von Gelehrten allmählig wieder zu Ehren gelangt; wie die mittelalterlichen Bauwerke, so erwirbt sich auch die mittel= alterliche Wissenschaft allmählig wieder die Gunst der Zeit, zumal da Pius IX. nachdrücklich erklärte, daß die Methode und Prin= cipien, nach denen die scholastischen Lehrer der Vorzeit die Theo= logie ausgebildet haben, sehr wohl den Bedürfnissen unserer Zeit und ihrem Fortschritte in den Wissenschaften entsprechen.[2])

Weit entfernt in diesem Ausspruche des Papstes die einzige Berechtigung der alten Schule erblicken zu wollen, stimmen wir vielmehr den Worten v. Döllinger's bei:[3]) „Wenn gegenwärtig in Deutschland zwei theologische Richtungen bestehen, so ist das an sich kein Uebel, vielmehr in manchen Beziehungen als ein Ge= winn zu achten, vorausgesetzt nur, daß beide wahrhaft wissenschaft= lich sind, und daß sie sich wechselseitig Freiheit der Bewegung gestatten." Oder vielmehr noch, wir wünschen, daß beide Rich= tungen sich gegenseitig durchdringen und eine Wissenschaft werden möchten. Wenn nämlich Pius IX. die Methode und die Princi= pien der scholastischen Theologie der Vorzeit als den Bedürfnissen der Gegenwart entsprechend erklärt, so wollte er nicht sagen, die Scholastik solle jetzt ganz wie ehemals, also mit Ausschluß der spätern Errungenschaften in der Exegese, Geschichte, Patristik, Kritik u. s. f. betrieben werden. Es schließen ja doch jene Me= thode und jene Principien der Scholastik selbst, die Herbeiziehung

---

1) Klee, Dogmatik 3. Aufl. Bd. I. 237.
2) Syllabus 13.
3) Döllinger a. a. O. S. 57.

des wahrhaft Guten, was irgend eine Zeit zu Tage fördert, keineswegs aus. Also im Grunde giebt es nur eine wissenschaft=liche Hauptrichtung der Theologie, nämlich jene, welche nach Allseitigkeit strebt.

Ebenso wenig will der Papst damit die Freiheit der Bewegung hemmen. Diese Freiheit der Bewegung kann sich aber doch nur auf Gegenstände beziehen, die theologisch noch eine offene Frage sind, nicht aber auf solche, die zwar nicht formell als Dogma er=klärt worden, wohl aber in der heiligen Schrift als Offenbarung enthalten, in den Aussprüchen der Väter begründet, durch die Hand=lungsweise der Kirche anerkannt sind und zur Erklärung der päpst=lichen Entscheidungen vorausgesetzt werden müssen. Dahin gehörte vor dem 18. Juli 1870 die Lehre von der Unfehlbarkeit des Papstes.

19. Fassen wir nämlich das Gesagte kurz zusammen, so ist in den Worten, mit denen Christus den Primat einsetzte, die päpst=liche Unfehlbarkeit als besonderes Privilegium enthalten; als solches von den Vätern in der Schriftauslegung verstanden; von der ganzen Kirche, die im Papste stets den obersten Glaubensrichter sah, anerkannt; von den Päpsten in ihrem Auftreten gegen die Häresien, auf den Concilien und in der Aufstellung von Glaubenssymbolen stets gehandhabt; so daß sie bis zum Ende des Mittelalters die allgemeine Ueberzeugung der ganzen Kirche bildet. Erheben sich dann Zweifel, die immer nur auf einige Geister und einzelne Länder sich erstrecken, und die sich zunächst zu be=thätigen versuchen in den Appellationen vom Urtheil des Papstes an ein allgemeines Concil; so verdammen die Päpste ein solches Beginnen, belegen es mit der Excommunication und beanspruchen für ihre Entscheidung eine innere Zustimmung, wie nur die Un=fehlbarkeit sie erheischen kann. Bildet sich dann diese Lehre zu einem vollständigen Systeme aus, wie im Richerismus, Gallicanis=mus und Febronianismus, so spricht Rom das Verdammungs=urtheil darüber aus. Das ist der bisherige dogmengeschichtliche Entwickelungsproceß dieser Lehre.

Der Glaube an die Unfehlbarkeit des Papstes ist jetzt in der ganzen katholischen Kirche, mit sehr wenigen Ausnahmen, herrschende Ueberzeugung. Zahlreiche Bischöfe in allen Welttheilen nahmen die päpstliche Unfehlbarkeit zum Gegenstande ihrer Hirten= briefe; eine lange Reihe von Provinzialconcilien spricht sie in ihren Decreten aus.[1]) — Die in Rom zur Definition der unbefleckten Empfängniß Maria's versammelten Bischöfe fordern den Papst auf, auf seine alleinige Autorität hin, den entscheidenden Aus= spruch zu thun; und die wieder in Rom am 29. Juni 1867 bei der 18hundertjährigen Jubelfeier des Martertodes des heiligen Petrus versammelten Bischöfe betheuern feierlich, „Petri Glaube werde nie abnehmen, auch nicht in seinen Nachfolgern auf dem römischen Stuhle."[2])

So hat die Lehre von der Unfehlbarkeit des Papstes einen ähnlichen Entwicklungsproceß durchlaufen, wie die Lehre von der unbefleckten Empfängniß Maria's. Auch diese wurde zuerst geglaubt, gelehrt und als kirchliches Fest gefeiert; dann erhob sich Widerspruch dagegen von Seiten einer angesehenen theologischen Schule, später wurde dieser Widerspruch verboten und mit der Strafe der Excommunication belastet; bis endlich in unsern Tagen Pius IX. dieselbe zum Dogma erhob.

Demselben Papste war es auch vorbehalten auf dem vatica= nischen Concil die Infallibilität zu definiren. Gleich bei Ankün= digung des Concils erstanden plötzlich die schon todt geglaubten Geister des Gallicanismus und Febronianismus aus dem Grabe, um in Broschüren, Adressen und diplomatischen Actenstücken gegen diese Definition zu protestiren. Noch höher stiegen die Wogen der Aufregung als das Concil zusammentrat und diese Frage auf seine Tagesordnung setzte. Mit einer wunderbaren Ruhe aber führte Pius IX. das Steuer der Kirche und mit einer unbeug= samen Festigkeit hielt er an der überlieferten Lehre, und so erfolgte denn am 18. Juli in der vierten Sitzung des vaticanischen Con= cils die dogmatische Erklärung der Unfehlbarkeit. „Treu an= hängend der von Anbeginn des christlichen Glaubens über= kommenen Ueberlieferung, zum Ruhme unseres göttlichen Erlösers,

---

[1]) So nennt das Cölner Provinzialconcil des Papstes die Ent= scheidung vom. J. 1860 in Glaubenssachen unfehlbar: cujus in fidei questionibus per se irreformabile est judicium. cap. 25.
[2]) Schneemann, kirchl. Lehrgewalt. S. 138—150.

zur Erhöhung der katholischen Religion und zur Wohlfahrt der christlichen Völker lehren und erklären wir unter Zustimmung des heiligen Concils hierdurch feierlich, es sei eine göttlich offenbarte Glaubenswahrheit, daß der römische Papst, wenn er ex cathedra spricht, d. h. wenn er in Ausübung seines Amtes als Hirt und Lehrer aller Christen vermöge seiner höchsten apostolischen Autorität in der Glaubens= oder Sittenlehre eine von der ganzen Kirche festzuhaltende Entscheidung trifft, kraft des ihm in der Person des heiligen Petrus verheißenen göttlichen Beistandes sich jener Unfehlbarkeit erfreue, womit der göttliche Heiland seine Kirche bei Entscheidung der christlichen Glaubens= und Sittenlehren hat ausstatten wollen; und daß deshalb eben solche Lehrentscheidungen des römischen Papstes durch sich selbst und nicht erst durch die hinzukommende Zustimmung der Kirche unabänderlich gültig seien. Wenn aber Jemand, was Gott verhüten wolle, sich mit dieser unsrer Entscheidung in Widerspruch setzen sollte, der sei im Banne.[1])

---

[1]) Die letzte Ausflucht, die man jetzt verzweifelnd ergreift, um dem Dogma der Infallibilität des Papstes zu entgehen, besteht in der Läugnung der Oecumenicität des Concils. Ein Concil, heißt es im Lager der Opposition, muß frei sein, damit es den Character der Allgemeinheit bewahre. Das Vaticanum war aber nicht frei, weil der Papst demselben eine Geschäftsordnung aufzwang, weil ferner in Folge dieser Geschäftsordnung die Majorität der Bischöfe die Minorität überstimmen und mundtodt machen konnte, und weil endlich der Papst für sich selbst Partei nahm und sein persönliches Ansehen mißbrauchte, um die Minorität einzuschüchtern und sie lahm zu legen. Das Concil ist folglich, so schließt man, kein allgemeines und daher haben auch seine Beschlüsse keine Geltung.

Eine solche Auffassung der Sache ist indeß bloß dadurch möglich, daß man, ob absichtlich und böswillig, oder aus Mangel an Einsicht und Kenntniß, bleibt für den Gegenstand selbst gleichgültig, die Natur der Concilien und die Rechte des Papstes entstellt. Man gewöhnt sich allmählig die Concilien mit den constitutionellen Versammlungen, Parlamenten und Kammern zu identificiren und den Papst als den Präsidenten zu betrachten. Durch diese Auffassung werden in das Kirchenregiment Grundsätze hinein getragen, die alles andere sind, nur nicht die von Christus gewollte und begründete Ordnung.

I. Nach der Einsetzung Christi ist der Papst der Grundstein der Kirche und das Haupt derselben. 1. Nach allen katholischen Theologen hat demnach der Papst in Beziehung auf die Concilien das Recht dieselben zu berufen, das Recht auf denselben persönlich oder durch Legaten den Vorsitz zu führen und zwar nicht bloß in der Eigenschaft eines Präsidenten, als primus inter pares, sondern als leitende und entscheidende Auctorität. Endlich hat er das Recht die Conciliarbeschlüsse zu bestätigen oder zu verwerfen, so zwar, daß ohne seine Bestätigung dieselben keine Geltung haben. Hefele, Conciliengesch. I. 5. 25. 47. In der mit Auctorität bekleideten Präsidialmacht des Papstes liegt aber offenbar das Recht den Gang und die Norm des Concils zu bestimmen, d. h. eine Geschäftsordnung vorzuschreiben. Hat der Papst diese Gewalt nicht, so ist er nicht mehr Haupt des Concils, sondern höchstens Präsident desselben.

2. Die Geschichte der Concilien zeigt es hinlänglich, daß diese Lehre der Theologen nicht bloß Theorie, sondern stets beobachtete Praxis in der Kirche war. Cölestin und Leo I. schickten ihre Legaten nach Ephesus und Chalcedon als Richter und als Vollstrecker der von ihnen, den Päpsten, entschiedenen Glaubenslehren, und letzterer verbot sogar eine weitere Discussion über seine Entscheidung (rejecta penitus audacia disputandi). Papst Agatho befahl den Vätern des VI. allgemeinen Concils, seine Definition als gewiß und unabänderlich anzunehmen und allen Streit darüber, als wäre die Sache zweifelhaft, zu unterlassen. Das Verbot einer Discussion ist aber sicherlich auch ein Stück Geschäftsordnung.

3) Auf den vier ersten Lateranconcilien, bei denen sich die Bischöfe und anderen Prälaten äußerst zahlreich einfanden, wurden wichtige Glaubensregeln und manchsache Geschäfte im Verlauf weniger Tage oder Wochen abgethan. Wer nicht bloß lesen kann, (denn gedruckt steht es nicht), sondern zu urtheilen vermag, wird daraus schließen müssen, daß die Päpste die Versammlung nicht nur keine Zeit mit der Discutirung einer Geschäftsordnung vergeuden ließen, sondern daß sie auch mit einem fertigen Programm aller zu behandelnden Gegenstände vor dieselbe traten. Da wir nun in allen diesen Concilien von keinen Protesten wegen Vergewaltigung des Papstes oder wegen mangelnder Freiheit etwas hören, sondern mehrere derselben, wie das von Ephesus und Chalcedon ausdrücklich bekennen, man müsse sich an die Entscheidungen des Papstes halten und jede andere, um so mehr jede abweichende, sei unerlaubt, so ist leicht zu ersehen, daß darin dem Papste mindestens ein dreifaches Recht zuerkannt wird: 1. die Ordnung der Geschäfte zu bestimmen, 2. die zu berathenden Gegenstände vorzuschlagen, 3. solche Entscheidungen zu treffen, die maßgebend sind und von allen angenommen werden müssen. Wenn mitunter einzelne Concilien, wie jenes von Trient, sich selbst eine Geschäftsordnung aufstellten, so war hiezu die vorausgehende Erlaubniß des Papstes nothwendig.

Wir schließen daher, daß die Aufstellung einer Geschäftsordnung durch den Papst die Freiheit des Concils nicht beeinträchtigt, weil in dem Primate die Berechtigung dazu liegt, und weil der Papst dieses Recht auf den früheren Concilien, die kein Katholik unfrei nennen darf, thatsächlich ausgeübt hat.

II. Mit größerem Nachdrucke als die Aufstellung einer Geschäftsordnung durch den Papst wird der Mangel an Freiheit in der Discussion zum Vorwurfe gemacht. Der Papst, sagen die Gegner der Infallibilität, habe in dem Ausschreiben an die Bischöfe die Infallibilität nicht auf das Programm der zu behandelnden Gegenstände gesetzt, dennoch sei sie behandelt und erklärt worden; auf dem Concil selbst seien die Schemata nur kurze Zeit vor der Behandlung des Gegenstandes selbst den einzelnen Bischöfen überreicht worden; man habe die Redner der Minorität unterbrochen, ihnen das Wort entzogen, die Gegengründe nicht aussprechen lassen; die Majorität habe es zufolge des Geschäftsprogrammes in der Gewalt gehabt, den Schluß der Discussion durchzusetzen, obgleich noch viele Redner sich gemeldet hätten und endlich sei der Beschluß des Infallibilitäts-Dogmas gegen eine starke Minorität gefaßt worden, was gänzlich der Verfahrungsweise der Kirche widerstreite. Die Schwäche und theilweise Unwahrheit dieser Einwürfe läßt sich indessen unschwer darlegen.

1) Bevor man zunächst dem Papste es zum Vergehen anrechnen kann, daß er die Infallibilität nicht ursprünglich auf das Programm gesetzt hat, müßte bewiesen werden, daß er überhaupt schon ursprünglich diesen Gegenstand vorzulegen beabsichtigt habe; es müßte bewiesen werden, daß er verpflichtet sei, nichts dem Concil vorzulegen, was er im Ausschreibungsdecret nicht erwähnt hat und daß er selbst auf die Bitten der Majorität der Bischöfe gestützt, dem Concil nichts erlauben könne, wozu er nicht vor der Zusammenkunft der Bischöfe die Erlaubniß oder den Befehl gegeben habe. Es ist indeß psychologisch räthselhaft, daß gerade jene Leute dem Papste einen Vorwurf darüber machen, daß er den Bitten der Majorität hierin nachgab, welche andererseits behaupten, nicht der Papst, sondern nur das Concil selbst habe das Vorschlagsrecht. Ebenso räthselhaft ist das kurze Gedächtniß dieser Leute, die sich jetzt geberden, als seien die Bischöfe mit der Infallibilitätsfrage völlig unvorbereitet überrumpelt worden. Hat man denn jenen Lärm, der lange vor dem Concil darüber erhoben wurde, schon gänzlich vergessen, sowie den Brief des Bischofs Dupanloup, der seiner Zeit so großen Jubel und solche Zuversicht in gewissen Kreisen hervorrief?

2. Die Klagen hinsichtlich verspäteter Ueberreichung der Schemata ist höchst grundlos. Nach dem Reglement mußten dieselben während einer „angemessenen Frist" den Vätern zur Erwägung übergeben werden, um allenfallsige Bemerkungen dagegen schriftlich machen zu können. Sei es nun, daß diese angemessene Frist nicht so lange dauerte, als vielleicht manchem lieb gewesen wäre, so ist dagegen zu erwägen, daß diese ganze Frist, ob kurz oder lang, eine Zugabe zu Gunsten der Abänderungslustigen war, die auf früheren Concilien nicht gewährt wurde. Auf diesen Concilien nämlich wurden die Fragen in den Sitzungen selbst, wie die Gegner, dem Herrn v. Döllinger folgend, aber auch selbst damit sich schlagend, öfter wiederholt haben, öffentlich discutirt. Auf dem Vaticanum dagegen wurden die zu behandelnden Stoffe zuerst durch die Schemata der Privatuntersuchung der einzelnen Bischöfe übergeben, und gelangten erst dann zur öffentlichen Discussion in den General-Congregationen. Das Vatikanum steht daher in Beziehung auf die Freiheit und Zweckmäßigkeit der Untersuchung nicht nur nicht hinter den früheren Concilien zurück, sondern bietet sogar noch einen Vortheil.

3 Daß die Bischöfe der Gegenpartei durch Lärmen, Tumulte und durch Entziehung des Wortes gehindert wurden, ihre Meinung offen und frei zu bekennen und die Wahrheit darzulegen, ist eine Entstellung der Thatsachen. Wie anhaltend und begründet waren nicht die Klagen in allen Zeitungen durch ganz Europa, daß die Zeit durch lange Reden, durch Wiederholung des öfter Gesagten vergeudet werde? Unter den viel, oft und lange Sprechenden ragten indessen gerade die Bischöfe der Opposition hervor; die Zeitungen haben uns ihre Namen genannt und die pikantesten Stellen ihrer Reden gemeldet. Das alles zeigt die Freiheit des Wortes, wie es in Rom gesprochen werden durfte. Da ferner dieselben Zeitungen den unvermeidlichen gewaltigen Eindruck fast aller Reden der Oppositionsbischöfe getreu vermeldeten, so hat man sich im Voraus Lügen gestraft, wenn man jetzt von Unterdrückung durch Lärm, Tumulte reden will, denn im Tumulte kann auch die beste Rede keinen gewaltigen Eindruck hervorbringen. Den Wenigen endlich, denen das Wort entzogen wurde, widerfuhr dieses Schicksal deßwegen, weil sie vom Gegenstande abschweiften oder sich ungebührlicher Aeußerungen gegen den Papst bedienten. In welcher Kammer geschieht nicht dasselbe? Will man deßhalb über verkümmerte Freiheit klagen, so hat man näher liegende Gelegenheiten als Rom.

4. Nach der Geschäftsordnung stand es allerdings der Majorität zu, auf den Antrag von zehn Mitgliedern die Discussion zu beschließen. Das Concil selbst also fällte das Urtheil darüber, ob es hinlänglich aufgeklärt

sei oder nicht, dieses Urtheil wurde ihm nicht vom Papste oder den Cardi-
nälen aufgedrungen. Was konnte vernünftiger sein als diese Regel? Hätte
dafür etwa das Gesetz gegeben werden sollen, jeder dürfe reden, so oft und so lange
er wolle, jeder dürfe das hundertmal Gesagte nochmals wiederholen, und die ganze
Versammlung sei verpflichtet alle Sprecher, so lange es denselben beliebe
anzuhören? Das wäre ein Gesetz, gegen dessen Druck der Tod allein Ab-
hülfe bringen könnte. Mit welcher fast übermäßigen Schonung die Majorität ihres Rechtes sich bediente, dafür gaben wieder die Concils-feindlichen
Blätter Zeugniß, indem sie nicht müde wurden über den schleppenden und
zögernden Gang des Concils zu spotten. Diese Zögerung war aber gerade
die Wirkung des in größter Freiheit und ungehemmt dahin fließenden Rede-
stromes. Beschloß endlich die Majorität das Ende der Discussion, so geschah
es erst, nachdem keine neuen Gründe oder Gegengründe vorgebracht werden
konnten, nachdem alles Mögliche zehn bis zwanzig mal wiederholt worden
war. Gleichwohl kam das Resultat den Gegnern der Infallibilität, die
sich über den Schleppgang lustig gemacht hatten, noch viel zu früh, daher
jetzt die Klage wegen Uebereilung.

5. Am meisten stützt man sich gegenwärtig darauf, daß der Beschluß
wegen der Infallibilität nicht „mit der erforderlichen Uebereinstimmung
gefaßt worden sei." Dieses Urtheil leidet an einem doppelten, einem factischen und dogmatischen Irrthum. Es haben bekanntlich in der Sitzung
vom 18. Juli 533 Stimmen dafür, und nur 2 dagegen votirt, von denen
die eine noch nachträglich ihr non placet zurücknahm. Es sind aber die
öffentlichen Sitzungen jene Zeitmomente, in welchen die Beschlüsse endgültig
gefaßt werden; wer in den Sitzungen nicht erscheint, verliert seine Stimme.
Wenn daher außerhalb der Sitzung noch etwa 88 Bischöfe anderer Meinung waren, so kann dies den Beschluß nicht zu ihrem Vortheil ändern,
weil sie sich selbst ihres Stimmrechtes begaben, eine nachfolgende Reclama-
tion hat deßwegen keine Geltung, weil in der Sitzung selbst durch den
Beitritt des Papstes die Sache für immer und unabänderlich entschieden
wurde. Indessen nehmen die Feinde des Concils selbst jene 88 Bischöfe
höchst willkürlich für sich in Beschlag, da es notorisch ist, daß ein großer
Theil derselben ihre spätere Unterwerfung und den Anschluß an die Definition erklärte. Der Beschluß ist also nicht nur mit einer „erforderlichen,"
sondern mit einer an Einheit grenzenden Uebereinstimmung erfolgt. So
viel über den thatsächlichen Irrthum; wir kommen zum dogmatischen. Die
erforderliche Uebereinstimmung, von welcher die Gegner sprechen, scheint
also nach dem Dargelegten eine mathematische Einheit sein zu sollen. Auf
welchen Grund gestützt fordern sie eine solche Einheit; ja auf welchen
Grund fordern sie überhaupt nur die Mehrzahl der Bischöfe zur Gültigkeit
einer dogmatischen Entscheidung? Auf dem Concil von Jerusalem gingen
die Ansichten mehrfach auseinander, man war weit, sehr weit von einer
auch nur moralischen Einheit entfernt, bis endlich Petrus als Haupt der
Kirche auftrat, seine Entscheidung aussprach und dadurch alle übrigen zur
Beistimmung zwang. Jene Definition, welcher der Papst beitritt, wird
Conciliarbeschluß, der dissentirende Theil aber, ob Majorität oder Minorität muß sich fügen und beistimmen. Wir haben uns bemüht den Ursprung
der Lehren unsrer Gegner von der nothwendigen Einstimmigkeit dogmatischer
Beschlüsse zu entdecken, es thut uns herzlich leid, keine andere als die trübe
Quelle des Jansenismus gefunden zu haben. Damals, als die Jansenisten
die Proteste und Unterschriften der Appellation gegen die Bulle Unigenitus
sammelten, tauchte das Hirngespinnst auf, wenn der Episcopat nicht ganz
einstimmig sei, so könne man kein Dogma als definirt annehmen. Mit
welcher Stirne wollten unsere Neu-Jansenisten und Neu-Gallikaner mit
diesem Grundsatze auf ihrer Fahne geschrieben, einem Arianer oder Nesto-

rianer antworten, wenn diese die Gottheit Christi oder die göttliche Mutter-
schaft Marias leugnen? Wollen sie ihnen sagen, das seien Glaubenslehren,
entschieden zu Nicäa und Ephesus? Sie werden folgerichtig entgegnen,
diese Dogmata seien nicht „mit der erforderlichen Uebereinstimmung" verfaßt
worden, denn auch dort gab es Bischöfe, welche mit non placet stimmten?
Aus jansenistischer Quelle stammt das wieder vielgefeierte Wort: resistere
licet. Es ist schade, daß der Raum uns verbietet zu zeigen, wie die Gegner des Vatikanums im vollen Laufe sind, den ganzen Instanzenzug der alten
Jansenisten nur mit weniger Talent und kläglichern Erfolgen durchzumachen.
III. Die letzte Nergelei gilt der Person des Papstes, Pius IX,
selbst. „Pius hat sich selbst zur Partei gemacht; er hat sich für die Infallibilität noch vor deren Entscheidung ausgesprochen; er hat Bischöfe, die sich
dafür erklärten, belobt, die Gegner der Infallibilität hat er bei verschiedenen
Anläßen getadelt; er hat die Missionsbischöfe zu Rom unterstützt und unterhalten, diese aber haben wie auf Commando nach dem Takte für die
Infallibilität agirt und so die Majorität herausgebracht."

1. Es ist Pius IX. sehr verargt, daß er in zahlreichen Breven,
Schriftsteller, die die Infallibilität vertheidigten, und Priester und Laien,
die in Adressen um die Definition derselben baten, belobte und ermuthigte;
während andererseits Adressen um Abstandnahme von der Definition ver-
hindert wurden. — Es ist das eine grundlose Klage, die auf einer Ver-
kennung des Standes der Frage beruhet. Die Päpste haben immer sehr
nachdrücklich an der Infallibilität festgehalten und Pius IX. ist nur in die
Fußstapfen seiner Vorgänger getreten, die die gallicanischen Artikel verdammten. Die Infallibilität ist eine Offenbarungslehre, und darum die
Neutralität dagegen ein Verrath an der Wahrheit, deren sich kein Papst
schuldig machen darf.

Die Adressen an den Papst und das Concil um die Definition der
Unfehlbarkeit hatten ihre volle Berechtigung, denn sie beruhten auf der
ganz richtigen Voraussetzung, daß das Concil durch einen gerechten Rath-
schluß Gottes, irgend etwas Gutes unterlassen könne, denn wenn es auch
die Verheißung des heiligen Geistes hat, so hat es doch nicht die Verheißung, daß es alle wünschenswerthen guten Beschlüsse fassen werde; dagegen
waren Adressen an das Concil um Unterlassung der Definition durchaus
unberechtigt, weil sie nur auf der falschen Voraussetzung beruhen konnten, daß Concil könne einen Irrthum dogmatisch definiren, oder wenigstens für die Kirche nachtheilige Beschlüsse fassen.

2. Daß Pius bei der großen Verlegenheit seiner Finanzen noch die
dürftigen Bischöfe fremder Welttheile unterhielt, sollte ihm zum Lobe, nicht
zum Tadel gereichen. Während katholische Regierungen kalt, theilnahmslos
den Papst seinem Schicksal überlassen, er aber selbst hülfsbedürftig, seine
Kassen öffnet, um ein großes katholisches Werk, wie das Concil ist, zu
Stande bringen zu können: erstirbt uns das Wort auf den Lippen, wenn
wir jenen schmählichen Hohn qualificiren sollen, den man ihm wegen seiner
großmüthigen That nachruft. Die Schmähsüchtigen! warum öffneten nicht sie
selbst ihre vollen Beutel zur Unterstützung jener armen Bischöfe, um sie so
dem Solde des Papstes zu entziehen? Die unterstützten Bischöfe selbst
aber finden wir uns nicht bemüssen zu vertheidigen gegen Verleumdungen,
als hätten sie für ein Linsenmus ihre Pflicht verrathen und ihr Gewissen
verkauft. Solche Verleumdung kann bloß dem Munde von Leuten ent-
strömen, die selbst kein höheres Princip kennen, als „weß Brod ich eß', deß
Lied ich sing." Wird man auch sagen dürfen, die Männer der Wissenschaft,
die Professoren, hätten keine Freiheit mehr, sie müßten alle nach dem Willen
der Regierung sprechen und lehren, weil sie von dieser besoldet werden?

Fünfter Vortrag.

Bedeutung der Unfehlbarkeit des Papstes.

Die Kirche ist nach dem Ausspruche des Weltapostels der geistige Leib Christi, dem er das höhere göttliche Leben mittheilt. Das sichtbare Haupt dieses geistigen Leibes Christi ist der Papst, dem die Schlüssel des Himmels anvertraut sind, und der den Hirtenstab führt, um alle Schaafe und Lämmer der großen Heerde Jesu Christi zu weiden. Unter dem Papst als sichtbarem Haupt gliedern sich in hierarchischer Ordnung die verschiedenen Stände der Kirche, von den Bischöfen bis zu den Laien herab. Ein Band des Glaubens und der Liebe umschlingt Alle, durch welches der Ausbau des geistigen Leibes Christi vollendet wird. Diese wohl organisirte Kirche stellte Christus in diese Welt, daß sie wie einst Israel ihre Wanderschaft durch die Jahrhunderte antrete, sowohl die einzelnen Seelen wiedergebäre für den Himmel, als auch für die Völker ein himmlischer Sauerteig werde, der sie mit einem neuen kräftigen Leben durchdringe.

Nun gibt es nichts Selbstverständlicheres, als daß Alles, was das Haupt der Kirche, den Papst betrifft, ·alle seine Voll= machten, Gewalten und Privilegien vom größten Einfluß sind auf den ganzen Organismus der Kirche und ihre Bestrebungen und Thätigkeiten in der Welt. Die Unfehlbarkeit aber ist gewiß eins der glänzendsten und wichtigsten Privilegien, die den Papst aus= zeichnen. In ihrem Lichte und unter ihrem Einflusse muß also das Papstthum, die Kirche, und der Einfluß der Kirche auf die Welt in der glänzendsten und heilsamsten Weise sich gestalten.

Das aber gerade ist es, was ein Theil der katholischen Welt nur mit ungläubigem Achselzucken vernimmt, und die Con= sequenzen davon mit den schwärzesten Farben ausmalt, die Wirkungen im düstersten Lichte erblickt. Die Stellung des Papstes wird dadurch, heißt es, zu einer schwindelnden Höhe hinaufge= schraubt, auf der ihm zuletzt selber noch bangen muß, wegen aller Fragen, die ihm vorgelegt werden. Und wie nimmt sich erst die Geschichte der Päpste mit all ihren Mißgriffen und Uebergriffen in fremdes Gebiet aus, wenn die Päpste der Vergangenheit alle im Lichte der Unfehlbarkeit dastehen sollen?

Was wird aus der Kirche, wenn durch die Unfehlbarkeit des Papstes die Centralisation immer strammer, die freie Bewe= gung immer mehr eingeschränkt wird, wie werden dem Genius die Flügel beschnitten, sein freier Aufschwung gehemmt und wie wird die kath. Wissenschaft zusammenschrumpfen müssen in talmudistische Silbenstecherei, deren höchstes und letztes Ziel ist, irgend einen unfehlbaren. päpstlichen Ausspruch für die Lösung einer Frage zu finden?

Die außerkirchliche Welt, andersgläubige Confessionen, an deren Wiedervereinigung die Kirche arbeiten sollte, und die in dem unfehlbaren Lehramte der Kirche schon jetzt die unübersteig= liche Kluft erblicken, welche sie von uns trennt, werden sie bei der Aufstellung der päpstl. Unfehlbarkeit nicht in das kapharnaitische Wort ausbrechen: „Diese Rede ist hart, wer kann sie hören," und der Kirche vollends den Rücken kehren? Wozu noch diese Kluft weiter machen und die Scheidewand höher führen? Und der moderne Staat, welcher aus allen Kräften bemüht ist, ein

Band nach dem anderen zu lösen, das ihn Jahrhunderte lang mit der Kirche verbunden, und der auf völlige Trennung von der Kirche lossteuert, dessen Mißtrauen gegen die Kirche man vor Allem beschwichtigen sollte, wird der nicht im unfehlbaren Papste eine beständige Drohung sehen, daß die Kirche dahin trachten werde, alle seine Bestrebungen zu durchkreuzen, ihre Lehren und Gesetze ihm aufzudrängen, seine Staatsformen durch mittelalterliche Einrichtungen zu verdrängen, kurz wird er nicht in der päpstlichen Unfehlbarkeit ein Damoclesschwert erblicken, das stets drohend über seinem Haupte schwebt?

Das sind die Schreckbilder, die man von der Unfehlbarkeit des Papstes entwirft. Faßt man sie näher in's Auge und prüft man sie mit nüchterner Ueberlegung, so verflüchtigen sie sich im Phantasiegebilde, und lösen sich auf wie die Nebelwolken vor der aufgehenden Sonne.

Die Unfehlbarkeit in Bezug auf den Papst selbst, die Unfehlbarkeit des Papstes in ihren Beziehungen zur Kirche, und die Unfehlbarkeit des Papstes in Bezug auf die außerkirchliche Welt: — das sind die drei Standpunkte, von denen aus wir unseren Gegenstand noch zu beleuchten haben.

I.

1. Was ist der Papst? Er ist der Stellvertreter Christi auf Erden. Der Sohn Gottes wurde Mensch in der Fülle der Zeiten, um in seinem dreifachen Amte als Hohepriester, König und Prophet die Menschheit zu erlösen. Als Hohepriester bestieg er den Altar des Kreuzes, um sich selbst als wohlgefälliges Brandopfer dem ewigen Vater darzubringen, die Scheidewand zwischen Himmel und Erde niederzureißen und in seinem Blute die Arznei für alle Sünden der Welt zu bereiten; als König wurde er der Gründer eines großen geistigen Reiches, das sich erstreckt vom Aufgang der Sonne bis zum Niedergang und das alle Zeiten überdauert; als Prophet unterwies er die Menschheit in all' jenen Rathschlüssen des dreieinigen Gottes, die er zum Wohle der Menschheit gefaßt, und deren Kenntniß ihr nothwendig ist, um freithätig auf den Erlösungsplan Gottes einzugehen. Dieses drei-

fache Amt übertrug Christus, als er mit seiner sichtbaren Gegen=
wart die Erde verließ, dem hl. Petrus und dessen Nachfolgern,
den römischen Päpsten, die als Hohepriester mit der Verwaltung
der Gnadenschätze Christi betraut sind, als geistige Könige die
Binde= und Lösegewalt ausüben und als Lehrer alle Offen=
barungswahrheiten in ihrer Reinheit bewahren und sie den hülfs=
bedürftigen Seelen vermitteln. Darum trägt der Papst die drei=
fache Krone als Sinnbild dieser erhabenen Würde; darum hat
Christus die Schlüssel in seine Hände gelegt, als Sinnbild der
Vollgewalt im Hause Gottes, um sowohl die Schätze der Gnade
zu eröffnen, als auch die Geheimnisse der Wahrheit zu erschließen;
und darum trägt er den Hirtenstab, in dem Milde und Kraft
sich paaren, damit er die ganze Heerde auf die Weide der Wahr=
heit und zu den Quellen der Gnade führe, sie in Ordnung und
Zucht halte und gegen Miethlinge und Wölfe sie vertheidige.
Das ist das Papstthum — die erhabenste Würde, die je auf
menschliche Schultern gelegt wurde.

Was ist nun die Unfehlbarkeit des Papstes?

Sie ist gewiß das kostbarste Juwel in dieser dreifachen
Krone; aber wie erhaben sie auch sei, sie ist ein Privilegium, das
in vollem Einklange steht mit der Vernunft; das nur die Er=
füllung eines Vorbildes des alten Bundes ist; und dessen Dogmati=
sirung ein Act der Sühne ist gegenüber all' jenen Unbilden, mit
denen das Papstthum in den letzten Jahrhunderten überhäuft
worden ist.

2. Die Unfehlbarkeit ist zunächst ein mit der Vernunft im
vollem Einklange stehendes Privilegium des Primates. Ihrem
Wesen nach besteht sie ja in jenem Beistand des hl. Geistes, der
den Papst vor jedem Irrthum bewahrt, so oft er eine Entscheidung
in Glaubens= und Sittenlehren für die ganze Kirche erläßt. Was
ist daran unvernünftig? Ist der hl. Geist etwa nicht mehr der
Geist der Wissenschaft und Wahrheit, und vermag sein Licht nicht
mehr den Geist des Papstes zu erhellen, um die Wahrheit vom
Irrthum zu unterscheiden, die eine zu bestätigen, den anderen zu
verdammen? „In Rom selbst wird dann das Wort sich ver=

wirklichen, dir wird gewiß noch einmal selbst ob deiner Gott= ähnlichkeit bange." [1]

Warum bangen? Es gibt noch ganz andere Lehren und Einrichtungen der katholischen Kirche, ob denen dem Papst, den Priestern und allen Gläubigen bangen sollte, noch ganz andere Züge der Gottähnlichkeit, die uns mit Furcht und Zittern erfüllen sollten. Hat nicht jeder Priester die Macht durch die Consecra= tionsworte, die er ausspricht über Brod und Wein, die Substanz derselben in die Substanz des Leibes und Blutes des Herrn zu verwandeln? Sind diese Worte nicht ebenso allmächtig wie die Worte des Herrn: „Es werde Licht?" Welchem Priester sollte nicht ein hl. Schauer überlaufen, so oft er diese Worte ausspricht, und den Richter der Lebendigen und Todten in seinen Händen trägt? Ist die Gewalt Sünden zu vergeben geringer? Wer kann Sünden vergeben als Gott allein? [2] Das Wort: Ich spreche dich los von deinen Sünden, ist also im Munde des Priesters ebenso allmächtig als das Wort des Herrn, das er in das Grab hinein= rief: Lazarus, ich sage dir, steh' auf! Ist selbst die Macht des gewöhnlichen Menschen geringer? Wer über das Haupt eines neugeborenen Kindes einige Wassertropfen schüttet und in der Intention der Kirche, die Taufformel dazu spricht, der öffnet diesem Menschenkinde die Pforten des Himmels, und wenn es vom Mutterleibe sofort zum Grabe getragen wird und sein Durch= gang durch dieses Leben keine Spuren auf Erden zurückläßt, so ist es doch am Throne Gottes ein seliger Geist, strahlender an Schönheit als die leuchtendsten Gestirne am Firmament. Ist die Unfehlbarkeit des Papstes eine Prärogative größer als alle diese Gewalten, die das Christenthum verleiht, als alle diese Wunder, die es wirkt? Ist dem hl. Geiste das eine schwieriger als das andere? — Man wird einwenden: Ja, aber die Unfehlbarkeit des Papstes ist das Privilegium eines einzigen; während die anderen Gewalten allen Priestern und Christgläubigen oder gar allen Menschen gemein sind. Sehr wahr, indeß man bedenke, es

---

[1] Janus, der Papst und das Concil. S. 51.
[2] Luc. 5, 21.

genügt, daß der Papst ganz allein unfehlbar sei, um den Glauben
der Kirche vor Irrthümern zu bewahren; denn Alle brauchen nur
auf seine Stimme zu hören und sie werden den geraden Weg
der Wahrheit nie verlassen. Hätte aber nur der Papst allein die
Macht zu consecriren, so wäre der größte Theil der Menschheit
vom Empfange der hl. Kommunion ausgeschlossen; besäße er allein
die Gewalt der Sündenvergebung, so gäbe es für die wenigsten
Seelen, welche nach der Taufe in Sünden fallen, Gnade und
Heil; wäre er der einzige Träger der Taufgewalt, wie manches
Kind wäre von der Anschauung Gottes ausgeschlossen! Wie die
Weisheit Gottes das ganze sichtbare Weltall nach Zahl und Maß
und Gewicht ordnet, und je nach dem Grade der Nothwendigkeit
die verschiedenen Elemente und Wesen vervielfacht, so hat sie auch
in der Kirche, im Reiche der Gnade, zahlreiche Träger angeordnet,
die die Gnade der Sakramente vermitteln, während ein einziger
Papst genügt, der Träger der Wahrheit des Glaubens zu sein in
Kraft des Privilegiums der Unfehlbarkeit.

Wenn aber der Papst unfehlbar ist, — so darf die Unfehl=
barkeit sich nicht erst bei Pius IX. vorfinden; alle seine Vor=
gänger bis auf Petrus hinauf, müssen unfehlbar gewesen sein.
In welchem Lichte stehen aber die Päpste da? Hat es nicht wie
heilige so auch unheilige, wie gute so auch schlechte, wie starke so
auch schwache, wie gelehrte so auch unwissende Päpste gegeben?
Ganz gewiß. Hat es nicht Päpste gegeben, die anstatt die Kirche
Gottes zu höherer Blüthe zu führen, ihr geschadet durch ein
schlechtes Beispiel, durch verfehlte Maßregeln, die weit entfernt
das Ziel zu erreichen, nur desto weiter davon abführten? Ganz
gewiß. Haben die Päpste nicht auch persönlich vielfach geirrt und
ihre Meinungen geändert? Alles das mag sein; aber niemals
haben sie als Päpste irrthümliche Entscheidungen in Glaubens=
sachen der ganzen Kirche gegeben. Die Unfehlbarkeit im Glauben
war eine helleuchtende Fackel, die Christus dem Petrus in die
Hand gab, und die er seinen Nachfolgern übergeben, und so ist
sie stets strahlend in demselben Glanze durch 18 Jahrhunderte
von Hand zu Hand gegangen bis auf Pius IX., ob die Hand,
welche sie hochhielt, die Hand eines Heiligen oder eines Sünders,

die Hand eines Gelehrten oder eines Unwissenden, die Hand eines Helden oder eines gewöhnlichen Menschenkindes war; das blieb sich gleich, sie hat in demselben Glanze gestrahlt ohne zu erlöschen oder sich zu verdunkeln; denn sie ist eben kein menschliches, sie ist ein göttliches Licht.[1)]

3. Die Unfehlbarkeit des Papstes ist ferner die Erfüllung eines Vorbildes des alten Testaments. Erklären wir das näher. Der menschliche Geist ist in Folge der Erbsünde so sehr dem Irrthum unterworfen, daß er die religiöse Wahrheit, auch wenn sie ihm von Gott geoffenbaret ist, nicht in ihrer vollen und un= getrübten Reinheit auf die Dauer zu bewahren vermag. Zeuge dessen ist das antike und moderne Heidenthum. Darum wollte Gott die religiöse Wahrheit auf dem Wege der Tradition erhalten und sie gewissermaßen unter den Schutz eines öffentlichen Amtes stellen, des Amtes der Patriarchen, der Propheten und vor Allem des aaronischen Priesterthums, in welchem die Einrichtungen des alten Bundes gipfelten. Der Hohepriester des alten Testaments besaß nun allerdings nicht die Gabe der Unfehlbarkeit, allein in sehr wichtigen, die ganze Nation interessirenden Fragen, wo sie rathlos dastand, war sie angewiesen, sich an ihn zu wenden, damit er Jehovah, der über der Bundeslade thronte, befrage. Dann erschien er im vollen hohenpriesterlichen Schmuck, mit dem am Schulterkleide (Ephod) befestigten Brustschilde, dessen zwölf in Gold gefaßte Edelsteine die zwölf Stämme Israels sinnbildeten und dessen geheimnißvolle Inschrift Urim und Thumim, nach der Uebersetzung der Vulgata „Lehre und Wahrheit" bedeutet.[2)] Trat er alsdann vor Jehovah in das Allerheiligste des Tempels, so empfing er vermittelst göttlicher Vergewisserung jene Offenbarung der Wahrheit, wodurch die Zweifel des Volkes gelöst wurden.[3)] Diesen Glauben Israels an eine Mittheilung der Wahrheit von Seiten Jehovahs an den Hohenpriester deutet auch der hl. Jo= hannes[4)] an, wenn er berichtet, daß der gottlose Kaiphas den

1) Joh. I., 5.
2) Mos. 28, 29—30.
3) 1. Kön. 23, 9—12. 30, 7—8.
4) Joh. 11, 49—54.

Erlösungstod Jesu Christi geweissagt habe, weil er der Hohepriester jenes Jahres war. Durch Wort und Zeichen wies also Gott sein auserwähltes Volk darauf hin, beim Hohenpriester Recht und Wahrheit zu suchen.[1]) Nun ist der alte Bund mit seinen berühmten Persönlichkeiten, seinen Gesetzen und Ceremonien ein Vorbild des neuen; jener ist der Schattenriß, dieser die Wirklichkeit. Wie das Manna, das leibliche vom Himmel gefallene Brod, nur ein Vor= bild der Eucharistie, nicht aber diese selbst war; so ist auch jenes Privilegium des Hohenpriesters, in Kraft dessen er dem Volke in wichtigen Dingen das Urtheil Gottes verkündigte, allerdings nicht identisch mit der päpstlichen Unfehlbarkeit, wohl aber ihr Vorbild, und diese ihre höhere, geistliche Verwirklichung.

Bekannt in Judäa ist Gott, in Israel groß sein Name,[2]) rief einst der königliche Prophet; denn in Jerusalem allein erhob sich der Tempel des einzig wahren Gottes, in welchem der Hohepriester mit seinen Priestern und Leviten waltete, dem Herrn wohlgefällige Opfer darbrachte, und das Gesetz verkündete, während die Nacht der Abgötterei sich auf die ganze übrige Welt herabgesenkt hatte und selbst die bevorzugtesten Nationen des Alterthums, wie Römer und Griechen, die einen so hohen Grad materieller Bildung er= reicht, in die unsinnigsten Irrthümer Betreffs aller religiösen Fragen gerathen waren. In weit höherem Sinne bewahrheitet sich jener Ausspruch des königlichen Propheten von der katholischen Kirche, die an der Spitze ihrer Hierarchie einen unfehlbaren Papst hat als Hort und Träger der ihr von Christo anvertrauten Wahr= heit. Sie überliefert allen ihren Kindern die reine und unver= kürzte Erbschaft der ihr von ihrem Stifter übergebenen Hinterlage des Glaubens, während jene Geister, die sich von ihr trennen, wie einst der verlorne Sohn das Vaterhaus verlassen, alsbald jenes kostbare Erbtheil verschleudern, bis sie einer geistigen Hungers= noth verfallen, in der sie ihre Sehnsucht nach Wahrheit mit den Trähern einer neu aufgewärmten heidnischen Philosophie des Deismus, Materialismus, Pantheismus und Atheismus zu stillen

---

[1]) Bellarm. de Rom. Pont. l. IV. c. 3. n. 4.
[2]) Pf. 75, 2.

suchen, ohne es jedoch zu erreichen. Das ist die große Thatsache der Geschichte, daß das Christenthum in seiner vollen Wahrheit und Reinheit sich nur erhalten hat unter dem unfehlbaren Papst= thum, Alles was von ihm im Laufe der Zeiten sich losgerissen und seiner Lehrautorität sich entzogen, ist dem Schisma, der Häresie und zuletzt dem vollendeten Unglauben verfallen, während in der Reihenfolge der Päpste der lautere Strom der Wahrheit hinaufsteigt bis auf Christus, um von ihm in der Reihenfolge der alttestamentlichen Hohenpriester und der Patriarchen sich zu erheben bis zur Wiege der Menschheit und so das Christenthum als Weltreligion darzustellen.

4. Die Dogmatisirung der Unfehlbarkeit des Papstes ist endlich für ihn selbst eine Genugthuung, welche ihm zu Theil wird für die Unbilden, mit denen das Papstthum überhäuft ist seit dem Constanzer Concil, in der Reformation, im Gallicanis= mus, im Febronianismus und in all' den Revolutionen, die daraus entsprangen.

Gibt es eine wohlthätigere Einrichtung für die Menschheit als das Papstthum, gibt es größere Wohlthäter der Völker als die Päpste? Von ihrer Hand sind die modernen Völker erzogen und von ihnen haben sie die christliche Taufe empfangen. Waren nicht die Päpste immer der Hort der Freiheit der Völker besonders in jenen Zeiten, wo sie durch die innige Verbindung von Kirche und Staat noch mächtigen Einfluß besaßen? Wer hat damals begonnen die Ketten der Sclaverei des größten Theiles der Mensch= heit zu lösen und so allmälig den Stand der freien Arbeiter zu schaffen? Gibt es ein Jahrhundert, in dem nicht ein Papst seine Stimme zu Gunsten dieses enterbten Theiles der Menschheit er= hoben? Forderte nicht noch in diesem Jahrhunderte Gregor XVI. die Welt zur Abschaffung des Sclavenhandels auf, bevor England zu diesem Zwecke seine Allianzen mit den seefahrenden Nationen abschloß?

Wenn Niemand mehr tyrannischen Gewalthabern der Erde entgegen zu treten wagt, dann sind noch die Päpste da, ihnen in's Gewissen zu reden. Eine scharfe und ernste Rüge zu Gunsten des zertretenen Polen haben die russischen Czaren nur in Rom von Gregor XVI. und Pius IX. vernommen.

Wenn aber umgekehrt, Irrlehren und Aufruhr den Um= sturz der Throne predigen, dann traten die Päpste ein als Schützer der Autorität und damit der wahren Freiheit. Sie verdammen Wicleff und Hus, wie die geheimen Gesellschaften, die immer neue Revolutionen anzetteln.

Als der westphälische Friede den schmählichen Grundsatz le= gitimirte: „Wem das Land gehört, dem gehört die Religion," so fand sich in ganz Europa nur ein Mann, der im Namen Gottes und des christlichen Gewissens Protest dagegen erhob, und das war der Papst.[1])

Stehen die christlichen Staaten Europa's weit über allen Staaten der Erde, so mögen sie sich dessen freuen und rühmen; aber sie sollen den Papst nicht vergessen, der in den Zeiten, wo der Halbmond Europa bedrohte, den Plan der Kreuzzüge gefaßt, ihn Jahrhunderte lang festgehalten und verwirklicht, und so den Fluthen der Barbarei einen kräftigen Damm entgegen gesetzt. Es mögen Protestanten uns sagen, was ohne die Päpste Europa wäre: „Wahrscheinlich ein Raub der Despoten, ein Schauplatz ewiger Zwietracht oder wohl gar eine mongolische Wüste.[2]) — Johann v. Müller[3]) meint, ohne den Papst wären wir geworden, was die Türken geworden sind.

Wenden wir uns zum religiösen Gebiet. Wer kennt da nicht die Stellung des Papstes in der Kirche, und was er im Laufe der Zeiten für die religiöse Bildung der Menschheit gethan? Gibt es gegenwärtig noch wohl ein Volk auf Erden, das seinen katholischen Glauben nicht unmittelbar von Rom empfangen; sind nicht alle Irrlehren machtlos am Felsen Petri abgeprallt, ist es nicht allein der apostolische Stuhl, der, wie der Protestant Herder[1]) sagt, sich nie vor Ketzereien gebückt, so oft sie auch denselben mächtig bedrängt?

[1]) Döllinger, Kirche und Kirchen. S. 49.
[2]) Herder, Zur Philosophie und Geschichte VII. 303.
[3]) Brief an Bonnet 19, 736.
[4]) Herder a. a. O. VII. 185.

Wir wissen, daß zur Bewahrung von Sitte und Zucht die Päpste unerbittlich waren, daß sie auch den Fürsten der Erde gegenüber, die gegen die Einheit, Unauflösbarkeit und Heiligkeit der Ehe frevelten, wie Johannes der Täufer dem Herodes gegen= über, das „non licet" unerschrocken wiederholten, wie sie es jetzt dem Zeitgeiste gegenüber festhalten, den es nach der Civilehe ge= lüstet.

Wenn dann der Clerus in der kath. Kirche nicht zu einem verachteten Popenthum herabgesunken und keine erbliche in sich abgeschlossene Kaste geworden ist, wem verdankt das die Kirche anders als den Päpsten, die eher die ganze Welt zum Kampfe gegen sich heranstürmen ließen, als daß sie den Cölibat, die Perle des Priesterthums, den unreinen Thieren vorgeworfen hätten; die einen 50jährigen, im Laufe der Zeit noch oft wiederholten In= vestiturstreit weniger scheuten, als die Preisgebung der kirchlichen Wahlfreiheit und die schon längst alle kirchlichen Würden bis zum Papstthum hinauf den Würdigsten offen hielten, bevor es in Frankreich Sprüchwort wurde, daß jeder gemeine Soldat den Marschallstab im Tornister trage.

Unter den rein menschlichen Gütern stehen Bildung des Geistes, Wissenschaft, Kunst und Civilisation oben an. Die euro= päischen Völker haben in allem dem einen ungeheuren Vorsprung vor den andern Nationen des Erdkreises gewonnen. Wem aber danken sie das? Wie einst Israel bei seinem Auszuge aus Egypten die goldenen Gefäße seiner Unterdrücker mitnahm und sie zum Dienste Jehovahs verwendete, so hat das Papstthum die altrömische Civilisation und Bildung in die Kirche hinübergenommen und der klassischen Form einen kirchlichen Inhalt gegeben, die natür= liche Philosophie in den Dienst der Offenbarung treten lassen. Jahrhunderte lang war es allein der Hort und Schutz der Wissen= schaft, bis die Völker in der Bildung genug vorgeschritten waren, um dieselbe zum Gemeingute Aller zu machen. Und wenn man den gegenwärtigen wissenschaftlichen Zustand aller europäischen Völker überblickt, so stehen auf der vollen Höhe nur jene Völker, die, wenn auch jetzt von Rom getrennt, doch Jahrhunderte lang mit ihm in lebensvoller Verbindung gestanden, während alle anderen Halbbarbaren geblieben oder in halbe Barbarei wieder zurückgesunken sind; denn wenn von wahrer wissenschaftlicher Cultur die Rede ist, wird der Name der Russen und der neuen Griechen selten oder nie gehört.

Und was für Dank hat das Papstthum für alle diese Wohl=thaten geerntet? Nachdem es in 300jährigem Kampfe, wo eine lange Reihe seiner Träger ihr Blut für den Glauben vergossen, das römische Heidenthum gestürzt und aus den barbarischen Hor=den der Völkerwanderung die christlichen Staaten gebildet, da stand es hoch in der Achtung der Welt, die Könige nahmen von ihm ihre Kronen zu Lehen und umringten es mit dem vollen Glanze der Erde. Aber die Menschheit hat ein kurzes Gedächtniß für empfangene Wohlthaten und so vergaß sie der Dienste, die ihr das Papstthum geleistet. Sie sah in dem Einflusse, den es ausübte, nicht mehr die göttlichen Rechte, die Christus an den Primat geknüpft, sondern Eingriffe menschlicher Herrschsucht und persönlicher Willkür. Mag sein, daß die Träger des Papstthums zuweilen der Schwäche der menschlichen Natur ihren Tribut zahlten; aber die Reihe der Päpste überragt so sehr alle irdischen Größen, wie die Alpenkette eine Reihe von Sandhügeln überragt; ihre Häupter glänzen in den Strahlen der Sonne, wenn noch ·die Finsterniß in den Thälern lagert oder die Nacht in denselben schon wieder angebrochen ist. Jene majestätischen Felsengebirge untersucht man nicht mit dem Mikroscop, ob' an ihnen einige Unebenheiten oder Schutt oder verwittertes Gerölle zu finden sei.

Wenn darum seit den Tagen des Concils von Constanz im Schooße der Kirche eine Richtung sich geltend machte, die in Ver=gessenheit der unermeßlichen Wohlthaten, die vom Papstthum über die ganze Kirche sich ergossen, endlose Dispute mit dem Papste selber anfing über die Rechte und Gewalten, mit denen Christus den Primat ausgerüstet, und sie auf einen bloßen Ehrenvorzug beschränkte, die Gewalten des Lehramts und der Jurisdiction ein=schränkte oder vollständig aufhob; wenn die mündig gewordenen Söhne es versuchten, ihren gemeinsamen Vater unter Curatel zu stellen, indem sie die Superiorität des Concils über den Papst erklärten; so ist es nur ein Act der Genugthuung, wenn die Kirche

163

jetzt, nachdem alle diese Nebel zerflossen sind, die Unfehlbarkeit des Papstes feierlich erklärte und damit die göttliche Quelle an= erkannte, aus der all' dieser Segen entsprungen.

II.

5. Andere Befürchtungen werden laut in Betreff der Kirche, auf welche die Dogmatisirung der päpstlichen Unfehlbarkeit von unheilvollen Wirkungen sein soll. Unglückspropheten sehen im Geiste schon die einst so stolze Weltkirche in Trümmern zerfallen und stimmen mit Jeremias ihre Klagelieder an; eine stramme Centralisation werde alle freie Bewegung und alles Leben er= starren lassen; aller wissenschaftliche Schwung werde lahm gelegt, und die kirchliche Wissenschaft, die schon jetzt nicht auf der Höhe der Zeit gestanden, vollends zurückgehen und verknöchern. Das Gegentheil ist jedoch die Wahrheit. Die Einheit der katholischen Kirche kann schwerlich bestehen ohne die päpstliche Unfehlbarkeit; die katholische Wissenschaft behält dieselbe Freiheit, die sie früher gehabt; und die innigere Verbindung mit Rom als Centrum er= höht nur die Kraft der Kirche im Kampfe gegen die Welt u. Hölle.

Die Unfehlbarkeit des Papstes ist zunächst die sicherste Bürg= schaft der Einheit der Kirche. Diese Einheit bildet eines der we= sentlichsten Merkmale der Kirche und erscheint als eine organische, eine zeitliche und räumliche Einheit, die alle ihr festestes Bollwerk in der Unfehlbarkeit des Papstes haben.

Die Kirche bildet zunächst eine organische Einheit. Die Kirche ist der geistige Leib Christi. Der Weltapostel sagt: Christum hat er (der Vater) zum Haupte über die ganze Kirche gesetzt, welche ist Sein Leib.[1] Christus ist das Haupt der Kirche, er der Retter seines Leibes.[2] Ausführlicher erklärt der Apostel diesen Gedanken, wenn er sagt[3]: Gleich wie der Leib einer ist und viele Glieder hat, alle Glieder des Leibes aber, obschon ihrer viele sind, doch ein Leib sind; also auch Christus. Denn durch einen Geist sind wir alle zu einem Leibe getauft, Juden oder Heiden, Knechte oder Freie, u. Alle sind wir mit einem Geiste getränkt.

[1] Eph. I. 22. 23.
[2] Eph. V. 23.
[3] 1. Cor. 12. 13.

11*

Wie also die verschiedenartigsten Glieder durch die Seele als vereinigende und belebende Kraft zu einem großen, in sich abge= schlossenen Ganzen vereinigt sind und nur so lange vereint bleiben, als diese Seele nicht entweicht; so muß auch in der Kirche Christi eine vereinigende Kraft walten, welche alle und jedes einzelne Glied in ihren Wirkungskreis aufnimmt und dem geistigen Leibe Christi einfügt; und das ist der gemeinsame Glaube und die Liebe. Ohne diese Einheit des Glaubens bildet die Kirche keinen lebendigen Leib; es sind zerstreute Glieder, aber nicht ein lebendes organisches Ganze; es sind Bausteine, aber sie bilden nicht das wahre Haus Gottes. Wo aber finden wir jene Kraft, welche die Einheit des Glaubens bewerkstelligt, wer vereint alle diese wider= strebenden Elemente zu einem harmonischen Ganzen, wer gibt den Ausschlag, wenn Zweifel sich erheben, und die Glieder zwieträchtig auseinander zu gehen drohen? Ein allgemeines Concil? Das ist allerdings unfehlbar, und bei seiner Entscheidung beruhigt sich die ganze Kirche mit zweifelloser Sicherheit; aber wie viel Schwierigkeiten gibt es, ein allgemeines Concil zu berufen? Es können Jahrhunderte vergehen, bevor die Möglichkeit seiner Ver= einigung eintritt. Oder die Zustimmung der auf Erden zerstreuten Kirche zur Entscheidung des Papstes? Allerdings hat sie dieselbe Autorität wie ein öcumenisches Concil; aber bevor sie constatirt ist, kann lange Zeit vergehen, der Zwiespalt fortdauern und das unter der Asche glimmende Feuer noch viel Unheil anrichten. Gebt mir aber einen unfehlbaren Papst, dessen Entscheidungen den Charakter der Unfehlbarkeit tragen noch vor der Zustimmung der Bischöfe, und die Einheit des Glaubens ist im vollsten Sinne gesichert; da ist Steuer und Compaß des Schiffleins Petri, die es durch alle Stürme und zwischen alle Klippen mit Sicherheit hindurchleiten in den Hafen des Heils; da ist der Papst der sichere Führer und Wegweiser durch die Wüste dieses Lebens in das Land der Verheißung.

Ebenso wichtig als die organische Einheit ist die zeitliche Einheit der Kirche. Auch sie hat ihre schönste und sicherste Bürg= schaft im unfehlbaren Papst. Die Kirche muß in allen Zeiten stets eine und dieselbe sein. Der Baum, der jetzt seine Aeste in

gewaltigen Dimensionen ausbreitet und weithin kühlenden Schatten
spendet, dessen Zweige sich jährlich mit neuen Blüthen u. Früchten
beladen; es ist derselbe Baum, der vielleicht vor Jahrhunderten
als kleine Pflanze von der Hand des Gärtners gesetzt, sorgsam
bewässert ward und sich so weit entwickelt hat. Der Mann, der
jetzt in der Kraft der Jahre und im Vollgenuß seiner geistigen
und leiblichen Kräfte dasteht, er ist ein und derselbe, der als
Säugling an der Brust seiner Mutter ruhte und als Jüngling
zu den schönsten Hoffnungen berechtigte. Die Jahre sind vergan=
gen, sie haben Manches geändert; — aber er ist ein und derselbe
geblieben. Was ist die Kirche nach der Parabel des göttlichen
Stifters anders, als ein himmlisches Senfkörnlein, das das
kleinste unter allen Sämereien zu einem mächtigen Baume heran=
wächst, alle Zeiten überdauert und den Vögeln des Himmels
Schatten und ein schützendes Obdach bietet. Was ist die Kirche
anders als der geistige Leib Christi, bis wir Alle gelangen zur
Einheit des Glaubens und der Erkenntniß des Sohnes Gottes,
zur vollkommenen Mannheit, zum Maße des vollen Alters Christi.[1]
Wie also auch im Laufe der Zeiten sich das Angesicht der Erde
verändern, wie verschiedenartige Gestaltung die Sitten, die poli=
tischen Verhältnisse der Menschen annehmen, wie weit auch die
Menschheit in den Wissenschaften, Künsten, Handel und Industrie
voranschreiten, die Kirche muß in allen Zeiten, Lagen und Ver=
hältnissen dieselbe bleiben. Sei es auch, daß sie ihren Einfluß
immer weiter ausbreite und ihre Lehren schärfer auspräge, daß
sie von der Dankbarkeit der bekehrten Nationen mit einem gewissen
irdischen Glanze umgeben werde, immer muß sie im Laufe der
Jahrhunderte als die e i n e Kirche Christi dastehen, ein und die=
selbe im Anfang, in der Mitte und am Ende. Was verbürgt
uns aber so sehr diese Einheit und stete Identität der Kirche als
der unfehlbare Papst an ihrer Spitze? „Petrus lebt fort auf dem
apostolischen Stuhle, von dort herrscht er über die Kirche und
gibt Allen, die da suchen, die Wahrheit des Glaubens" — sagt
der hl. Petrus Chrysologus. In den mehr als dritthalbhundert

---

[1] Eph. 4, 13.

Päpsten ist es ein und derselbe Petrus, der vom hl. Geiste vor jedem Irrthum im Glauben bewahrt, die Kirche lehrt, leitet und regiert; wie könnte die Einheit und stete Unwandelbarkeit der Kirche leuchtender hervortreten?

Die Einheit der Kirche verlangt auch eine Einheit im Raume und in ihrer Ausbreitung. Der Plan des Sohnes Gottes in der Gründung der Kirche ist der erhabenste. Er will die ganze Menschheit, die in Folge der Sünde dem Zwiespalt und der Trennung verfallen war, die in den einzelnen Nationen, in Spra= chen, Sitten und Gewohnheiten so verschieden von einander waren und sich feindlich gegenüber standen zu einer großen Gottesfamilie vereinen. Die ganze Menschheit vom Aufgang der Sonne bis zum Niedergang, und vom Nordpol bis zum Südpol soll sich in der Kirche begegnen und da sollen Alle als Kinder desselben Vaters sich begrüßen. Wie viele Hindernisse waren da zu über= winden in dieser weiten Trennung und in all' den Gegensätzen, worin die verschiedenen Völker auseinander gingen! Was ist es nun, was in der Kirche dies lebendige Bewußtsein der Einheit bewerkstelligt? „Mit der römischen Kirche", sagt der hl. Irenäus, „müssen alle anderen Kirchen wegen ihres höheren Vorranges übereinstimmen." Alle Kirchen des Erdkreises stimmen mit Rom überein, darum harmoniren sie auch unter einander. Der an der Spitze stehende unfehlbare Papst bildet das Centrum der Einheit, in dem alle Geister als Radien sich begegnen.

Was aber wird im entgegengesetzten Falle, wenn der Papst fehlbar ist, aus der Einheit der Kirche? „Die Gesetze und Decrete des Papstes in Glaubenssachen und Sittenlehren gehen alle und jede einzelne Kirche an, und alle Christen sind im Ge= wissen verpflichtet, denselben zu gehorchen. Denn wenn der Papst auch nicht als unfehlbar vorausgesetzt wird, so müssen doch seine Entscheidungen, weil sie bei allen Guten vom höchsten Ge= wichte sind, provisorisch beobachtet werden, wenigstens, wie Gerson sagt, in soweit, daß man nicht das Gegentheil lehrt, so lange die Kirche nicht dagegen reclamirt und ihnen widerspricht." [1] Wo bleibt bei solchen Grundsätzen die Einheit der Kirche?

---

[1] Tournely de Eccl. Q. 5. art. 2.

Ist der Papst fehlbar, und sind seine Entscheidungen dennoch für Alle und Jeden, wie Gerson sagt, im Gewissen verpflichtend, so daß wenigstens Niemand das Gegentheil lehren darf, wird dann nicht die ganze Kirche verpflichtet, dem Irrthum zu huldigen, wenn der Papst wirklich irrige Lehren vortrüge? Niemand darf gegen den Papst in die Schranken treten, alle Bischöfe sind zum Schweigen verpflichtet, was soll da aus der Kirche, der Säule und Grundfeste der Wahrheit werden, wenn der Irrthum in ihr durch die Autorität des Papstes berechtigt erscheint, und Niemand sich dagegen erheben darf? Gilt dann noch die tröstliche Verheißung, daß die Pforten der Hölle sie nicht überwältigen werden?

Setzen wir aber den Fall, daß einige Bischöfe aus reinem Eifer für die Wahrheit sich über die Pflicht des Gehorsams gegen den Papst hinaussetzen, ihn selbst und die ganze Kirche auf den Irrthum in der getroffenen Entscheidung aufmerksam machen, an wen soll das gläubige Volk sich alsdann halten? Die Entscheidungen des Papstes können irrthümlich sein; — aber auch die Bischöfe, welche dagegen auftreten, können irren; denn nirgends hat Christus den von dem Papste getrennten Bischöfen die Unfehlbarkeit verheißen. Da steht also der Christ wie Hercules am Scheidewege, jeder Weg, den er einschlägt, kann ihn in's Verderben führen. Wo bleibt die Einheit der Kirche in diesem unseligen Falle?

Geben wir aber zu, was selbst die Gegner der päpstlichen Unfehlbarkeit nicht verlangen, es sei erlaubt, gegen eine päpstliche Entscheidung zu reclamiren, so fragen wir weiter, wie viele Bischöfe müssen es sein, deren Uebereinstimmung nothwendig ist, eine Entscheidung des Papstes zu verändern? Wer beruft die allgem. Kirchenversammlung, die das Urtheil spricht über die Lehre des Papstes, wer führt den Vorsitz auf dieser Versammlung, da doch der Papst nicht wohl gegen sich selbst zu Gericht sitzen kann? Oder, wenn die Zeitumstände nicht erlauben, ein allgemeines Concil zu berufen, wer sammelt die Stimmen der auf der ganzen Erde zerstreuten Bischöfe, wer schlichtet den Streit zwischen dem Papst, dem doch auch wohl manche Bischöfe beistimmen könnten, und den Bischöfen auf der entgegengesetzten Seite? Wie steht es während der Zeit mit der vom Papste erlassenen Lehrbestimmung, darf sie verkündigt, gepredigt und geglaubt werden oder nicht? An welche von den streitenden Parteien soll sich das gläubige Volk halten? Das sind Fragen, die Niemand zu beantworten vermag und die doch nothwendig beantwortet werden müssen, wenn der Papst in seiner Entscheidung über Glaubenssachen dem Irrthum unterworfen ist; — Fragen, die unsägliches Unheil nach sich ziehen würden, wenn sie je practisch werden könnten. Darum haben selbst die Gegner der päpstlichen Unfehlbarkeit es nie ge= wagt, ihre Lehre thatsächlich zur Anwendung zu bringen; in den Schulen haben sie dagegen disputirt, auch wohl gemurrt gegen päpstliche Entscheidungen und dagegen appellirt; aber am Ende haben sie sich unterworfen, wie die Vertheidiger der päpst= lichen Unfehlbarkeit.

Wendet man ein, die Kirche habe nur provisorisch den päpst= lichen Entscheidungen zuzustimmen, weil sie den Charakter der höchsten Wahrscheinlichkeit, wenn auch nicht der Unfehlbarkeit an sich tragen; — so frage ich, seit wann beruht denn der Glaube auf einer bloßen Wahrscheinlichkeit? Entweder ist der Glaube die höchste unumstößlichste Gewißheit und Untrüglichkeit, oder er ist Zweifel und Unglaube. Wenn also die Kirche nur provisorisch den Entscheidungen des Papstes zustimmt, so ist ihr Glaube nur ein provisorischer, kein wahrer und unwandelbarer; und ist dann die Entscheidung des Papstes irrig, nun so ist die Kirche provi= sorisch dem Irrthum verfallen, und die Pforten der Hölle haben sie provisorisch überwältigt.

6. Was aber wird aus der theologischen Wissenschaft, wenn die Unfehlbarkeit des Papstes zum Glaubenssatz erhoben wird? Vernehmen wir darüber die Befürchtung ihrer Gegner. „Zunächst wird der neugebackene Glaubenssatz mit zwingender Nothwendigkeit sich sofort als Grund und Eckstein des ganzen römisch=katholischen Lehrgebäudes hinpflanzen, die gesammte Thätigkeit der Theologie wird sich dann auf die Ermittelung reduciren, ob ein päpstlicher Ausspruch für eine Lehre zu finden sei oder nicht, und auf das Bestreben hintennach Belege aus der Geschichte und Literatur dafür zu finden und zusammen zu tragen. Neben dem lebendigen,

aus voller Inspiration(?!) redenden und stets anrufbaren Orakel
an der Tiber wird jede Autorität verstummen."

„Wozu noch ein mühsames Forschen in der Bibel, wozu
das Zeitraubende, an so schwierige Bedingungen und Vorkennt=
nisse geknüpfte Studium der Tradition, wenn ein einziger Aus=
spruch eines unfehlbaren Papstes die gewissenhafte theologische
Arbeit eines Menschenalters, wie durch einen Hauch zu zertrümmern
vermag, und wenn auf eine theologische Anfrage in Rom binnen
wenigen Stunden oder Tagen die sofort sich zum Glaubensartikel
und dogmatischen Axiom gestaltende Antwort erfolgt?"[1])
     Elende Carricatur der päpstlichen Unfehlbarkeit! Das sind
die Beklemmungen eines Gelehrten, der befürchtet, seine eigene
Unfehlbarkeit möchte mit der päpstlichen in Conflict gerathen.
Die hl. Schrift sagt treffend: „Welche Gemeinschaft hat der (irdene)
Topf mit dem (ehernen) Kessel? wenn sie nämlich an einander
schlagen, wird jener zerbrochen. Quid communicabit cacabus
ad ollam? quando enim se colliserint, confringetur."[2]) —
Wie ein irdener Topf in Scherben zerspringt, wenn er zusammen=
stößt mit dem ehernen Kessel, so vermag ein einziger Aus=
spruch des untrüglichen Papstes „die gewissenhafte theologische
Arbeit eines Menschenalters, wie durch einen Hauch zu zer=
trümmern." Wird aber der irdene Topf sorgfältig gehütet und jede
Collision gewissenhaft vermieden, so kann er viele Zeiten über=
dauern. Ja die eigene Unfehlbarkeit der Wissenschaft, die be=
fürchtet von ihrem stolzen Throne gestürzt zu werden, die hat all
jene Klagen und Vorwürfe gegen die päpstliche Unfehlbarkeit ein=
gegeben. Als es nur von fern verlautete, das Concil könnte die
päpstliche Unfehlbarkeit dogmatisiren, da war es, als ob jene
Geisterhand, die einst beim Bankett des Königs Balthassar ihr
Mane, Thekel, Phares an die Wand geschrieben, auch ihnen er=
schienen und sie mit panischem Schrecken erfüllt hätte. Aus allen
Winkeln der Bibliotheken wurden die Irrthümer der Päpste
hervorgesucht, ganze Reihen von Fälschungen ihnen zur Last gelegt,

[1]) Janus, der Papst und das Concil. S. 51 u. 52.
[2]) Ecclef. 13, 3.

die größten Gräuel der Geschichte ihnen aufgebürdet, und der ganze weltgeschichtliche Bau des Papstthums dargestellt als beruhend auf dem Fundamente der Lüge; die Unfehlbarkeit des Papstes zu dem schmachvollsten Zerrbilde entstellt, die schreckhaftesten Befürchtungen von ihrer Dogmatisirung für Kirche und Staat in Aussicht gestellt. Aber das Concil, erleuchtet vom h. Geiste, liest und erklärt, wie einst Daniel dem Könige, so den Vertretern dieser angeblichen Wissenschaft die geheimnißvolle Schrift der Geisterhand: Mane, abgezählt hat Gott dein Königthum, und er beendet es. Die Zeit, wo ihr die Fehlbarkeit des Papstes zur herrschenden Meinung in den Schulen und im Volke machen wolltet, ist abgelaufen. Thekel, gewogen wurdest du in der Wage und zu geringhaltig befunden; eure Argumente sind abgewogen auf der Wage der Wahrheit und der Gerechtigkeit, und sie stellen sich heraus als Entstellungen und Verdrehungen der Geschichte, und eure Befürchtungen als Schreckbilder einer erregten Phantasie. Phares, vertheilt ist dein Reich.[1] Deine wissenschaftliche Autorität ist dahin, und der Nimbus der Gelehrsamkeit zerrissen. Das sind die Ursachen des Schreckens.

Und die Theologie selbst, was sollte sie denn zu befürchten haben von der päpstlichen Unfehlbarkeit? Beruft sie sich denn nicht schon längst auf die Entscheidungen der Päpste aus den vergangenen Jahrhunderten gerade so, als wären es Aussprüche allgemeiner Concilien? Oder haben die gegen Bajus, Jansenius, Quesnell, Molinos und gegen so viele Andere von den Päpsten verdammten Sätze nicht dieselbe Autorität wie die Entscheidungen der Concilien? Wem fällt es denn ein, dieselben zu bezweifeln? Und hat die Theologie seitdem aufgehört, die hl. Schrift zu erklären, die Tradition zu erforschen, Speculationen sich hinzugeben, um den tieferen Sinn der Dogmen zu durchdringen, die Begriffe zu erklären, sie der Vernunft näher zu bringen, die Einwendungen dagegen zu lösen und den Zusammenhang der Dogmen unter einander zu zeigen? Diesen Weg, den die Theologie seit den Tagen der Apostel und ersten Kirchenväter eingeschlagen und bis

---

[1] Daniel V. 26—28.

jetzt nicht verlassen hat, wird sie auch nach der Dogmatisirung der päpstlichen Unfehlbarkeit unbehelligt fortsetzen können. Aber wer früher vom Blitzstrahl aus dem Vatican getroffen ward, der konnte vielleicht noch eine Weile abwarten, bis die Zustimmung der Kirche zur päpstlichen Entscheidung erfolgt war, und wenn er den Muth nicht hatte, offen für seine Ideen einzutreten, so konnte er insgeheim Propaganda machen; ist aber die Unfehlbarkeit des Papstes einmal anerkannt, so ist auch dieser letzte Ausweg abge= schnitten. Aber die Unfehlbarkeit des Papstes ist ebenso wenig ein Hinderniß für den Fortschritt der Wissenschaft, als die Un= fehlbarkeit des ganzen Lehramtes der Kirche, des auf Erden zer= streuten, wie des auf einem allgemeinen Concil vereinten, es bis dahin gewesen. „Derjenige wäre sehr ungerecht gegen die Kirche, sagt der geistreiche Bischof von Poitiers, der die unzweifelhafte Superiorität nicht anerkannt, womit die Kirche heute wie ehemals die Fackel der menschlichen Wissenschaft hoch hält. Jeder Jünger Christi, sei er einfacher Laie oder Priester, das bleibt sich gleich, ist stets gehalten, die Grenzen der Orthodoxie zu achten. Aber man glaube nicht, daß der menschliche Geist von dem Augenblicke an, wo er den Fuß auf den Boden der Offenbarung gesetzt hat, dort wie eingekerkert und mit Fesseln beladen sei. „Ich bin die Thür, sagt Jesus Christus, wenn Jemand durch mich eingeht, so wird er selig werden. Und er wird eingehen und ausgehen und reichliche Weide finden." [1]) Ja die Thür, durch welche man noth= wendig eingehen muß, um die vollständige Wahrheit zu finden, die zum Heile führt, ist Jesus Christus, ist der Glaube. Ego sum ostium, per me si quis introierit, salvabitur.. Wenn aber der Christ in der hl. Stadt einmal Bürgerrecht erlangt hat, mit dem Entschluß dort zu leben und zu sterben, so hat er ge= wissermaßen freien Eingang und Ausgang. Die Himmelsburg hat nach allen Richtungen der umliegenden Gegenden offene Thore, sie hat Heerstraßen nach allen Himmelsgegenden, und die Polizei dieser Stadt, die vorzugsweise eine Freistadt ist, erlaubt ohne Schwierigkeit und ohne Argwohn den Aus= und Eingang, wenn

---

[1]) Joh. 10, 9.

er keinen feindlichen Charakter hat. Der Christ benutzt diese glück=
liche Freiheit; „er geht ein und aus" und diesseits wie jenseits
der Wälle begegnen ihm reiche Fluren, üppige Wiesen, blühende
Gärten, woran sein Geist sich ergötzt, oder sein Genie Nahrung
und Weide findet: et ingredietur et egredietur et pascua
inveniet. So kann der Christ, der den Act des Glaubens ge=
macht, sich, so oft er will, auf den Boden der reinen Vernunft
und der einfachen Natur zurückversetzen; sei es um dort die ver=
schiedenen Theile dieser natürlichen Welt zu studiren, die Gott
den gelehrten Forschungen der Menschen überlassen[1]), sei es um
dort auf's neue die geschichtlichen Thatsachen und die vernünftigen
Beweggründe zu verificiren, die ihn zur Beistimmung des Glau=
bens bewegen und deren gründlichere Untersuchung ihn beredter
macht, um auch die Beistimmung seiner Brüder zu erwirken.
Dann, wenn er nach diesem fruchtbaren Ausflug in die Himmels=
burg zurückgekehrt ist, findet er dort noch reichere und fruchtbarere
Landstriche. Indem er den Glauben zum Ausgangspunkt nimmt,
überläßt seine Vernunft sich noch großartigeren Forschungen und
erhabeneren Speculationen. Der Philosoph war Christ geworden;
jetzt wird der Christ wieder Philosoph, und indem seine Vernunft
ihren Aufschwung nimmt, wie der Adler von dem Gipfel des
Gebirges, wohin der Glaube sie erhoben, schwingt sie sich empor
zu jenen unzugänglichen Höhen, wohin der schüchterne Vogel, der
aus dem Thal sich erhoben, niemals gelangt. In dieser Weise
ist jeder Christ, dem Gott einen Funken Genie verliehen, ein
eminenter Philosoph, neben dem die profanen Gelehrten erblassen;
ja ich sage sogar, daß der ungebildetste Christ in seinem Glauben
eine Dosis menschlicher Philosophie besitzt, die außerhalb des
Christenthums bei Leuten seines Schlages sich gar nicht findet.

„Um einen Bund zu schließen zwischen Vernunft und Glau=
ben, zwischen Wissenschaft und Religion, braucht der Christ nicht
aus sich selber hinauszugehen, er findet in seinem eigenen Wesen
die zwei verbundenen Elemente. Unsere berühmten Vorfahren
begingen also keine Usurpation, verursachten keine Confusion, wenn

---

[1]) Eccl. 3, 11.

sie in den ersten Jahrhunderten der Kirche, dem Christenthum den Namen der Philosophie beilegten. Niemand unter der Sonne macht von der menschlichen Intelligenz einen Gebrauch, der edel genug wäre, wenn er sie nicht anwendet, um denjenigen zu er= kennen, den der Väter gesandt hat, denjenigen, der nicht allein der Urheber und Vollender des Glaubens, sondern auch das Haupt der erlös'ten und vervollkommneten Menschheit ist, mit einem Worte, der Alles in sich schließt, die Natur und die Gnade, die Vernunft und den Glauben, die Philosophie und die Religion."[1])

Darum braucht die katholische Wissenschaft sich vor keiner anderen zu beugen. Gewiß, die katholischen Völker waren immer den Heterodoxen nicht bloß in den göttlichen sondern auch in den natürlichen Wissenschaften überlegen. Wenn sie seit einem Jahr= hundert von anderen Nationen überflügelt zu werden scheinen, und die außerkirchliche Wissenschaft einen blendenderen Glanz entfaltet, was ist dann die Ursache? Dem vorurtheilslosen Verstande sollte sie längst klar sein. Der alternde, ermattende Zustand gewisser katholischer Länder begann erst, seit sie anfingen, dem Papst sich zu entfremden; die katholische Wissenschaft erlahmte erst, als sie begann Ton, Gehalt, Richtung und Zweck in der Wissenschaft, nicht mehr im Glauben und in der unfehlbaren Autorität der Kirche zu suchen; seitdem antichristliche Einflüsse als nagender Wurm katholisches Leben und Wissenschaft zerfressen; seitdem katholische Gelehrte begannen hinzuschielen auf die Töchter der Menschenkinder und sahen, daß sie schön seien, d. h. seitdem sie kokettirten mit der auf unkatholischem Boden erwachsenen Wissen= schaftlichkeit, die vor lauter Form und Blendwerk den innern Gehalt der Wahrheit und das höhere Ziel verloren. Dort ist die Wissenschaft nur zu häufig ohne ewiges Ziel und erstrebt nur die Ausbildung des Verstandes für das irdische Dasein; dort hat die Kunst sehr oft kein höheres Ideal als die Befriedigung des Sinnengenusses; und alle Industrie und Technik bezweckt dort nur die Verwandlung der Erde in ein Paradies, so daß am Ende Alles auf den Materialismus hinausläuft. Der außerkirch=

---

[1]) Msgr. Pie, Instruction synod. 1865.

lichen Wissenschaft mag das ihre natürliche Atmosphäre sein, in der sie sich einzig entwickelt; wenn aber der Katholik, der ganz entgegengesetzte Grundsätze mit der Muttermilch eingesogen, der Alles, Wissenschaft wie Leben auf ein ewiges Ziel beziehen muß, auf Christum und seine Kirche, in dem Alles wiederhergestellt werden soll (instaurare omnia in Christo); wenn der Katholik ins feindliche Lager überläuft und die Unabhängigkeit der Wissen= schaft verkündet, die ihr Correctiv in sich selber trägt: so ist das eine elende Carricatur, und die Wissenschaft, die von der Autorität der Kirche sich emancipirt hat, verfällt dadurch einer subjectiven Willkür; die Gelehrten, welche nicht mit arbeiten wollen an dem großen Tempelbau der katholischen Wissenschaft, unter Leitung der kirchlichen Autorität, wie es die größten Geister aller Jahrhunderte und aller Völker gethan, die bauen sich ihre eigenen wissenschaft= lichen Kramladen und Ausschnittbuden, worin sie ihre Waaren an den Mann zu bringen suchen, oder ihren eigenen Dachsbau, in dessen verschlungenen Gängen ihnen schwerlich ein Anderer folgen kann. Wenn darum die katholische Wissenschaft ihre Stellung zur kirchlichen Autorität vielfach vergißt, und anstatt daß sie ihre Waffen zur Vertheidigung dieser Autorität anbietet, die eiskalte Zuschauerin bleibt bei den Angriffen, die gegen sie vollführt wer= den; wenn sie in ihrer freien Bewegung sich gehemmt fühlt durch das wachsame Auge dieser Autorität und sich einbildet, es gebe für sie kein Heil, wenn sie nicht ganz unabhängig von der Auto= rität dastehe; so ist es eine Wohlthat für sie, wenn die Unfehl= barkeit des Papstes zum Dogma erhoben, und sie dadurch gezwungen wird, sich zu orientiren über sich selbst und sich endgültig zu ent= scheiden.

7. Die Dogmatisirung der Unfehlbarkeit des Papstes bewirkt dann endlich für die Kirche eine Erhöhung ihrer Kraft. Erklären wir uns näher. Die Einheit ist die Grundbedingung aller Kraft einer Gesellschaft. Wir sprechen hier nicht von einer absolutistischen Einheit, welche alles organische Leben zu verschlingen strebt, sondern von einer naturkräftigen lebendigen Einheit. Je stärker die Einheit eines Staates, je mehr alle seine Bestandtheile, vom Haupte bis zum letzten der Unterthanen harmonisch zu einander

passen, zu desto höherer Blüthe wird er sich entfalten und eine
desto größere Widerstands= und Ausdehnungskraft nach Außen
entwickeln. Beruht nicht die ganze Macht einer Armee auf ihrer
Einheit? Nun wohl, die Kirche Gottes ist das geistige Reich
Christi, sie ist die streitende Kirche: Alles, was ihre Einheit beför=
dert, hebt auch ihre Kraft. In der Kirche nun, die aus Menschen
gebildet ist, durchdringt sich Himmlisches und Irdisches, d. h. alle
Jene, die ihre Glieder bilden, sind zwar wiedergeboren aus dem
Wasser und dem heiligen Geiste, das Leben der Gnade und die
Keime zu allen Tugenden sind dadurch grundgelegt in allen Her=
zen; allein in denselben Herzen sind die Folgen der Erbsünde nicht
vollends aufgehoben, es schlummert darin noch die Begierlichkeit,
die zwar an und für sich keine Sünde ist, aber wie ein Zunder
bei dem geringsten Hauche der Versuchung in helle Flammen auf=
lodert. Die göttliche Weisheit hat es also geordnet, damit der
Christ durch eine Reihe von Siegen über die Versuchungen die
Tugenden selbstthätig erringe; denn der Himmel soll ein Kampf=
preis und kein bloßes Gnadengeschenk sein. Daher kommt es, daß
im Leben des einzelnen Christen bald die Gnade und bald die
verdorbene Natur vorwaltet. Und da die ganze Kirche aus ein=
zelnen Menschen besteht, so kommt es auch, daß wenngleich sie
niemals aufhört, die glänzendsten Erscheinungen der Tugend und
Heiligkeit hervorzubringen, es doch Zeiten gibt, worin ein höherer
Eifer, eine allgemeinere Frömmigkeit und Tugend in ihr walten,
und andere Zeiten, wo eine gewisse Erschlaffung die Oberhand
gewinnt, und Sünden und Laster üppig in ihr wuchern. Vergleicht
doch Christus selbst seine Kirche mit dem Acker des Hausvaters,
auf den zwar guter Saamen gestreut ist, auf den aber der Feind
auch Unkraut gesäet hat, so daß der gute Weizen und das Unkraut
zugleich wachsen bis auf den großen Tag der Ernte. Ist es zu
verwundern, wenn zu Zeiten der gute Weizen überwiegt, und zu
anderen Zeiten das Unkraut den Weizen zu überwuchern droht?
Nun ist es eine Thatsache, die im Verlauf der Jahrhunderte immer
wiederkehrt, daß je inniger die Einheit der Kirche, je lebendiger
der Verkehr des Hauptes mit den Gliedern und der Glieder mit
dem Haupte war, oder mit andern Worten, je kräftiger der Papst

seine Primatialgewalten bethätigte, und je gläubiger und ehrfurchts=
voller die Kirche denselben entgegen kam, desto kräftiger war das
Leben der Kirche, desto mehr gelangten Frömmigkeit und Tugend
zur Blüthe und desto glänzendere Fortschritte machte die Kirche in
der Welt.

Betrachtet die Kirche des Morgenlandes. So lange sie unter
dem belebenden Einfluß des Papstes stand, erhoben sich in ihr die
kirchlichen Wissenschaften zu hoher Blüthe, sah sie Legionen von
Heiligen aus ihrem Schooße hervorgehen, die Einöden mit heiligen
Einsiedlern sich bevölkern, sandte sie ihre Glaubensboten zu den
heidnischen Völkern, um ihnen das Licht des Evangeliums zu
bringen; aber seitdem sie sich von Rom losgesagt, ist sie wie ein
Ast, der vom Baum gebrochen und nur noch ein verwelkendes
Leben führt. Obgleich noch in Besitz von fast allen Wahrheiten
und Gnaden, ist ihr Priesterthum geknechtet ohne jenen Adel der
Freiheit, der allein zu großen Thaten begeistert; ihre Wissenschaft
völlig verknöchert und ohne allen Einfluß auf die großen weltbewegen=
den Fragen, welche die Nationen erregen; ihre Heiligkeit verdorrt
zu einer gewissen pharisäischen Werkheiligkeit ohne jeden höheren
Aufschwung, und ihre Thätigkeit auf dem Felde der Mission und
der Verbreitung des Glaubens völlig erlahmt und beschränkt auf
jene Bekehrungsversuche mit der Knute, von denen das gebildete
Europa sich mit Abscheu hinwegwendet.

Was hat die Reformation des 16. Jahrhunderts ermöglicht
mit ihren traurigen Abfällen ganzer Länder von der Kirche? Das
babylonische Exil der Päpste in Avignon und der daraus ent=
springende vorwiegende Einfluß Frankreichs auf die Regierung der
Kirche machte das Papstthum in den Augen der anderen Nationen
verhaßt; das daraus entspringende langwierige Schisma, wo die
ganze Kirche unter zwei und drei Päpsten getheilt war, brachte es
vollends um seinen Einfluß, und so fand eine große Erschlaffung
der Frömmigkeit statt. Sittenlosigkeit überfluthete alle Stände der
Kirche, und die Geister waren schon vorbereitet auf den Abfall,
als der kühne Mönch an die Thüre der Schloßkirche von Witten=
berg seine Thesen anschlug.

Was war endlich der Grund, daß in der letzten Hälfte des vorigen Jahrhunderts so große Mißgeschicke über die Kirche hereinbrachen, daß ein großer Theil der gebildeten Stände völlig mit der Kirche zerfallen, vom Glauben der Väter abtrünnig geworden? Aus den Reihen der Bischöfe selbst war das Unheil größtentheils hervorgegangen. Sie hatten die Stellung, die Christus ihnen im Organismus seiner Kirche angewiesen, vergessen; sie rüttelten an den Banden der Abhängigkeit, die sie an den Stuhl des heiligen Petrus ketteten und erlaubten sich die verwegensten Eingriffe in die göttlichen Rechte des Papstes, sie begünstigten die Lehren des Gallicanismus und Febronianismus, wodurch die Autorität des Papstes in den Augen der ganzen Kirche herabgewürdigt wurde, und damit war zugleich auch die Lebensader unterbunden, aus der Frömmigkeit und Heiligkeit in der Kirche entspringen, und all den Revolutionen, welche Kirche und Staat verwüsteten, waren damit die Wege gebahnt. Wenn darum auch im 19. Jahrhundert die Kirche mit zahlreichen Feinden zu kämpfen hat, mancherlei Uebel schwer auf ihr lasten, so gibt es doch eine Thatsache, die uns glänzende Aussichten auf die Zukunft eröffnet; — und diese Thatsache besteht in der Neigung aller Geister und Herzen nach Rom. Gewiß das ist eine Erscheinung, worin das 19. Jahrhundert gegen keines seiner Vorgänger zurücksteht. Vielerlei Streitigkeiten, die einst die Schulen der Theologie entzweiten und heftige Kämpfe hervorriefen, sind verstummt, und wenn Rom entscheidet, so findet seine Entscheidung wenigstens keinen offenen Widerstand mehr; in der Liturgie, worin frühere Jahrhunderte sich vielerlei Freiheiten und Willkürlichkeiten erlaubten, kehrt man allmälig zum römischen Ritus zurück; niemals folgten die Bischöfe des Erdkreises williger der Stimme eines Papstes, der sie nach Rom berief, als der heutige Episcopat der Einladung Pius IX. gefolgt ist, um ihre Stimme mit der seinigen in wichtigen Entscheidungen zu vereinigen, oder Feste, welche die ganze Kirche auf's lebhafteste interessiren, feierlich mit ihm zu begehen; niemals sprach sich der ganze Erdkreis energischer aus für die Aufrechthaltung der Rechte der römischen Kirche als jetzt, wo die Revolution sich die gewaltthätigsten Eingriffe erlaubte. „Jene wunderbare Identität der

Geschmacksrichtungen, der Kämpfe, der Willen, der Einrichtungen, die im Mittelalter trotz der Langsamkeit und der unendlichen Schwierigkeit des Verkehrs zur Herrschaft gelangt war; wiederholt sich in unserem Jahrhundert Dank der rascheren Bewegung, welche die moderne Wissenschaft und Industrie unbewußt der Expansionskraft des Guten geöffnet haben. Keine Unbilde wird in irgend einem Winkel der Erde der Kirche zugefügt, die nicht ihren Wiederhall findet in den Herzen aller Katholiken. Keine Wunde bricht auf, die nicht sofort gepflegt wird durch eine zarte brüderliche Sympathie. Es ist nicht mehr, wie ehedem, die einsame Stimme des Papstes, der in der Stille des Vaticans die Trübsale der Braut Christi beweint; seine Klage, stets allmächtig vor Gott, wird heutigen Tages wiederholt, bekräftigt, zuweilen sogar anhängig gemacht vor dem Tribunal der öffentlichen Meinung durch das energische Echo der katholischen Presse in beiden Welten."[1]

Gewiß ist es das Walten des Geistes Gottes, der diesen Drang nach dem Centrum, nach Rom, in der Kirche bewerkstelligt hat, und gewiß hat er dabei die weisesten Pläne. Sehen wir denn nicht, wie auch die Nationen des Erdballs einander näher rücken, ein gewisser dunkler Drang nach Einheit auch in den Völkern erwacht ist? Schon vor mehr als 50 Jahren schrieb Graf de Maistre: „Alles verkündet, daß wir auf eine große Einheit lossteuern, die wir, um mich eines religiösen Ausdrucks zu bedienen, von fern begrüßen müssen. Wir werden schmerzhafter und sehr gerechter Weise zerstampft; aber wenn elende Augen, wie die meinigen würdig sind, die Geheimnisse Gottes zu durchschauen, so werden wir nur zerstampft, um vermengt zu werden."[2]

Die Erfindungen der Wissenschaften haben die Entfernungen des Raumes abgekürzt, und die Nationen einander näher gebracht; Welttheile, die durch weite Meere von einander getrennt sind, stehen in beständigem Austausch der Gedanken, die sie mit der Schnelligkeit des Blitzes zu einander hinübersenden; auf den Flü-

---

[1] Montalembert, des intérets catholiq. au 19. siècle.
[2] Soirées de St. Pétersburg. Second Entretien.

geln des Dampfes durchfliegt der Mensch jetzt endlose Länder und weite Meere; und Nationen, die bisher Jahrtausende in ihrer Isolirung verharrt waren, sehen sich plötzlich in den großen Welt= verkehr hineingerissen.

Die Erleichterung und Beschleunigung des Verkehrs hat dem Handel der Nationen einen neuen Aufschwung gegeben; alle Zonen der Erde wetteifern mit einander ihre Producte zum Austausch auf den Markt zu bringen; wie die Individuen so überbieten sich auch einander die Völker an großartigen Unternehmungen, um ihren Wohlstand und Reichthum zu erhöhen; dasselbe Maß, das= selbe Gewicht und dieselbe Münze für alle Länder des Erdkreises herzustellen, darauf arbeiten sie hin, um so den Verkehr möglichst zu erleichtern; und so groß ist schon die Solidarität der Interessen der Völker unter einander, daß eine geringe Krise, die in einem Lande eintritt, sich fühlbar macht bis an die Grenzen der Erde.

Fügen wir noch bei, daß auch der Geist des Bösen, der von Natur aus den Zwiespalt nährt, das Bedürfniß der Einheit zu fühlen scheint, und deshalb in den geheimen Gesellschaften den Erdball wie mit einem unterirdischen Netze umsponnen hat, um im gegebenen Augenblick auf allen Puncten zugleich den Kampf gegen die Kirche zu beginnen.

Wenn unter solchen Umständen auch in der Kirche der Drang nach größerer Einheit erwacht, so ist das ohne Zweifel das Wal= ten des Geistes Gottes; und wenn da die Unfehlbarkeit des Papstes von dem allgemeinen Concil als Glaubenssatz aufgestellt ist, so ist das gewiß die Krone aller dieser Einheitsbestrebungen, indem die Kirche sich mit allem Vertrauen der Führung ihres Hauptes über= lassen kann in der neuen Periode der Weltgeschichte, die anzu= brechen scheint; von ihm mit voller Zuversicht die Lösung vieler schwierigen Fragen entgegen nehmen wird, vor denen der mensch= liche Geist rathlos dasteht; und ihm muthig folgen wird in dem Weltkampfe, der allenthalben gegen die Kirche entbrennen zu wollen scheint. Gewiß, wenn die Armee Babylons allen Zwiespalt und alle Lehrunterschiede vergißt, um in der Gemeinschaft des Hasses mit vereinten Kräften den Kampf zu eröffnen; dann muß auch die

12*

Armee Jerusalems ihre Reihen enger schließen, um aller Spaltung entsagend, in der Einheit des Glaubens und der Liebe einem sicheren Triumph entgegen zu gehen.

III.

8. Die Kirche ist gleichsam der auf Erden fortlebende und fortwirkende Christus. Sie übt das dreifache Amt, das Christus als Lehrer, Priester und König begonnen, in seinem Auftrage bis ans Ende der Zeiten, nicht bloß um jede einzelne Seele für den Himmel wieder zu gebären und zu erziehen bis zum vollen Mannesalter in Christo, sondern ihre Sendung ist auch an die Nationen gerichtet: „Gehet hin und lehret alle Völker;"[1] und so soll sie die Staaten, deren Gesetze, Sitten und Einrichtungen mit ihrem himmlischen Sauerteig durchdringen und umgestalten. Da erhebt sich nun eine doppelte Befürchtung. Wenn die Unfehlbar= keit des Papstes, sagt man, dogmatisirt wird, so ist das ein neues Hinderniß für viele Seelen, die schon auf dem Wege der Rückkehr zur Kirche sich befinden. Die Kluft, welche die Schismatiker des Orients und die Protestanten des Occidents von der katholischen Kirche trennt, wird dadurch noch tiefer und klaffender, während sie doch überbrückt werden sollte; die Scheidewand, welche sie von der Kirche trennt, wird noch höher aufgeführt, während sie nieder= gerissen werden sollte. Ferner heißt es: der moderne Staat ist voll Abneigung gegen die Kirche, er sucht alle Bande, wodurch er im Mittelalter mit ihr zusammenhing, zu lösen und sich völlig unabhängig zu stellen; wie viel Mißtrauen wird die Unfehlbarkeits= erklärung des Papstes bei den Regierungen und Völkern wecken, als ob die theokratischen Bestrebungen des Mittelalters und die Herrschaft des Papstes über die zeitliche Gewalt der Fürsten wie= der angestrebt werde? Das sind Befürchtungen, die viel Unruhe erregt, weniger weil sie in der Natur der Sache begründet, als weil sie ausgesprochen wurden von einer Seite, von der es Nie= mand erwartet hätte.

---

[1] Matth. 28.

Wird die Unfehlbarkeitserklärung des Papstes die Schisma=
tiker und Protestanten von der Rückkehr zur Kirche abhalten oder
im Gegentheil dazu antreiben? Selbst Kirchenfürsten, die auf
dem Concil Sitz und Stimme hatten, waren in Beantwortung dieser
Frage nicht einig.

Dupanloup, Sendschreiben an den Clerus seiner Diöcese, sagt
betreffs der Schismatiker: „Ich hatte oft das Glück, längere Be=
sprechungen mit den orientalischen Bischöfen zu pflegen, die gleich
mir nach Rom gekommen waren, um über die Angelegenheiten
dieser altehrwürdigen Kirchen ihre Meinung zu vernehmen. Auch
hat eine stets unterhaltene Privatcorrespondenz mich in den Stand
gesetzt, die Lage der Dinge zu beurtheilen.“

„Was ich erfahren, ist dieses. Es besteht unter ihnen ein
großer Wunsch nach Annäherung. Ja in diesem unbeweglichen
Orient sind viele Seelen von solchen Wünschen erfüllt; zugleich
hängen sie aber mit äußerster Zähigkeit an den geringsten Einzel=
heiten, um wie viel mehr an den großen dogmatischen Fragen.[1]“

Von den Protestanten sagt derselbe: „Die Neukatholiken
habe ich sagen hören, sind voll Eifer für dieses Dogma. Ja,
vielleicht gewisse Neukatholiken. Aber ich kenne andere Convertiten,
welche die angekündigte Definition in Angst versetzt hat. Ich kenne
Protestanten, die den Wunsch hegen zu uns überzutreten, die aber
das allein zurückschreckt. Ich kenne solche, welche diese Definition
für immer zurückstoßen würde.[2]“

Der Erzbischof Dechamps[3] behauptet das gerade Gegentheil.
„Werden wir nicht der Rückkehr (der getrennten Christen) ein
neues Hinderniß in den Weg stellen? ... Das gerade Gegen=
theil wird geschehen. Fragen sie darüber die Bischöfe sowohl der
alten als der neuen Welt, welche mitten unter den verschiedenen Secten
wohnen, und sie werden Ihnen sagen, daß das, was heute so
viele Seelen, die der Spaltungen und Wandlungen der Secten,
sowie der Knechtschaft und der Schmach des Schismas müde sind,
zur katholischen Einheit hinzieht, keineswegs die Zugeständnisse,
das Vertuschen und die kleinlichen Maßregeln der menschlichen

---

[1] S. 15—16.
[2] S. 17.
[3] Offenes Schreiben an Bischof Dupanloup.

Klugheit sind, sondern einzig und allein das ungeschmälerte Be=
kenntniß der geoffenbarten Wahrheit und der übernatürlichen
Kennzeichen der Kirche.

„Was mich betrifft, so sind mir viele Seelen begegnet, welche
nach dieser Mutter suchten, und dadurch, daß ich ihnen keinen der
göttlichen Züge dieser Mutter verdeckt hielt, gelang es mir, ihr
dieselben um so schneller zurückzuführen."[1]

Was ist nun die Wahrheit? Wirkt die Definition der Un=
fehlbarkeit des Papstes abstoßend oder anziehend auf die von der
Kirche getrennten Christen? Stellen wir zur Orientirung einige
Grundsätze auf.

Erster Grundsatz. Die Rückkehr der von der Kirche getrenn=
ten christlichen Confessionen zur Einheit ist vor Allem ein Werk der
göttlichen Gnade. Das Glaubenslicht muß die Seelen erleuchten,
die Wahrheit der Kirche ihnen offenbaren, sie stärken in der Ueber=
windung der Hindernisse, um den Schritt in die Kirche zu thun.
Die göttliche Gnade tritt jedoch nur selten in einer gewaltsamen,
unvermittelten Weise auf; gewöhnlich bequemt sie sich dem Cha=
rakter, den Neigungen, Beschäftigungen, dem Stande des Menschen
an. Den Saulus überraschte sie allerdings auf dem Wege nach
Damaskus, indem er Verderben brütete gegen die Christen, schleu=
derte ihn zu Boden und verwandelte ihn aus einem Verfolger in
ein Gefäß der Auserwählung; dagegen suchte sie die Weisen des
Morgenlandes auf in ihren astronomischen Studien und führte sie
durch den Stern zur Krippe des Heilandes; die Apostel berief sie
von ihren Netzen am See Genesareth, um Menschenfischer zu
werden; die Samariterin ruft sie, wo sie an den Jakobsbrunnen
geht, um Wasser zu schöpfen, und verheißt ihr lebendiges Wasser,
das allen Durst löscht. So werden auch die Seelen, welche aus
dem Schisma und der Häresie durch die Gnade zur Kirche gezo=
gen werden, auf verschiedenen Wegen geführt und in dem Sinne
ist das Sprichwort wahr: „Alle Wege führen nach Rom." So
können jene obigen scheinbar sich entgegenstehenden Aussprüche der
beiden Kirchenfürsten vollkommen auf Wahrheit beruhen. Wenn

---

[1] a. a. O. S. 31—32.

seine geistige Organisation, sein Bildungsgang, seine Lebenserfah=
rung das Princip der Autorität in seiner ganzen Wichtigkeit und
Bedeutung für das religiöse, sociale und politische Leben der
Menschheit nahe gelegt hat; wer das ganze Elend des Subjectivis=
mus in religiöser, socialer und politischer Beziehung selbst gesehen
und empfunden hat; dem kann die Kirche vor Allem als die
wahre erscheinen, weil sie das Princip der Autorität vor Allem
verficht, der mag wünschen, daß dieses Princip in der Unfehlbar=
keit des Papstes seine Krönung finde. Wer aber andererseits die
uneingeschränkteste Freiheit der Bewegung über alles stellt, und
in dem augustinischen: „in necessariis unitas“, das Nothwen=
digste auf das Minimum beschränkt; dagegen in dem: in dubiis
libertas, dem Zweifelhaften eine möglichst große Ausdehnung
gibt; wer überhaupt der Richtung der heutigen Zeit huldigt und
in der Freiheit die Panacee gegen alle Uebel findet, unter denen
die Menschheit seufzt und deshalb dieselbe für alle religiösen, so=
cialen und politischen Gebiete proclamirt, überall Gewissensfreiheit
will und Cultusfreiheit, freie Verfassung mit Vereinsfreiheit, Preß=
freiheit, Gewerbefreiheit, Freihandel und wie alle die Freiheiten
heißen mögen; dem mag die Kirche theuer sein, weil sie den
menschlichen Eigenthümlichkeiten freien Spielraum läßt zur Ent=
wickelung, und der mag es bedauern, wenn die Autorität in der
Dogmatisirung der päpstlichen Unfehlbarkeit schärfer betont wird.
Schwerlich konnten aber solche subjective Thatsachen für das Concil
maßgebend sein in seiner Entscheidung.

Zweiter Grundsatz. Nichts ist mißlicher als jene Vereini=
gungsversuche zwischen der Kirche und den getrennten Confessionen,
die durch gegenseitige Nachgiebigkeit sich ausgleichen wollen. Dieses
lehrt die Handlungsweise der Kirche sowohl, wie das Fehlschlagen der
vielfachen auf Compromiß gegründeten Unionsbestrebungen. —
Die Päpste selbst und die Concilien haben es wiederholt versucht,
die Wiedervereinigung mit den Schismatikern des Orients zu
bewerkstelligen; immer aber haben sie sich in Glaubenssachen sehr un=
beugsam gezeigt. Wenn dagegen Bischof Dupanloup[1]) den Canon 7 de

---

[1]) Dupanloup a. a. O. S. 16.

Matr. des Concils v. Trient als ein wahres Meisterstück theologischer
Klugheit und christlicher Liebe rühmt, so ist das ein sehr unglück=
lich gewähltes Beispiel. Die venetianischen Gesandten machten
nämlich die Väter des Concils darauf aufmerksam, daß die
griechische Kirche dafür halte, das Band der Ehe werde durch den
Ehebruch des einen Theils gelöf't. Hat etwa das Concil darum
beschlossen, die katholische Lehre nicht aufzustellen, um die Orien=
talen nicht abzustoßen? Keineswegs; es gab nur der Fassung des
Canons eine mildere Form, indem es can. 7 heißt: Wenn Jemand
sagt, die Kirche irre, indem sie dem Evangelium und der Lehre
der Apostel gemäß gelehrt hat und lehrt, daß das Eheband wegen
Ehebruch des einen der Gatten nicht aufgelöst werden könne, der
sei im Banne. Das Concil verschwieg also keineswegs die Wahr=
heit um des griechischen Schismas willen.

Wer weiß nicht, daß der Zusatz des Filioque, den die
römische Kirche zum Symbolum gemacht, indem sie lehrte, daß
der heilige Geist vom Vater und Sohn zugleich ausgehe, für den
Orient einen Hauptvorwand des Schismas bildete? Hat die katho=
lische Kirche sich je dazu verstanden bei den verschiedenen Ver=
einigungsversuchen denselben fallen zu lassen? Und doch ist dieses
Dogma ein schwieriges für die speculative Theologie, und wie es
scheint ein unfruchtbares für das praktische Leben.

Nicht glücklicher ist Dupanloup in der Aufstellung anderer
maßgebender Vorgänge gegen die heutige Opportunität der Dog=
matisirung der Unfehlbarkeit des Papstes durch das Concil.

Zur Zeit des Concils von Trient war die Unfehlbarkeit des
Papstes noch kein specieller Controverspunkt. Es lagen erst die
Keime dazu vor in den Decreten der 4. und 5. Sitzung des
Concils von Constanz. Diese Decrete kamen zur Sprache bei der
Verhandlung, ob die Bischöfe ihre Jurisdiction vom Papste oder
durch die Weihe (jure divino) erhielten. Der französische Ge=
sandte und die französischen Bischöfe verhinderten deshalb die Auf=
stellung des folgenden vorgeschlagenen, den Papst betreffenden
Canon[1]. Im Banne sei, wer sagt, der heilige Petrus sei nicht

---

[1] Pallavicini, Hist. Conc. Tr. 19, 12 : Anathema sit, si quis

durch Anordnung Christi der erste unter den Aposteln gewesen, noch auch sein Statthalter auf Erden, oder es sei nicht nothwendig, daß in der Kirche ein Papst sei, der Nachfolger Petri, ihm gleich in der Regierungsgewalt; und seine rechtmäßigen Nachfolger auf dem römischen Stuhle hätten bis auf diese Zeit nicht die höchste Gewalt in der Kirche gehabt und seien nicht die Väter, Hirten und Lehrer aller Christen gewesen, und ihnen sei nicht von unserm Herrn Jesus Christus die volle Gewalt gegeben, die ganze Kirche zu weiden, zu regieren und zu leiten." Die Franzosen wollten den Ausdruck, der Papst habe die Gewalt über die ganze Kirche in universalem Ecclesiam nicht zugeben, sondern statt dessen setzen, über alle Gläubigen und über alle Kirchen, in omnes fideles et omnes ecclesias. Ebenso leugneten sie, daß er dieselbe Autorität habe wie der heilige Petrus, weil er nicht so heilig sei wie Petrus, und weil er keine kanonischen Bücher schreiben könne.[1] Andere Väter waren freilich der Autorität des Papstes günstiger.

Wenn nun aber der hochwürdigste Bischof hinzufügt: „Ich habe mich überzeugt, daß der römische Katechismus kein einziges Wort von der päpstlichen Unfehlbarkeit sagt,[2]" so kommt es dar= auf an, mit welchen Augen man denselben lies't. Bedenkt man nämlich, aus welchen Gründen der oben angeführte Canon auf dem Concil von Trient abgelehnt ward, so kann man sich schwer= lich des Gedankens erwehren, daß der römische Katechismus auf diesen unterdrückten Canon anspielt und die Constanzer Decrete im Auge habe, wenn er vom Papste schreibt,[3] „da die sichtbare

---

dixerit, B. Petrum per institutionem non fuisse primum inter Apos-
tolos et ejus Vicarium in terra, vel necesse non esse, ut sit in Ecclesia
unus Pontifex, Petri successor, eique aequalis in auctoritate regiminis;
vtque in Romana sede legitimos ejus successores ad hoc usque tem-
pus non habuisse nec Principatum in Ecclesia, nec fuisse Patres
Pastores et Doctores omnium Christianorum nec fuisse ipsis
traditam a Dno. N. i. Christo plenam potestatem pascendi, regendi
et gubernandi Ecclesiam universalem.

[1] l. cit. lib. 19. c. 14 u. 16.
[2] a. a. O. S. 12.
[3] P. 1. c. 10. 9. 11. Cum visibilis Ecclesia visibili capite
egeat, ita salvator noster Petrum universi fidelium generis caput et
pastorem constituit, cum illi oves suas pascendas verbis amplissimis
commendavit, ut, qui ei successisset, eandem plane totius Ecclesiae
regendae et gubernandae potestatem habere voluerit.

Kirche eines sichtbaren Hauptes bedarf, so hat unser Heiland den Petrus zum Haupte und Hirten aller Gläubigen bestellt, indem er ihm mit den feierlichsten Worten die Hut seiner Schaafe anvertraute, und indem er wollte, **daß seine Nach= folger durchaus dieselbe Macht in der Leitung und Regierung der ganzen Kirche haben.**" Er hebt eben die Ausdrücke scharf hervor, an denen die französischen Bischöfe in Trient sich gestoßen.

Wenn endlich der hochwürdigste Herr sich auf die beiden Breven beruft, worin Innocenz XI. Bossuet's Exposition de la doctrine catholique billigt, obgleich darin von der päpstlichen Unfehlbarkeit gar keine Rede ist, so vergißt er zugleich zu bemer= ken, daß Bossuet diese Schrift 1671 verfaßt, und die Breven 1679 erlassen sind, daß ferner Bossuet als Doctor der Sorbonne früher die päpstliche Unfehlbarkeit vertheidigt, und erst 1682 an der Aufstellung der declaratio cleri gallicani mitgewirkt, der Papst also gewiß jene Auslassung nicht in einem übelen Sinne deuten konnte. Bossuet selbst meinte, es sei schon viel, daß seine exposition de la doctrine catholique, worin diese Frage nicht als solche angeführt ist, welche die Protestanten beim Uebertritt zum Katholicismus nothwendig annehmen müssen, mit Genehmi= gung durchgegangen sei.[1]

Das Gleiche zeigen die verunglückten Religions=Compromisse. Seit Erasmus von Rotterdam den ersten Versöhnungsversuch zwischen der katholischen Kirche und den Protestanten gemacht in seiner Schrift „De amicabili ecclesiae concordia, haben eine lange Reihe von Gelehrten diese Versuche wiederholt; aber immer sind sie erfolglos geblieben. Es hat allerdings den Anschein, als ob nichts leichter sei, als eine Verständigung durch gegenseitige Nachgiebigkeit, bis man zu einem gemeinschaftlichen Standpunkte gelange. Allein, wenn je, so trügt hier der Anschein. Denn der Unterschied zwischen Katholicismus und Protestantismus besteht nicht in der größeren oder geringeren Summe von Glaubens= wahrheiten, sondern ist ein principieller. Während der erstere auf

---

[1] Katholik. Jahrgang 1866. 1. Bd. S. 162.

dem Princip der unfehlbaren Autorität beruht, stützt letzterer sich auf das Princip der freien Forschung. Da ist also eine Ausgleichung eine Unmöglichkeit; ein Wechsel des Princips ist durchaus nothwendig. Wenn es aber um den Glauben an ein unfehlbares Lehramt sich handelt, so möchte der Glaube an einen unfehlbaren Papst wohl nicht schwieriger sein, als der Glaube an die Unfehlbarkeit des Papstes mit einem allgemeinen Concil.

Endlich ist dieses Feilschen und Markten mit der Wahrheit gegen die Natur der Kirche, die von ihrem Stifter als Säule und Grundfeste der Wahrheit aufgestellt ist und sich eben in ihrer eifersüchtigen Sorge für die Wahrheit und zwar die ganze und ungetheilte Wahrheit als solche bethätigt. Vor dem Throne Salomons erschienen einst zwei Weiber, die eine ein lebendes, die andere ein todtes Kind in ihren Armen haltend. Jedes wollte die Mutter des lebenden Kindes sein. Da sprach der König: „Bringet mir ein Schwert. Und als sie das Schwert vor den König gebracht, sprach er: Theilet das lebende Kind in zwei Theile und gebet jeder eine Hälfte. Und das eine Weib rief aus: So sei es, man theile es, es sei weder mein noch dein! Und das Innere des anderen Weibes ward bewegt, und es sprach: Ich bitte, Herr, tödtet das Kind nicht! Da antwortete der König und sprach: Gebet dieser das lebende Kind, und tödtet es nicht; denn diese ist die Mutter.[1)]“ Dieses Weib ist das Bild der Kirche. Diese kann sich unmöglich entschließen die eine lebendige Wahrheit zu zerstückeln, und eben dadurch erprobt sie sich als die eine Kirche des wahren Gottes.

Dritter Grundsatz. Der heilige Papst Gregor sagt:[2)] „Der himml. Arzt stellt gegen die einzelnen Laster entgegengesetzte Heilmittel auf, wie auch in der Arzneiwissenschaft Hitze durch Kälte, Kälte durch Hitze geheilt wird.“ Das vaticanische Concil ist vom Papste ausdrücklich berufen, die Heilmittel gegen die Uebel der modernen Gesellschaft zu bereiten. Worin aber besteht die Krankheit der modernen Gesellschaft, und aus welcher Quelle ist sie entsprungen?

[1)] 3. Kön. 3.
[2)] Hom. 32 in Evang.

Das Princip der freien Forschung, der Unabhängigkeit des menschlichen Geistes von jeder höheren Autorität, das im 16. Jahrhundert aufgestellt ward, ist der Quell des modernen Rationalismus geworden, der auf religiösem, socialem und politischem Gebiete Alles überfluthet hat. Auf religiösem Gebiet hat dieser Rationalismus sich zuerst an der Kirche vergriffen, sie in ihrem Begriffe, in ihrer Existenz und in ihren Dogmen entstellt, dann ist er fortgeschritten zur Leugnung der Gottheit Christi, ist dann ausgeartet in einen kalten Deismus, der alle göttliche Offenbarung leugnet, und hat sich schließlich bis zum hochmüthigen Pantheismus erhoben oder ist in den rohesten Materialismus versunken. Auf socialem Gebiete hat er sich vor Allem an der Heiligkeit der Ehe vergriffen, sie aufgelös't in einen rein bürgerlichen Contract, der den menschlichen Launen unterworfen, die Familie auf den Sand baut und drängt nun mit aller Gewalt auf die Entchristlichung der Schule, damit die aufwachsenden Generationen dem Glauben der Väter entfremdet werden. Auf politischem Gebiete hat er zunächst die Bande zwischen Kirche und Staat zerrissen, die Religionslosigkeit des Staates proclamirt, alle Rechte der Kirche auf ihre Freiheit und ihr Eigenthum in Frage gestellt, alle Begriffe des Naturrechtes und der natürlichen Moral in grauenvolle Verwirrung gebracht und dadurch ein Jagen nach irdischem Besitz und Genuß in den Völkern angefacht, daß eine wahre Sündfluth des Verderbens über die Menschheit hereingebrochen ist.

Was ist nun das Heilmittel gegen dieses Princip der freien Forschung und des Rationalismus? Selbstredend kein anderes als das katholische Princip der unfehlbaren Autorität.

Das Concil von Trient hat einerseits das Princip der freien Forschung sammt den bis dahin aus demselben entsprungenen Irrthümern allerdings verdammt; aber der Entwickelung dieses Prinzipes vermochte es nicht Einhalt zu thun, und jetzt sehen wir dasselbe angelangt bei den äußersten Gränzen des Verderbens; andererseits hat es allerdings das katholische Princip der unfehlbaren Autorität factisch bethätigt, indem es in dessen Kraft seine Beschlüsse aufstellte; aber es hat diese Autorität selbst nicht nachdrücklicher betont, schärfer hervorgehoben und bis in ihre äußersten Consequenzen verfolgt.

Das also dürfte die Aufgabe des jetzigen vaticanischen Concils, als Krone und Vollendung des tridentinischen sein; es verdammt die Irrthümer, zu denen die freie Forschung die Menschheit verleitet und es stellt ihr die unfehlbare Autorität in ihrem
obersten Träger, dem Papste, entgegen.

Ein berühmter Ascet sah in einer seiner Betrachtungen die
ganze Menschheit um zwei Fahnenträger sich schaaren, Lucifer, der
sein stolzes Banner auf der Ebene von Babylon aufpflanzt, und
Christus, der seine demüthige Kreuzesfahne an den Ufern des
Jordans erhebt. Glücklicher Tag, an dem das Concil gegen die
Fahne der freien Forschung und des Rationalismus in der Hand
des Fürsten dieser Welt, die Fahne der unfehlbaren Autorität in
der Hand des Statthalters Christi den Nationen des Erdkreises
entfaltet hat; möglich, daß dieses auch der von den Rathschlüssen
Gottes festgesetzte Tag sein wird, wo jenen Tausenden, die in den
getrennten Stämmen Israels mit aufrichtigem Herzen dem Herrn
dienen, das Licht der Erkenntniß aufgeht, und die Macht der
Gnade sie anzieht, sich der Fahne der unfehlbaren Autorität des
Papstes anzuschließen.

9. Endlich haben die Gegner der päpstlichen Unfehlbarkeit
noch versucht, die Regierungen zum Eingreifen in diese Frage zu
veranlassen, indem sie die Behauptung aufstellten, daß der Papst
durch die Unfehlbarkeitserklärung, eine directe oder indirecte Gewalt
über Monarchen und Regierungen erlange. Diese Logik ist gewiß
sehr merkwürdig; es sind aber solche Autoritäten, die diese Sätze
aufstellen, daß wir schon um ihres Namens willen nicht stillschwei-
gend an der Sache vorübergehen dürfen.

Der Verfasser der Erwägungen sagt n. 19.: „Wenn die
Unfehlbarkeit der Päpste zum Glaubensprincip erhoben wird, so
ist jeder katholische Christ dann verpflichtet, es als eine von Gott
geoffenbarte Lehre zu glauben und es muß in jedem Katechismus
gelehrt werden, daß die Päpste unbeschränkte Macht über alle
Fürsten und Obrigkeiten, über alle Staaten und Gemeinwesen
haben, daß sie nach Gutdünken in alle staatlichen Angelegenheiten
aus souveräner Machtfülle eingreifen, die Fürsten absetzen, Gesetze
umstoßen, über Krieg oder Frieden verfügen können. Die Bulle

„Unam sanctam" von Papst Bonifaz VIII. ist eine an die ganze Kirche gerichtete feierliche dogmatische Entscheidung und erklärt es für eine Bedingung der ewigen Seligkeit alles dieses zu glauben."

Der hochwürdige Bischof von Orleans redet in seinem Sendschreiben über die Frage der päpstlichen Unfehlbarkeit S. 22 ff. ebenfalls von der Bulle Unam sanctam, worin der Papst Bonifaz VIII. erkläre, daß es zwei Schwerter gebe, das geistliche und das weltliche, die beide dem Petrus gehören, dessen Nachfolger das Recht habe, Regenten einzusetzen und zu richten. Er redet dann von der Bulle Paul's des III., welche Heinrich VIII. von England excommunizirte, die Unterthanen ihres Eides ent= band, England Jedem anbot, der es erobern wollte. Dann fährt er fort: „Wer wird einen neuen Papst verhindern, das zu definiren, was mehrere seiner Vorgänger gelehrt haben, daß der Statthalter Christi eine directe (?!) Gewalt über die weltliche Macht der Fürsten habe; daß es zu seinen Befugnissen gehöre, die Souveraine ein= und abzusetzen, daß die Civilrechte der Könige und Völker ihm unterworfen seien? Aber nach der Proclamation des neuen Dogmas wird kein Geistlicher, kein Bischof, kein Katho= lik diese den Regierungen so verhaßte Doctrin zurückweisen dürfen.[1])

Das baierische Ministerium ließ sich in der That durch solche Befürchtungen zu einer Circulardepesche an die verschiedenen Ca= binette bewegen, um dieselben zu gemeinsamen Schritten gegen die Unfehlbarkeitserklärung zu veranlassen. Die anderen Regierungen aber hatten weniger Furcht, und die Depesche blieb ohne Erfolg.

Nunmehr legte dieselbe Regierung unter andern das Concil betreffenden Fragen ihren Landesuniversitäten auch die folgende vor: „Würden im Falle der Dogmatisirung der päpstlichen Un= fehlbarkeit die öffentlichen Lehrer der Dogmatik und des Kirchen= rechts sich verpflichtet erachten, die Lehre von der göttlich angeord= neten Herrschaft des Papstes über die Monarchen und Regierungen,

---

[1]) Wenn der Papst das dogmatisch erklärt, ganz gewiß nicht. Bevor aber der Papst das kann, muß es in der Offenbarung enthalten sein; denn gerade deshalb weil er unfehlbar ist, kann er nach Willkür nichts definiren, sondern nur was geoffenbart ist.

sei es als potestas directa oder indirecta in temporalia als jeden Christen im Gewissen verpflichtend zu Grunde zu legen?" Die Majorität der Münchener theologischen Facultät ertheilte hierauf die Antwort: „Es kann gar keine Frage sein, daß mit der päpstlichen Unfehlbarkeit auch die päpstliche Gewalt über das Welt= liche als Kirchenlehre, was sie bisher nicht war, eingeführt werden würde, im Falle jene durch das Concil uneingeschränkt ausgespro= chen wird. Welche Aenderung in den Beziehungen des päpstlichen Stuhles zu den einzelnen Staaten eintreten würde, entzieht sich einer näheren Erörterung. Es läßt sich nur angeben, daß die angesehensten Theologen, welche diese politische Gewalt des Papstes behauptet haben, durchaus keine Grenze zu ziehen pflegen, wie weit eben diese sich zu erstrecken habe, sondern den Gebrauch oder Nicht= gebrauch derselben ganz von dem Ermessen der Päpste abhängig machen, wie schon Bellarmin und Andere gethan haben."[1]

So viel über den Gegenstand und die Formulirung dieser Befürchtungen. Versuchen wir es nun mit kaltem Blut und Ver= stand ihnen ins Auge zu schauen.

In der Definition der Unfehlbarkeit des Papstes wird nichts anderes gesagt, als daß der Papst in seinen Glaubens=ent= scheidungen nicht irren könne, d. h. daß es ihm unmöglich sei, von den Gläubigen zu verlangen, sie sollten etwas glauben, was in sich falsch oder in der Offenbarung nicht enthalten ist. In diesem Begriff der Unfehlbarkeit liegt aber keine Gewalt des Pap= stes über weltliche Gegenstände, wie Krieg 'oder Frieden, Gesetze, Steuern und dgl. eingeschlossen. Eine Parallele möge das bewei= sen. Jeder Katholik muß an die Unfehlbarkeit der Kirche glauben; liegt nun die Gewalt über die weltliche Macht im Begriff der Unfehlbarkeit selbst, so müßte bis dahin die Kirche diese Macht besessen haben. Es glaubt aber kein Katholik, und lein Katechis= mus lehrt es, daß die Kirche eine solche Macht besitze. Die Unfehl= barkeitserklärung legt demnach auch dem Papste diese Gewalt nicht bei.

Die Gegner der päpstlichen Unfehlbarkeit scheinen indeß diese

---

Machtfülle des Papstes über die Staaten nicht aus dem Begriffe der Unfehlbarkeit direct zu befürchten, sondern indirect. Sie glauben, es werde nach der Unfehlbarkeitserklärung heißen: „Der Papst hat in der Bulle Unam sanctam die Macht des Papstes über die Fürsten als eine aus göttlichem Rechte stammende Gewalt, als dogmatischen Satz ausgesprochen, folglich wird mit der Erklä=rung der päpstlichen Unfehlbarkeit diese Macht über die Staaten, wie überhaupt alle bisher von den Päpsten ex cathedra ergange=nen Aussprüche, zur Geltung unfehlbarer Lehrsätze erhoben. — Für die Richtigkeit dieser Auslegung der Bulle unam sanctam sowohl, wie für die Gültigkeit des so eben daraus gezogenen Schlusses, glauben sie, bürge die Ansicht jener ultramontanen Theologen, welche so entschiedene Vertreter der päpstlichen Macht=fülle sind, daß sie das Gegentheil sogar als ·Irrlehre (Haeresis) bezeichnen.

Folgen wir den Gegnern auch hier.

In der Bulle Unam sanctam (Extravag. comm. l. I. tit. 8. c. 1.) greift man ein Actenstück aus der Mitte des Mittelalters heraus, das Bonifaz VIII. 1302 erließ, und womit man um so größeren Spuk treiben kann, je weniger es dem Volke bekannt ist. Die Verbindung desselben aber mit der gegen=wärtigen Infallibilitätsfrage ist in doppelter Beziehung verwerflich.

Zunächst erhält nämlich diese Bulle, wenn der Papst für unfehlbar erklärt wird, keine größere Kraft als sie gegenwärtig schon besitzt; und dann ist auch dasjenige nicht darin enthalten, was man zu fürchten vorgibt.

Die Bulle ist nämlich nicht bloß von Bonifaz VIII. erlassen, sondern sie wurde auch in der berühmten Bulle Leo's X., worin die pragmatische Sanction von Frankreich durch ein Concordat ersetzt wurde, und in der 11. Sitzung des 5. allgemeinen lateranen=sischen Concils 1516, neuerdings bestätigt.[1])

---

[1]) Harduin IX. 1830. Ob das Concil vom Lateran V. ein ökume=nisches sei oder nicht, darüber kann kein Zweifel walten, denn es hat die beiden Merkmale, welche ein allgemeines Concil constituiren, allgemeine Berufung und Bestätigung des Papstes. Die wenigen Gallikaner, welche dasselbe nicht anerkennen wollen, können doch keinem vernünftigen Zweifel

Demzufolge hat sie schon längst die Gutheißung einer von Allen als unfehlbar anerkannten Autorität für sich, nämlich die eines allgemeinen Concils.

Es steht ferner nicht darin, was man fürchtet. Bischof Dupanloup und Döllinger behaupten, der Papst lege sich darin eine unumschränkte Macht über die Fürsten und Staaten bei, er könne die Fürsten absetzen, Gesetze umstoßen, über Krieg und Frieden verfügen. Dem ist aber nicht so. Papst Bonifacius VIII. geht in dieser Bulle von dem Gedanken aus, die weltliche Macht sei nicht so selbstständig und unabhängig, daß nur das positive Gesetz, der Wille oder die Willkür des Fürsten, unabhängig von den göttlichen Geboten, ihr oberster Grundsatz sein könne; damit dasjenige, was das weltliche Schwert, d. h. die weltliche Regierung verfügt, auch wirklich Recht sei, müssen sich ihre Verordnungen nach einer erhabenern Norm richten, auf ein höheres Gesetz, als bloß auf den menschlichen Willen sich stützen. Dieses höhere Gesetz ist das göttliche, es sind die ewigen Grundsätze der Wahrheit, der Sittlichkeit, des Rechtes; dieses Gesetz wird der weltlichen Macht, den Regierungen, und Fürsten durch die Kirche mitgetheilt und verkündet. Was sittlich gut, was erlaubt, was recht ist, auch in rein weltlichen Regierungsangelegenheiten, das muß der Staat von der geistlichen Macht, von der Kirche vernehmen, und darnach sich richten, weil die Kirche allein die legitime Verkünderin des Wortes Gottes, des göttlichen Gesetzes ist. Der Staat ist weiterhin dafür da, um mit seinem Schwerte das Recht überhaupt zu beschützen. Das größte Recht auf diesen Schutz hat aber die Kirche als göttliche Institution; daher ist es Aufgabe des Staates, für die Kirche, pro ecclesia, sein Schwert zu gebrauchen. Der Staat soll auf

---

Raum lassen. Die Berufung auf Bellarmin dagegen (de concil II. c. 13) ist nicht ganz correkt, denn dieser sagt bloß, nonnulli (d. h. eben die Gallifaner) dubitant, an fuerit vere generale; noch ungenauer ist es, wenn man den weiteren Satz desselben, ideoque usque ad hanc diem quaestio superest, etiam inter Catholicos, zu diesem Zwecke herbeizieht, wie es Hefele, Conciliengesch. I. 49 gethan hat, denn hier redet Bellarmin nicht von der Oekumenizität dieses Concils, sondern von der Frage, ob das Concil über dem Papste stehe.

das Verlangen und den Hülferuf des Priesterthums, ad nutum sacerdotis, nicht einfach hin nach dem Willen und den Befehlen der Kirche, nicht wie ein Diener gegenüber dem Gebietenden, sein weltliches Schwert anwenden, wie er ja auch zum Schutze anderer gefährdeter Rechte dasselbe gebraucht. Die Norm aber anzugeben, wie der Staat das Schwert brauchen soll, die Grundsätze des Rechtes und des Erlaubten darzulegen, das ist Sache der Kirche und des Priesterthums. Daher soll der Staat dasselbe anwenden ad patientiam sacerdotis, sowie das Priesterthum es zuläßt, nämlich nach der vom Priesterthum vorgetragenen Lehre und nach christlichem Gesetz. Dem geistlichen Schwerte kömmt es zu, die irdische weltliche Macht zu unterweisen, mit christlichen Grundsätzen zu durchdringen, instituere habet et judicare, d. h. zu verurthei=len und zu verwerfen, wenn ihre Handlungen und Verfügungen nach göttlichem Rechte unerlaubt wären. Auf diese Art besitzt die Kirche beide Schwerter, das geistliche und das weltliche. Wer aber dieser Ordnung widerstrebt, der nimmt wie die Manichäer ganz häretisch zwei Principien an, zwei von einander vollständig unabhängige Gesetze, ein menschliches und ein göttliches; daher ist es zum Heile nothwendig zu glauben, daß dem Papste jede mensch=liche Creatur unterworfen sei.[1])

---

[1]) Uterque est in potestate ecclesiae, spiritualis scilicet gladius et materialis. Sed is quidem pro ecclesia, ille vero ab ecclesia exercendus. Ille sacerdotis, is manu regum et militum, sed ad nutum et patientiam sacerdotis. Oportet autem temporalem auctoritatem spirituali subjici potestati. Spiritualis potestas terrenam potestatem instituere habet et judicare, si bona non fuerit. Ergo si deviat terrena potestas, judicabitur a potestate spirituali. Quicunque huic potestati resistit, Dei ordinationi resistit; nisi duo, sicut Manichaeus fingat essse principia, quod falsum et haereticum judicamus. Porro subesse Romano Pontifici omnem humanam crea-turam declaramus, omnino esse de necessitate salutis. — Wir können uns des Raumes wegen nicht in weitläufige Erörterungen zur Rechtferti=gung unserer, von der gewöhnlichen mehrfach abweichenden Uebersetzung dieser Bulle einlassen, wollen uns aber nicht versagen, einige Gründe, die uns im Anschluß an „das Oekumenische Concil. Rgsb. 1870. Heft V S. 157" bestimmt haben, gerade die anstößigste Stelle, das instituere habet durch unterweisen, unterrichten, nicht wie gewöhnlich geschieht, durch einsetzen wieder zu geben. — 1. Das instituere bedeutet beides, sowohl einsetzen, als unterweisen und wird auch von Cicero in beidem Sinne gebraucht. — 2. Der letzte Satz dieser Bulle, daß jeder Mensch dem Papste unterworfen sein müsse, ist ein dogmatischer; das Vorausgehende aber ver-

Das sind die Grundsätze der viel verschrienen Bulle Unam sanctam, die auch heut zu Tage noch jeder Katholik unterschrei=
ben muß, aber wehe uns; wenn einmal das göttliche Gesetz für die Staaten und die Regierungen nicht mehr normgebend sein sollte, dann wäre es aus mit dem Rechtsstaate, und das Regiment der Knute würde beginnen. Die Lehrerin und Trägerin dieses göttlichen Gesetzes ist aber die Kirche.

---

hält sich dazu, wie die Prämissen zu den Consequenzen. Es gehört aber nicht zum Glauben, daß die weltliche Gewalt der geistlichen soweit unter=
worfen sei, daß die letztere die erstere einzusetzen habe, wohl aber, daß jeder Mensch, folglich auch die Fürsten die Verpflichtung haben, bezüglich der Lehre dem Papste sich zu unterwerfen und ihre Regierungshandlungen nach christlichen Grundsätzen vorzunehmen. Während nun das instituere im Sinne von „unterrichten“ ganz logisch mit dem Schlußsatz zusammenhängt, vermögen wir wenigstens keinen nothwendigen Zusammenhang zwischen demselben und dem „Einsetzen“ zu entdecken. — 3. Bonifacius nennt die Verwerfung der von ihm bezeichneten Unterordnung beider Gewalten häre=
tisch und manichäisch, weil daraus zwei Principien der Gewalt folgen würden. Läugnet man die „Einsetzung“ der weltlichen durch die geistliche Gewalt, so folgen daraus noch nicht zwei verschiedene Principien; gestattet man dagegen zur Beurtheilung des Guten, Erlaubten und Sittlichen in der weltlichen Gesetzgebung einen andern Maßstab anzulegen, als die christ=
liche Religion, so ergeben sich die zwei Principien von selbst, denn dann kann in weltlichen Dingen etwas erlaubt sein, was nach der Lehre des Evangeliums unstatthaft ist. Daraus erhellt wieder, daß das instituere des weltlichen Schwertes durch das geistliche in der Unterweisung sich voll=
zieht. — 4. Dasselbe ergibt sich, wenn man die Quelle zu Rathe zieht, aus welcher diese Worte in die Bulle aufgenommen worden sind, nämlich Hugo v. S. Victor. Dieser schreibt (De Sacram. l. II. p. II. c. 4. Migne t. 176 pag. 418) Spiritualis potestas terrenam potestatem instituere habet, ut sit (nämlich bona), et judicare habet, si bona non fuerit. Gerade diese Worte sind in die Bulle Unam sanctam übergegangen. Hugo deutet nirgends an, daß eine Macht aus der andern hervorgehe oder die eine die andere einzusetzen habe. Beide Gewalten sind ihm getrennt nach Haupt (Papst und König) und Object (Geistiges und Irdisches), und alle Vergleiche, die er anbringt, deuten auf dieses selbstständige Sein. Er nennt beide Gewalten zwei Leben (duae quippe vitae sunt), vergleicht sie mit Seele und Leib, die zwar beide zusammengehören, nicht aber sich gegen=
seitig einsetzen. Wenn dann Hugo das Alte und Neue Testament gegen einander hält, so wird die Sache noch klarer. Im Alten Testament, sagt er, sei die königliche Gewalt aus dem Sacerdotium entstanden; im Neuen Testament aber, in der Kirche bleibe nur noch die Consecration der könig=
lichen Macht, die auf doppelte Art sich vollzieht, heiligend durch die Benediction (Krönung und Salbung) und bildend durch die Institution; Sacerdotalis dignitas potestatem regalem adhuc consecrat, et sancti=
ficans per benedictionem et formans per institutionem. Wollte man nun unter Institutio die Einsetzung verstehen, so kann dieselbe nur höchst uneigentlich formans genannt werden; durchaus unlogisch wäre es aber

Da man nun einmal die Gefahr von Seiten eines unfehl=
baren Papstes für die weltlichen Regierungen sehr düster aus=
malen will, so zieht man auch jene berühmte Streitfrage unter
den älteren Theologen herbei, die ehemals wegen der weltlichen
Macht des Papstes unter ihnen herrschte, eine Frage, die nie zu
einer vollen klaren Durchbildung, geschweige denn zum Abschluß
gelangt ist. Müssen wir zwar gestehen, daß manche von ihnen
einen für die Staaten und deren Regenten bedenkliche Machtfülle
und zwar, worauf es hier vor Allem ankommt, aus göttlichem
Rechte, dem Papste einräumen wollten, so müssen wir doch auch
Protest dagegen einlegen, daß man diese Controverse mit der
päpstlichen Unfehlbarkeitsfrage in Verbindung bringe. Nicht weil
der Papst unfehlbar, sondern weil er das Haupt der Christenheit
ist, haben jene Theologen ihm eine so große weltliche Macht zu=

---

alsdann die benedictio vor der institutio zu nennen; im Sinne von „un=
terweisen" aber löst sich das Alles sehr natürlich. Einige Beachtung dürfte
auch dieses verdienen, daß die Bulle nur das instituere, nicht aber das
benedicere aus Hugo aufgenommen hat. — 5. Unter den Zeitgenossen
hat keiner an der Bulle sich geärgert, als Philipp IV. von Frank=
reich, der begierig jede Gelegenheit vom Zaune brach, um mit dem
Papste zu habern; bedeutete aber instituere einsetzen, so ließe sich kaum
annehmen, daß alle andern Fürsten, die noch nicht in besonderem Lehens=
verband unter dem Papste standen, dazu sich ruhig verhalten hätten. Wel=
chen Streit rief nicht 150 Jahre früher das mißverstandene Wort bene=
ficium zwischen Hadrian IV. und Friedrich Barbarossa hervor? — Den
Zorn Philipps aber hatte der Papst schon früher dadurch zu beschwichtigen
gesucht, daß er ihm erklärte: Wir wollen die Jurisdiction des Königs
nicht antasten, aber der König kann so wenig als ein anderer Christ
leugnen, daß er ratione peccati uns untergeben sei." Heißt instituere
einsetzen, so erklärt hie ratio peccati nichts, alles aber, wenn es ›insti=
tuere per doctrinam‹ bedeutet. — 6. Durch die beiden sehr gefügigen
Nachfolger des Bonifacius, durch Benedict IX. und Clemens V. gelang
es dem König Philipp sämmtliche mißliebige Bullen und Erlasse des ver=
haßten Papstes unterdrücken zu lassen; hinsichtlich der Bulle Unam sanctam
konnte er jedoch von Clemens V. nur das Kapitel Meruit (Extrav. comm.
V. tit. 7. 2.) erlangen, worin derselbe erklärt, jene Bulle solle kein
Präjudiz für Frankreich bilden, alles solle bleiben wie früher, weiter wird
darin nichts revocirt. Wenn in jener Bulle das Einsetzungsrecht der
Könige für den Papst beansprucht wurde, wer will behaupten, Clemens
hätte nicht das Recht gehabt, dieses zu widerrufen, und wenn er es
konnte, daß er den Muth gehabt hätte, es nicht zu thun? Dagegen aber
konnte er das Recht des Papstes, Könige und Fürsten in ihren Regierungs=
handlungen ratione peccati zu unterrichten, nicht bestreiten, nicht revo=
ciren, deßhalb hat er es auch nicht gethan.

erkannt. Da aber jene Frage einmal aufgewärmt ist[1]), so wollen wir sie wenigstens historisch berühren.

Die Einen, welche aber erst seit dem 12. Jahrhundert auf= treten, behaupteten, Gott habe der Kirche und dem Papste un= mittelbar Vollmacht verliehen, die Welt im Geistlichen, wie im Weltlichen zu regieren, so jedoch, daß sie die geistliche Gewalt persönlich ausüben, die weltliche aber durch die Fürsten, die somit gleichsam die Vasallen der Kirche wären. So die Vertreter der **directen Jurisdictionsgewalt**, unter denen der hl. Tho= mas von Aquin[2]) hervorragt. — Andere dagegen, deren Haupt= führer Bellarmin[3]) ist, sagen, die Kirche und der Papst haben von Gott nur mittelbar Gewalt über Könige und Fürsten erhalten. Dieser Ansicht zufolge kann der Papst nur in außerordentlichen Fällen, wenn es zum Heile der Seelen nothwendig ist, über welt= liche Angelegenheiten Verfügungen treffen. Es ist dies das System **der indirecten Jurisdictionsgewalt**. — Die letzte An= sicht endlich, die ihre Vertreter in allen Jahrhunderten hat, seitdem diese Frage aufgeworfen wurde, erkennt dem Papste nur eine **di= rective Gewalt** zu, nämlich das Recht, den Fürsten ihre Regenten= pflichten zu erklären, ihr Gewissen zu leiten, sie zu belehren, was Recht oder Unrecht sei. Auf diesem Standpunkt steht auch die Bulle Unam sanctam. — Aus dieser einfachen Darlegung geht hervor, daß die Theologen unter sich nicht einig sind. Man thut also sehr unrecht, wenn man aus den Aeußerungen der Theologen einseitig die schroffsten hervorhebt und dann den Regierungen zu= ruft: „Seht, das habt ihr zu fürchten, wenn der Papst unfehlbar ist!" Die Kirche hat sich über diese theologischen Systeme nicht ausgesprochen, keines verworfen; aber auch keines exclusiv gebilligt. Alle Aussprüche der Päpste und Concilien jedoch, die über diesen Gegenstand vorliegen, lassen sich nach dem dritten Systeme erklären.

Tiefer hinab jedoch darf man schwerlich gehen. Es gibt nämlich noch eine vierte Meinung, die aber nicht mehr eine theo= logische genannt werden kann, die nur das Staatswohl nach dem

---

[1]) Erwägungen Nr. 19. Note.
[2]) Sum. II. 2. qu. 10. a. 10.
[3]) De potestate S. Pontif. in temporalib. contr. Guil. Barclai.

Ermessen seines Oberhauptes, unabhängig vom göttlichen Sitten=
gesetz und seiner Erklärerin, der Kirche, als obersten Grundsatz
aufstellt, eine Lehre, die theoretisch und praktisch von der Kirche
verworfen ist. Wenn die Päpste irgend einen Anspruch auf Ein=
und Absetzung der Fürsten erhöben, so würde dieses, sowohl nach
dem directen als indirecten Systeme in dem Falle am deutlichsten
zu Tage treten, wo es sich um nicht=katholische Monarchen handelt.
Aber gerade in Beziehung auf diese erklärte Cardinal Antonelli,
Präfekt der Propaganda, am 23. Juni 1791 in einem Schreiben
an die Bischöfe von Irland: „Der Römische Stuhl hat nie ge=
lehrt, daß man den Andersgläubigen Treue und Glauben nicht
halten solle, oder daß es dem Papste erlaubt sei, ihre weltlichen
Rechte und Besitzungen anzutasten." [1]

Gibt es aber trotzdem nicht Thatsachen genug, welche dar=
thun, daß der Papst die Gewalt über die Staaten als göttliches
Recht beansprucht durch Absetzung der Fürsten und durch Lösung
des Unterthaneneids? Wollte man auf alle Thatsachen eingehen
die man vorbringen könnte, wir müßten ein Buch schreiben.
Halten wir uns deshalb beispielsweise dieses Mal an das, was
der hochw. Bischof von Orleans uns entgegen hält an „die
schreckliche Bulle", worin Paul III. 1538 den König Hein=
rich VIII. von England excommunizirte, seine Unterthanen ihres
Eides entband und England Jedem anbot, der es erobern wollte.[2]

Ja wohl das hat der Papst gethan; aber weder weil er
unfehlbar war, noch auch weil er ein göttliches unveräußerliches
Recht dafür beanspruchte, sondern nach dem allgemeinen, damals
wenigstens noch theoretisch in Europa gültigen öffentlichen Staats=
recht, demgemäß der Excommunizirte unfähig war, König oder
Kaiser zu bleiben. Der Papst hat es ferner gethan, weil er für
England insbesondere Oberlehnsherr war. Die Absetzung Hein=
richs war also nur die Folge seines Lehensbruches und seines Ab=
falles von der Kirche. Dieses Recht bestand damals wenigstens
noch theoretisch, wenn es auch praktisch geschwächt, verdunkelt und

---

[1] Döllinger. Kirche und Kirchen. S. 46.
[2] Dupanloup. Sendschreiben. S. 23.

unausführbar war. Wer nun das Bedürfniß fühlt an einem Papst zu nergeln, der mag Paul III. politisch unklug nennen, ungerecht darf er ihn nicht heißen. Nach denselben Grundsätzen ist das Verfahren Pius V. gegen Elisabeth von England, und die Absetzung Heinrich IV. durch Gregor VII. zu beurtheilen. Mit der päpstlichen Unfehlbarkeit haben alle diese Dinge gar nichts zu thun. Wenn also nach der Versicherung des hochwürdigen Bischofs von Orleans diese Bulle Pauls III. in England noch nicht vergessen ist, und das protestantische England erzittert in Erwartung der päpstlichen Unfehlbarkeit, so wissen wir den Eng= ländern keinen besseren Rath zu ertheilen, als daß sie ihre Landes= geschichte studiren, und das Aergerniß wird sich heben.

Wenn dann der hochwürdige Bischof[1]) schließlich sagt: „Fern sei von mir der Gedanke, auch nur einen Augenblick die göttliche und unbestreitbare Autorität der Kirche in Zweifel zu setzen, wo= mit sie den Regierungen und den Unterthanen die heiligen und ewigen Regeln dessen, was Recht und Unrecht ist, bestimmt, pro= clamirt und ins Gedächtniß zurückruft! Aber das steht hier nicht in Frage, das weiß man und ist zu offenkundig;" — so ist das gerade hier die Frage, und das hat der fehlbare wie der unfehl= bare Papst zu leisten, und von all den Gespenstern, welche man heraufbeschworen, um die Welt zu ängstigen, sagen wir mit den Worten des Dichters des Erlkönig:

„Mein Sohn, es ist ein Nebelstreif."

11. Wir sind im Gegentheil der Ansicht, daß die Unfehlbar= keitserklärung des Papstes durch die in ihr liegende schärfere Betonung des Princips der Autorität, auch von den heilsamsten Folgen für das Leben der Staaten sein wird, indem auch dort dieses Princip gestärkt wird.

„Die Unfehlbarkeit in der geistlichen, sagt de Maistre[2])

---

1) a. a. O. S. 24—25.
2) Du Pape liv. 1. c. 1. — Die Unfehlbarkeit im Staate ist frei= lich nur eine formale, eine solche, wodurch die Entscheidungen der obersten Instanz eine feste Rechtsgültigkeit erhalten, die nicht mehr umgestoßen werden darf; aber eine materielle ist sie nothwendigerweise nicht, denn was den Inhalt betrifft, so kann ihre Entscheidung eine falsche sein. Hier im Staats=und Rechtsleben reicht diese formale Infallibilität aus, weil es sich

und die Souberainetät in der weltlichen Ordnung sind zwei ganz gleich bedeutende Wörter. Das eine, wie das andere bezeichnet jene hohe Gewalt, die alle beherrscht, und von der alle anderen hergeleitet sind, die regiert und nicht regiert wird; die richtet und nicht gerichtet wird. ... Diese Regierung nun ist ihrer Natur nach unfehlbar, d. h. unum= schränkt, sonst wird sie nimmer regieren. ... Die Kirche ist eine Monarchie, und so ist die Unfehlbarkeit nichts weiter, denn eine nothwendige Folge der Suprematie, oder es ist vielleicht genau dieselbe Sache unter zwei verschiedenen Namen. .... Darum dürfte dem Papste der Irrthum, selbst wenn er möglich wäre, so wenig vorgeworfen werden, als er der weltlichen Macht vorgehal= ten werden darf, die noch nie einen Anspruch auf Unfehlbarkeit gemacht. Für die Praxis ist es in der That ganz dasselbe, dem Irrthum nicht unterworfen sein, oder dessen nicht angeklagt werden dürfen. ... Jeder wahre Staatsmann wird auch wohl ver= stehen, wenn ich sage, daß es sich nicht bloß darum handelt zu wissen, ob der Papst unfehlbar sei, sondern ob er es sein müsse."

Souverainetät und Unfehlbarkeit sind also nahe verwandte Begriffe, und da dieselben Menschen Glieder der Kirche und Bür= ger des Staates sind, so ist es nicht auffallend, wenn beide Be= griffe ähnlichen Wechselfällen im Leben der Nationen unterliegen, obgleich auf dem Gebiete der Kirche, als göttlicher Schöpfung kein so vollständiger Ruin möglich ist, wie auf dem Gebiete des Staates, dem keine ewige Dauer verheißen ist. So zeigt es we= nigstens die Geschichte. Auf kirchlichem Boden begann die Revo= lution. In den Zeiten des großen Schismas verfielen die Geister um die Einheit der Kirche wieder herzustellen, auf die Idee, es stehe der Papst unter dem Concil, und damit begannen sie an der monarchischen Verfassung der Kirche zu rütteln, verwandelten die= selbe in eine Aristocratie, bis noch verwegenere Geister sie ver=

bloß um Rechte handelt. Bei der Kirche aber ist die formale Unfehlbarkeit nicht zureichend, denn hier handelt es sich darum, zu entscheiden, was Wahr= heit und was Irrthum sei; hier kann also das Gewissen sich nicht damit begnügen, daß die oberste Instanz überhaupt gesprochen hat, man muß auch Gewißheit haben, daß ihr Ausspruch wirklich eine Wahrheit und nicht ein Irrthum sei. Stöckl, die Infallibilität. S. 19.

democratifirten, indem sie behaupteten, Christus habe alle Gewalt
der ganzen Kirche übertragen, und Papst, Bischöfe und Priester
seien nur Mandatare der Kirche.

Was ist das anders als Volkssouverainetät auf kirchlichem
Boden? Mit solchen Doctrinen haben weltliche und kirchliche
Fürsten Jahrhunderte lang das Papstthum bedrängt, es in seiner
Thätigkeit für das Wohl der Kirche gehemmt, seine göttlichen
Rechte geleugnet, den Gehorsam ihm aufgekündigt, seine dogmati=
schen Entscheidungen möglichst lang zu eludiren gesucht, und die
ganze Bedeutung des Papstthums zu einem bloßen Ehrenprimat
herabgewürdigt.

Zur gerechten Strafe dafür ließ dann die Vorsehung
durch andere verwegene Geister diese Doctrinen von dem
kirchlichen auf den staatlichen Boden verpflanzen, das Königthum
von Gottes Gnaden wurde geleugnet, dagegen das Königthum
von Volkes Gnaden proclamirt, in welchem der König der oberste
Beamte des Volkes ist. Was ist das anders als Richerismus,
Gallicanismus und Febronianismus in ihrer Anwendung auf
die staatliche Autorität? „Woburch Jemand sündigt, dadurch
wird er auch gestraft.“[1]

Der Frevel gegen die kirchliche Autorität mußte gesühnt
werden durch Frevel gegen jede staatliche Autorität. Es begann
für die Staaten das Zeitalter der Revolutionen, deren Ausbrüche
wie Lavaströme Verderben verbreiteten, Thron und Altar um=
stürzten, durch mörderische Kriege die Völker decimirten, die wahre
Freiheit vernichteten, indem sie die Staaten im steten Schwanken
zwischen Anarchie und Despotismus erhalten und in letzter In=
stanz alle gesellschaftliche Ordnung bedrohen, indem sie an den Grund=
pfeilern derselben, sogar an der Heiligkeit des Eigenthums rütteln.
Dürfen wir nicht hoffen, daß die Definition der päpstlichen Unfehl=
barkeit und die damit vollendete dogmatische Fixirung der monar=
chischen Verfassung der Kirche, sowie die darin liegende Betonung
der päpstlichen Autorität auch von heilsamer Rückwirkung auf das
Autoritätsprincip im Leben der Staaten sein werde? Wenn die

---

[1] Weish. 11, 17.

Schwächung desselben auf kirchlichem Boden auch eine Schwächung desselben im Staatsleben zur Folge hatte, dürfte dann die Stärkung des einen nicht auch die Stärkung des anderen bewirken? Man wird mir sagen, der Gallicanismus und Febronianismus auf kirchlichem Boden gehören längst zu den Todten — warum gegen Todte noch ankämpfen? Täuschen wir uns nicht, sie waren höchstens scheintodt, sie hielten vor Kurzem noch leibhaftig wieder ihren Umzug durch die Welt, mit unerhörter Anstrengung suchten sie eine höhere Macht zu erobern, als sie je besessen. Aus den Schulen, worin sie früher geherrscht, waren sie herabgestiegen auf die Straßen, um in Schriften und Zeitschriften voll Lügen und Trugschlüssen das Volk aufzuwiegeln. Sie begnügten sich nicht mehr mit der Duldung, die sie bis dahin genossen, sie verlangten Gleichheit der Rechte und volle Ebenbürtigkeit mit der entgegengesetzten Wahrheit. Das war noch nicht genug, indem sie behaupteten, es sei eine Unmöglichkeit die unfehlbare Autorität des Papstes dogmatisch zu definiren, es sei dies ein Bruch mit der Tradition und der Einheit der Kirche, eine radicale Revolution in der Verfassung derselben, wollten sie auch noch die katholische Wahrheit entthronen und sich selbst an ihre Stelle setzen.

Ebenso verwegen zeigten sie sich in den Absurditäten, die sie aufstellten, indem sie ohne Scheu alle Folgerungen zogen, die in ihren Grundsätzen lagen, entschieden behaupteten, daß die oberste Gewalt in der Kirche wesenhaft eine zusammengesetzte sei, die nicht im Papste als dem Oberhaupte, sondern formell nur in der Körperschaft der Bischöfe beruhe, daß die Mehrheit der Bischöfe den Papst überwiege, daß diese ihn mit kanonischen Strafen nöthigen könne, ihrer Entscheidung zu folgen und ihn selbst absetzen könne, ja daß sogar eine irgendwie bedeutende Minderheit der Bischöfe ihm Stillstand gebiete. Jedermann begreift, daß das eine vollständige Umwälzung der von Christus seiner Kirche gegebenen Verfassung ist, und ein Bestreben an ihre Stelle ein modern constitutionelles oder gar democratisches Regiment zu setzen. Die Denkfreiheit, die heutigen Tages alle Begriffe verwirrt und die Köpfe schwindeln macht, kennt fast keine Autorität mehr als jene, die im Volke beruht oder vom Volke ertheilt wird. So erklärt es sich, wie man die Bischöfe, nicht sowohl als von Gott und Christus bevollmächtigte Lehrer des Glaubens ansah, sondern fast als Mandatare der Gläubigen betrachtete und ihnen glaubte, durch Adressen in ihrem Amte als Glaubensrichter auf dem Concil nachhelfen zu müssen. Daraus erhellt auch, wie man die Forderung stellen konnte, daß auf dem Concil die Stimme eines Bischofs, der eine Million Gläubige und Hunderte oder Tausende von Priestern in seiner Diöcese hat, schwerer wiegen sollte, als die Stimme eines Missionsbischofs, der die Glieder seiner Heerde nur nach einigen Tausenden zählt oder als die Stimme eines Bischofs in part. inf., der gar keine Diöcese hat. Man will die Autorität von unten und nicht mehr von oben ableiten. Mit vollem Rechte hat sich darum die Mehrheit der Hirten der Kirche, denen die Obhut der wahren Lehre anvertraut ist, beeifert, die dogmatische Definition der päpstlichen Unfehlbarkeit zu sichern und damit dem Princip der göttlichen Autorität die letzte Sanction zu ertheilen. Hoffen wir, daß der Segen, der für die Kirche daraus fließen wird, auch über das ganze sociale Leben der Menschheit sich ausdehne, das ja ebenfalls auf dem Princip der Autorität beruht.

12. Es gab in Israel eine Stadt, berühmt nicht sowohl durch ihre materielle Macht oder die Stärke ihrer Befestigungen oder die Zahl ihrer Einwohner, sondern durch die Weisheit ihrer Aeltesten und die Klugheit ihres Rathes. Abela war der Name dieser Stadt. Eines Tages begann Joab sie zu belagern. Da stieg ein Weib, erfüllt vom Geiste der Wahrheit auf ihre Wälle und rief: „Ich will mit Joab sprechen." Und als Joab sich genähert, sprach sie: „Bist du Joab?" — Ich bin es. — Und nun sprach sie also: „Höre die Worte deiner Magd!" Er entgegnete: „Ich höre." Und sie sprach weiter: „Nach einem alten Sprichwort ging die Sage: Wer fragen will, frage in Abela; und dann hatte man Erfolg. Bin nicht ich es, welche Wahrheit spricht in Israel? und du willst die Stadt zerstören und die Mutter in Israel vertilgen? Warum richtest du zu Grunde das Erbe des Herrn?"[1]

---

[1] 2. Kön. 20. 15. ff.

Ehemals hieß es, und es war allgemein angenommener Grundsatz bei Freunden und Feinden, bei Gläubigen oder Irrgläubigen, bei Fürsten wie bei den Völkern: „Wer fragen will, der frage in Rom." Und Rom antwortete durch eine weise, gerechte, unparteiische und uninteressirte Entscheidung; es hielt die Wagschaale der Wahrheit und Gerechtigkeit in der Hand, um zu entscheiden zwischen Wahrheit und Irrthum, zwischen Gerechtigkeit und Ungerechtigkeit, für Gelehrte und Ungelehrte, für Starke und Schwache, für Fürsten und Völker, und nach seinen Rathschlägen endeten die Streitigkeiten, vollzogen sich die Geschäfte nach der Ordnung und Gerechtigkeit. Diese Autorität Roms war bis dahin in der Anschauung vieler Geister verdunkelt; aber schwerlich zum Heile der Welt. Die Erklärung der Unfehlbarkeit des Papstes wird dieselbe wieder auffrischen. Rom ist heute wie ehemals im Stande, der Welt auf ihre Fragen in der Wahrheit und in der Gerechtigkeit zu antworten. Es kann die Welt herausfordern: „Bin ich es nicht, der Wahrheit spricht in Israel? und du willst die Stadt zerstören, welche Mutter in Israel ist? Warum richtest du zu Grunde das Erbe des Herrn?"

Namen= und Sachregister.